날카로운 첫 키스의 추억

만해 한용운 《님의 침묵》 평설

나남
nanam

김 종 인 (金鐘仁)

고려대학교 국어국문학과 졸업
서울대학교 대학원 졸업(동양철학 석사)
뉴욕주립대학교(스토니브룩) 대학원 졸업(한국학 박사)
고려대학교 한국어문학교육연구단 연구원 역임
현재 부산대학교 고전번역학 및 비교문화학 연구단 연구원
한국전통사상서 간행위원회 연구원

· 저 서
《한국의 대학과 지식인은 왜 몰락하는가》
《반야심경의 이해》
Philosophical Contexts for Wonhyo's Interpretation of Buddhism
"불교철학의 문화적 변용과 해석"
"한국불교의 두 얼굴, 만해와 성철"
"원효 전기의 재구성: 신화적 해석의 극복" 등

나남신서 1279
날카로운 첫 키스의 추억
만해 한용운 《님의 침묵》 평설

2008년 5월 5일 발행
2008년 5월 5일 1쇄

저자_ 金鐘仁
발행자_ 趙相浩
발행처_ (주) 나남
주소_ 413-756 경기도 파주시 교하읍
출판도시 518-4
전화_ (031) 955-4600 (代)
FAX_ (031) 955-4555
등록_ 제 1-71호(79.5.12)
홈페이지_ http://www.nanam.net
전자우편_ post@nanam.net

ISBN 978-89-300-8279-2
ISBN 978-89-300-8001-9
책값은 뒤표지에 있습니다.

날카로운 첫 키스의 추억

만해 한용운 《님의 침묵》 평설

김종인

나남
nanam

추천의 글

진리는 언어로 온전히 표현될 수 없으며, 시는 논리로 온전히 설명될 수 없다. 궁극적으로 진리는 체험되어야 하는 것이며, 시는 느낌으로 다가와야 하는 것이다. 진리와 시에는 이처럼 언어와 논리의 접근을 허용하지 않는 신성성이 있다. 하지만 진리와 시의 이러한 신성성은 사람들로 하여금 도전하고픈 마음을 불러일으킨다. 까닭에 역사상 수많은 사람들이 언어와 논리로 진리와 시를 표현하고 해설하려는 시도를 하였다. 그것은 대담한 도전이지만, 많은 경우 그 도전들은 진리와 시의 신성성에 가까이 다가가지도 못하고 참담한 패배만을 경험하였다.

하지만 나름대로 빛나는 성취를 이룬 경우도 있다. 진리와 시의 신성성을 완전히 정복한 것은 아니지만, 진리를 체험하고 시의 느낌을 체험하는 데 유익한 길라잡이가 되게끔 한 도전들도 있다. 만해의 《님의 침묵》과 김종인 박사의 《날카로운 첫 키스의 추억》은 진리와 시의 신성성에 최대한 다가가게 해주는 좋은 길라잡이로 평가할 수 있다.

《님의 침묵》은 깨달음의 노래이다. 우리 민족의 위대한 시인 만해가 치열한 삶 속에서 체험한 깨달음의 노래이다. 《날카로운 첫 키스의 추억》은 이러한 《님의 침묵》에 대한 훌륭한 길라잡이를 자처하고 있다. 알듯하면서도 알 수가 없는 《님의 침묵》의 압축된 시어들을 이해하기 쉬운 말로 잘 풀어놓고 있기 때문이다. 뿐만 아니라 문체면에서도 《님의 침묵》에 내재되어 있는 사상의 생명력과 한글의 아름다움과 조화를 잘 이루고 있다. 《날카로운 첫 키스의 추억》은 시에 대한 해설이기 이전에 또 하나의 시어들이라고 할 수 있을 것이다.

김종인 박사가 이처럼 《님의 침묵》에 대한 훌륭한 해설서를 쓸 수 있었던 것은 무엇보다도 그의 삶 자체가 만해의 삶과 닮은 데가 있었기 때문이다. 역사 속에 뛰어들어 고초를 겪은 것과, 인생의 진리를 찾아 산문을 두드린 경험, 문학과 철학에 모두 관심을 가진 것 등에서 그의 삶은 나름대로 만해의 삶과 닮아 있다. 아무쪼록 《날카로운 첫 키스의 추억》을 통하여 《님의 침묵》이 독자들에게 한층 더 깊이 이해될 수 있기를 바란다.

2008년 5월

대한불교조계종 교육원장

청 화

머리말

한국 문학사(文學史), 나아가 한국 지성사(知性史) 전체를 통틀어 만해(萬海)만큼 그 이름이 널리 알려진 인물도 없다. 실제로 만해 그 이름을 모르는 이 없고, 한 번쯤 〈님의 침묵〉을 암송해보지 않은 이도 드물 것이다. 이렇게 만해는 근세 이후 가장 존경받는 위인으로, 그의 시 〈님의 침묵〉은 가장 많이 애송되는 명시로 자리매김하고 있다.

만해가 존경받는 까닭은 일제의 회유와 협박에도 굴하지 않고 죽음에 이르기까지 한 치 부끄러움 없이 민족지도자로서의 절개와 지조를 굽히지 않은 때문이며, 〈님의 침묵〉이 애송되는 것은 그 속에 만해의 이러한 삶과 정신, 그리고 그 삶과 정신을 이끌어 간 철저한 깨달음의 체험이 생생하게 배어 있기 때문이다. 우리가 〈님의 침묵〉을 읽을 때마다 마음속에서 전율을 느끼게 되는 것은 그의 강인한 정신력과 열정적인 삶을 통해 구현된 생사를 초월하는 진리의 세계가 시

속에 고스란히 들어 있기 때문이다.

그렇다고 〈님의 침묵〉에 우리를 전율케 하는 감동만 있는 것은 아니다. 〈님의 침묵〉에는 범인(凡人)의 언어로는 도저히 풀어낼 수 없는 경이로움이 내재(內在)한다. 우리가 〈님의 침묵〉을 읽고 감동하는 것은 〈님의 침묵〉을 이해해서가 아니다. 〈님의 침묵〉을 읽고 단순히 감동하기는 쉬워도 이해하기는 어렵다. 어쩌면 〈님의 침묵〉의 감동은 명쾌한 규명이 불가능하다는 그 한계의식으로부터 기인하는지도 모른다.

〈님의 침묵〉의 시어(詩語)들은 결코 생경하지도 관념적이지도 않다.

> 푸른 산 빛을 깨치고 단풍나무 숲을 향하여 난 작은 길을 걸어서 차마 떨치고 갔습니다.

어느 어휘 하나 독립된 단어로서 생경함이나 관념성을 지닌 경우는 없다. 이처럼 〈님의 침묵〉은 단순명료한 어휘들, 결코 낯설지 않은 친밀한 일상어로 구성되어 있다. 그럼에도 불구하고 시어들이 이루어내는 경이로움의 세계로 몰입하고자 하는 이는 누구나 기이한 미로(迷路) 속에 들기 마련이다. 시의 의미에 다가서려 하면 할수록 우리는 더욱 깊숙이 미로에 빠져들 뿐이다. 비단 〈님의 침묵〉의 경우만이 아니다. 〈님의 침묵〉은 시집 《님의 침묵》 가운데 한 편의 시(詩)인데, 《님의 침묵》에 나오는 작품 모두가 하나같이 감동을 불러일으킴과 동시에 난해함을 던져 준다.

《님의 침묵》이 이처럼 난해한 까닭은 무엇인가? 그것은 그 속의 어휘들이 단지 우리들이 알고 있는 일상세계의 경험과 논리만을 반영하는 것이 아니기 때문이다. 《님의 침묵》의 어휘들은 친근한 일상세계의 언어들로 구성되어 있는 것처럼 보이지만, 그것들은 또한 창조적인 시어(詩語)이자 깨달음의 언어이다. 《님의 침묵》은 시인 만해에 의해 새롭게 의미가 부여된 언어이자 만해의 깨달음의 세계의 논리가 반영된 언어이다. 《님의 침묵》의 난해함은 여기서 비롯된다.

《님의 침묵》의 어휘들은 친근한 일상의 언어처럼 보이지만 사실은 시인의 의미부여에 의해 굴절된 언어, 깨달음의 논리에 의해 재구성된 언어, 우리들의 일상의 경험과 상식의 논리만으로는 이해될 수 없는 함축적 언어이다. 시인의 시세계를 이해하지 못하고, 논리 너머의 깨달음의 세계에 가 닿지 않으면 이해할 수 없는 언어인 것이다.

《님의 침묵》은 끊임없는 대중의 사랑을 받아 그 판본과 해석본이 수십 종 출판되고 있지만, 이 가운데 독자들이 이 난해한 시들을 이해하는 데 도움이 될 만한 것을 찾기는 어렵다. 시는 그 의미의 이해 이전에 느낌으로 다가가야 하는 것이며, 이해가 필수적인 것은 아니라고 할 수도 있다. 하지만 이해하고자 하는 것 또한 시를 읽는 독자의 거부할 수 없는 욕구임을 부인할 수 없다. 뿐만 아니라 이해는 느낌을 더욱 선명하게 해준다.

때문에《님의 침묵》전체에 대한 해설이 시도되기도 하였다. 그간 세 명의 학자들이 이를 시도하였는데, 세 명 모두 각자 하나의 도식적인 틀에《님의 침묵》의 모든 시의 의미를 고정시키는 듯한 인상을 주고 있음을 부인하기 어렵다. 시에 대한 해설이라기보다는 일종의 문학비평 방법론의 도식적 적용이라는 느낌을 주고 있어 안타깝다는 말을 하지 않을 수 없다.

도식적 틀에 의존한《님의 침묵》해석들이 시의 올바른 이해에 장애가 되기도 하지만《님의 침묵》을 이해하는 데 길라잡이가 되는 유용한 해석의 틀을 제시하는 것도 가능하다.《님의 침묵》의 시들은 그 어떤 시들보다도 해석의 틀을 필요로 한다.《님의 침묵》의 모든 시들은 통일된 주제, 동일한 시적 논리의 전개방식, 유사한 리듬과 수사법 등을 보여주고 있으며, 일관된 철학적 사유에 바탕하고 있기 때문이다. 바로 이러한 사실이 기존 해석자들이 도식적 틀을《님의 침묵》의 시들에 무리하게 적용하게 된 요인이기도 하다. 그 결과 해석자들은《님의 침묵》의 토대를 이루는 다양한 철학적 갈래를 한 줄기 흐름 속에 두루 담아내지 못하고, 그 가운데 단 하나의 갈래만을 드러내는 데 그치고 말아 시어들 속에 녹아 있는 중의적인 의미를 사상(捨象)한 채 하나의 반복적인 주제만 드러내게 된 것이다.

《님의 침묵》은 흔히 만해의 '선(禪)적 깨달음'의 노래라고 한다.《님의 침묵》의 철학적 토대는 분명 불교적 사유에 있는 것이 사실이다. 그러나 우리가 《님의 침묵》을 불교적 관점에서 이해하고 해석하기 이전에 반드시 생각해 보아야 할 것은, 놀랍게도 《님의 침묵》에서 불교 어휘를 거의 찾을 수가 없다는 사실이다. 자비(慈悲), 아공(我空), 백호광명(白毫光明) 등의 어휘가 있지만 《님의 침묵》 전체를 통틀어 이들 어휘들이 사용된 예는 특별히 고려할 필요가 없을 정도로 극히 적다. 뿐만 아니라, 불교 용어가 아닌 다른 어떤 어휘로 대체해도 무방한 맥락에서 사용되고 있다. 《님의 침묵》에는 특별히 불교적인 어휘는 없다고 해도 결코 지나친 말이 아니다.

《님의 침묵》에서 특별히 불교적 어휘를 찾을 수가 없음에도 불구하고 우리가 《님의 침묵》을 '선적 깨달음'과 쉽게 연결시키는 것은 《님의 침묵》의 시들을 시 내부로부터, 또 시어 자체로부터 해석하지 않고, 만해가 선승(禪僧)이었으며 《님의 침묵》이 백담사에서 씌어졌다는 작품 외적인 사실로부터 시를 해석한 때문이 아닌지 반성해 볼 필요가 있다. 마치 성리학자들이 《시경》(詩經)을 그 속의 시 자체, 시어 자체로부터가 아니라 공자가 《시경》을 애송하고 예찬했다는 사실로부터 《시경》을 해석하여, 남녀간의 사랑을 노래하는 시들을 모두 유교적 교훈시로 해석하는 것과 같은 태도로 《님의 침묵》을 해석하는 것은 아닌지 조심스럽게 의문을 제기해 본다.

《님의 침묵》은 만해의 '깨달음의 노래'라 할 수 있지만, '선적 깨달음'이라는 말은 《님의 침묵》의 철학적 토대를 표현하는 데 그다지 적합한 말은 아니다. 《님의 침묵》의 시들은 전통적인 선시(禪詩)들과는 시어와 시의 형식뿐 아니라 시적 분위기 면에서도 크게 다르기 때문이다. 이러한 차이는 《님의 침묵》이 만해 자신의 '참 나'와 세계에 대한 커다란 깨달음을 반영하고 있지만, 그 깨달음에 이르게 한 문제의식과 깨달음의 지향점 자체가 전통적인 선승들의 그것과 크게 다른 데서 기인한다. 전통적인 선시들은 초탈의 관점에서의 인생을 관조하는 것을 특징으로 한다. 일례로 이백(李白), 두보(杜甫)와 함께 당나라 전성기의 대시인이며, 불교에 심취가 깊어서 시불(詩佛)이라고 일컬어지기도 한 왕유(王維, 699?~761)의 다음 시는 선시의 그러한 특징을 빼어나게 드러내 준다.

조명간(鳥鳴澗)

人閒桂花落　인적 저문 가운데 계수나무 꽃 떨어지고
夜靜春山空　밤 고요한 가운데 봄 산은 비어 있는데
月出驚山鳥　솟아오른 달에 놀라 깬 산새는
時鳴春澗中　간간히 봄 시내 가운데서 울어댄다

왕유의 위 시와 《님의 침묵》의 다음 시를 비교해 보면 두 시가 얼마나 대극점에 있는가를 알 수 있다.

그것은 자비의 백호광명(白毫光明)이 아니라 번득거리는 악마의 눈빛입니다.

> 그것은 면류관(冕旒冠)과 황금의 누리와 죽음과를 본 체도 아니하고 몸과 마음을 돌돌 뭉쳐서 사랑의 바다에 퐁당 넣으려는 사랑의 여신이 아니라, 칼의 웃음입니다.
> 아아 님이여, 위안(慰安)에 목마른 나의 님이여, 걸음을 돌리셔요, 거기를 가지 마셔요, 나는 싫어요.
>
> – 〈가지 마셔요〉

왕유의 위 시와 달리 《님의 침묵》의 시는 초탈을 지향하는 것이 아니라 세상의 한가운데로 향하고 있으며, 까닭에 선악의 이원론적 대립을 넘어 마음속의 여유와 한가 속에 놓아버릴 수 없는 안타까움과 열망마저 내비치는 긴장의 설렘과 염원으로 가득 차 있다. 표현에서도 정제된 언어가 아니라, 도리어 직설적인 어투[直意語]를 사용하여 가슴속 열정을 있는 그대로 드러내고 있다.

《님의 침묵》의 철학적 토대를 이루는 것이 만해의 불교적 사유(思惟)인 것은 확실하지만, 우리가 일반적으로 이해하는 불교철학의 범주에 포함되기 어려운 내용들이 있다. 사회와 역사, 에로티시즘, 그리고 현대성이 바로 그 내용들인데, 이들 내용들로 인하여 《님의 침묵》의 시어들은 보다 풍부한 중의성(重義性)을 지니게 되며, 전통적인 선시들과는 달리 현대인들의 감성에 직접 와 닿는 감동을 준다.

불교, 특히 대승불교가 사회와 역사를 도외시하는 것이냐 하는 것은 논쟁의 소지가 있지만, 전통적으로 불교는 출가자(出家者)들이 중심이 되어 실천해 온 가르침이다. 그리고 출가란 가정뿐 아니라 사회와 역사적 현실로부터의 벗어남이기도 하다. 까닭에 이들 출가자들이 남긴 전통적 불교문헌들 가운데서 사회적 문제를 다룬 글들을 찾기가 쉽지 않다. 그러한 글이 전혀 없는 것은 아니지만, 기존의 그 어떤 승려의 글이나 시들도 《님의 침묵》처럼 사회와 역사적 현실과의 관여 속에서 지어지진 않았다.

더욱이 선승들은 그 어떤 불교 유파의 승려들보다도 이념적으로나 실천적으로나 사회와 역사로부터 멀어져 있다. 선불교(禪佛敎)는 "나무하고 물 긷는 데에 도가 있다"고 한다. 하지만 여기서의 일상성은 세속과 절연된 산사(山寺)에서의 일상이지 사회적 혹은 역사적 현실은 아니다. 이에 비해 민족운동의 지도자인 만해는 '민적'(民籍), '인권', '윤리', '법률'을 제시한다. 논개(論介)를 노래하고 계월향(桂月香)을 노래한다.

에로티시즘은 불교에서 가장 경계하는 것이다. 불교의 수행은 감각적 욕망을 통제하는 데서부터 시작된다. 성적(性的) 욕망을 경계하는 것이 불교 계율의 핵심적 항목들을 이루고 있다. 불사음계(不邪淫戒)를 지켰느냐 범했느냐 하는 것은 진정으로 승려인가 아닌가를 구분하는 결정적 판단기준으로 작용한다. 그런데 《님의 침묵》은 다름 아닌 사랑의 노래이다. 그 사랑은 진리에 대한 종교적 사랑이기도 하고 민족과 역사에 대한 영웅적 사랑이기도 하지만, 원천적으로는 불교에서 금기시하는 이성에 대한 사랑, 즉 에로티시즘이다.

많은 사람들이 《님의 침묵》을 만해의 민족애(民族愛)의 표현과 불교적 진리에의 구도로 해석하고 있는데, 이는 말하자면 종교적 사랑과 영웅적 사랑이 에로티시즘의 언어로 표현되었다고 보는 것이다. 《님의 침묵》에는 이러한 측면이 있는 것은 사실이나, 대부분의 시들은 실상은 그 역(逆)의 논리로 지어졌다고 보는 것이 옳을 듯하다. 즉, 에로티시즘이 영웅적 사랑과 종교적 사랑으로 승화된 것으로 말이다. 《님의 침묵》이 주로 전자의 방식으로 저술되었다면 그것은 교훈시집이 되었을 것이며, 《님의 침묵》이 지금처럼 독자들로부터 공감을 이끌어내는 것도 불가능했을 터이다.

에로티시즘이 《님의 침묵》의 근저를 이루고 있음이 명백함에도 불구하고, 많은 학자들이 이것을 간과하거나 사소하게 취급한 가장 큰 이유는 만해에 대한 고정관념 탓이다. 그러한 고정관념에 따르면 만해는 민족의 지도자요 선승이며, 따라서 사랑타령을 하기 위해 《님의 침묵》을 지었다는 것은 그에 대한 모독이 된다. 《님의 침묵》에 대한 진실한 접근을 위해서는 무엇보다도 만해에 대해 가지고 있는 이러한 고정관념에서 벗어나, 시를 시 자체로서 접근할 필요가 있다. 그래야 불교어휘가 거의 발견되지 않고 선시들과는 너무나도 다른 분위기를 지니고 있음에도 불구하고 '선적 깨달음'의 노래로 해석하는 무리를 범하지 않고, 에로티시즘이 근저에 깔려 있음이 명백함에도 불구하고 이를 소홀히 하는 문제를 피할 수 있게 된다.

《님의 침묵》을 그 저자인 만해와 분리시켜 볼 수 없다면, 또 만해가 어떤 이인가에 대한 이해가 필요하다면, 만해를 민족의 지도자나 선승으로서가 아니라 미학적 개념이나 정치적 개념의 구분을 떠나 진정한 현대인(現代人)으로 자리매김할 필요가 있다. 만해를 현대인으로 보는 것은 그를 이념적 틀에 맞는 이상적 인간으로 보는 것이 아니라 우리와 같은 시대의 삶의 공간 속에 있으면서도 동시에 우리 시대를 뛰어넘는 인간으로 보는 것이며, 그의 시를 식민지 애국지사의 이념의 표현이나 종교적 계시에 가두지 않고 본질적인 인간적 감수성의 표현으로 보는 것이다.

만해를 현대인으로 보아야 하는 분명한 이유가 있다. 무엇보다도 그의 불교 이해가 그가 현대인임을 보여준다. 선승이었지만 급진적인 불교 개혁론자였던 그가 실천하려 한 불교는 전통사회로부터 전해 온 종교로서의 불교가 아니라 서구 계몽주의의 영향을 받고 여러 과학적 발견들에 익숙한 현대인들의 사유방식과 융합하는 철학적 불교였다. 그에게서 불교는 완성된 절대적 가르침이 아니라 인류의 여러 탁월한 정신적 발견 가운데 하나이다.

만해는 다음과 같이 말한다.

> 다만 문명의 정도가 날로 향상되면 종교와 철학이 점차 높은 차원으로 발전하게 될 것이며, 그때에야 그릇된 철학적 견해나 그릇된 신앙 같은 것이야 어찌 다시 눈에 띌 줄이 있겠는

> 가? 종교요 철학인 불교는 미래의 도덕·문명의 원료품 구실을 착실하게 할 것이다.[1]

종교와 철학의 발전이 문명의 발전과 함께한다면, 불교 역시 보다 높은 차원으로 발전하는 것이 된다. 불교가 '미래의 도덕·문명의 원료품 구실'을 한다는 말은 불교적 사유의 현대성을 평가하는 동시에 종교적 진리로서의 절대성을 부정하는 것이다.

만해는 정치적으로도 현대인이다. 그는 다음과 같은 말을 할 정도로 현대적인 정치사상을 보여주고 있다.

> 근세의 자유주의와 세계주의가 사실은 평등한 이 진리[불교]에서 나온 것이라 할 수 있다.[2]

또 1930년대의 그의 논설은 '사회주의', '자본주의', '부르주아', '프로 계급', '마르크스' 등의 말을 수시로 사용할 정도로 현대의 정치사상에 대한 높은 관심을 보이고 있다.

선승이었음에도 불구하고 만해가 에로티시즘을 바탕으로 《님의 침묵》을 저술할 수 있었던 까닭 역시 그가 현대인이었기 때문이다. 그는 승려임에도 불구하고 인간의 성적 욕망을 금하는 것을 부정한다.

---

1) 《조선불교유신론》

2) 《조선불교유신론》

그는 성적 결합의 문제는 철칙으로서의 계율의 문제가 아니라 개인적 자유의 문제이며 시대적 적합성의 문제라고 여긴다.

만해는 다음과 같이 말한다.

> 계율이라는 이유만으로 억지로 그 욕망을 눌러서 사람으로 하여금 길이 그 향락의 그림자까지 끊게 하려 하지만 가능한 일이겠는가. 설사 억지로 누른다 해도 형식이요 이름일 뿐이다.[3)]

> 옛사람들이 음계(婬戒)를 금지함으로써 부처님을 숭상한 데 대해 요즘 사람들이 그 계율을 해제해 놓고 부처님을 숭배한들 무슨 지장이 있겠는가. 다만 시기에 들어맞으면 될 따름이다.[4)]

만해는 현대인이며 그런 까닭에 현대 시인(詩人)이다. 만해가 한국의 대표적 "현대 시인"이란 것은 그가 현대 한국사회에서 활동한 시인이라는 것만을 의미하지는 않는다. 그는 단지 현대의 시인일 뿐 아니라 누구보다도 먼저 현대 시인이 되고자 하였다. 논쟁의 여지가 전혀 없는 것은 아니나, 그는 현대적 기법으로 시를 쓴 최초의 '현대 시인'이다. 그는 신시(新詩)의 선구로 알려진 주요한의 〈불놀이〉보다 1년 앞서 신시 〈심〉(心)을 《유심》(唯心) 지에 발표하였다.

3) 《조선불교유신론》

4) 《조선불교유신론》

만해는 분명 민족의 지도자이자 선승이었다. 만해를 현대인으로 보는 것이 그를 민족의 지도자나 선승으로 보는 것과 모순되는 것은 아니다. 다만 만해는 민족의 지도자이자 선승이기 이전에 현대인이었으며, 그의 시집 《님의 침묵》을 이해하는 데에도 이 점을 염두에 두어야 한다는 것이다. 《님의 침묵》이 깨달음의 노래라면 그 깨달음 또한 현대인으로서의 깨달음이다. 그 깨달음은 석가(釋迦)가 말한 깨달음, 그리고 선사(禪師)가 말한 깨달음과 맥락이 닿아 있지만, 또 그런 점에서 전통의 계승이기도 하지만 궁극적으로는 현대인으로서의 만해 자신의 깨달음이다.

이 책은 만해를 민족의 지도자이자 선승이라는 특별한 인물이기 이전에 하나의 인간, 그것도 오늘날의 우리들과 같은 사유와 감성을 가진 한 현대인이었다는 전제하에서 그의 저술인 《님의 침묵》을 해석한 것이다. 이러한 해석이 결코 《님의 침묵》의 전모를 드러내는 것은 아니며, 가장 정확한 해석이라고 단언할 수는 없다. 정확한 해석이나 부정확한 해석이란 표현은 시에 대해서는 적용될 수 없는 말이다. 다만 기존의 도식적 해석을 극복하고, 나름대로의 시각을 가지면서도 시를 시로서 이해하려 한 작은 노력의 결실인 이 책이 《님의 침묵》에 대한 이해, 나아가 만해의 정신세계의 이해에 도움이 되기를 간절히 염원해 본다.

마지막으로 이 책의 원고를 읽고 여러 가지 의견을 보태 주었을 뿐 아니라 거친 문장을 다듬어 주신 송태효 선생님께 감사를 드리며, 격려의 말씀을 해주신 김인환 선생님께도 감사드린다.

2008년 5월

김 종 인

나남신서 1279

날카로운 첫 키스의 추억

만해 한용운《님의 침묵》평설

차 례

일러두기

- 본문에 실린 《님의 침묵》 원본은 1926년에 滙東書館에서 발행한 초간본을 새로 활자화한 것이다.
- 현대문은 1973년에 新丘文化社에서 출간한 《韓龍雲全集》 권1을 주로 참고하였으나, 새로운 맞춤법 안에 맞게 고쳤다. 현대문으로 바꾸었지만 글자 수는 되도록 초간본에서의 글자 수가 유지되도록 하였다.
- 초간본에 한문이 많이 들어 있으나 현대문에서는 한자 사용을 최대한 자제하였다. 초간본이 함께 실려 있으므로 현대문에 굳이 한자를 많이 사용할 필요가 없었다.

군 말

「님」만님이아니라 긔룬것은 다님이다 衆生이 釋迦의님이라면 哲學은 칸트의님이다 薔薇花의님이 봄비라면 마시니의님은 伊太利다 님은 내가사랑할뿐아니라 나를사랑하나니라

戀愛가自由라면 님도自由일것이다 그러나 너희는 이름조은 自由에 알뜰한拘束을 밧지안너냐 너에게도 님이잇너냐 잇다면 님이아니라 너의그림자니라

나는 해저문벌판에서 도러가는길을일코 헤매는 어린羊이 긔루어서 이詩를쓴다

군 말

'님'만 님이 아니라 기룬 것은 다 님이다. 중생이 석가의 님이라면 철학은 칸트의 님이다. 장미화(薔薇花)의 님이 봄비라면 마치니의 님은 이태리다. 님은 내가 사랑할 뿐 아니라 나를 사랑하나니라.

연애가 자유라면 님도 자유일 것이다. 그러나 너희는 이름 좋은 자유에 알뜰한 구속을 받지 않느냐. 너에게도 님이 있더냐. 있다면 님이 아니라 너의 그림자니라.

나는 해 저문 벌판에서 돌아가는 길을 잃고 헤매는 어린 양(羊)이 기루어서 이 시를 쓴다.

〈군말〉은《님의 침묵》서시에 해당한 말이다. 군말이란 쓸 데 없는 말이다. 듣는 이가 충분히 알고 있지만 노파심에서 하는 말이다. 그러나〈군말〉은《님의 침묵》에 들어가는 첫 문을 여는 데 없어서는 안 되는 열쇠이다. 꼭 필요한 열쇠임에도 불구하고 '군말'이라 표현한 것은, 독자의 지적 능력을 무시하지 않는다는 겸양의 뜻이자 독자와의 형제다움에 대한 토로의 뜻이기도 하리라.

'님'은 이 시집 전체를 구성하는 기본 소재이다. "'님'만이 님이 아니라"고 하는 것은 우리가 흔히 말하는 님, 통속적 의미의 님, 즉 연인만이 님이 아니라는 뜻이다. 그러면 님은 누구인가? '기룬 것은 다 님이다'라는 것이 그 대답이다. '기룬 것'은 '그리워하는 것'을 의미한다. 결국 우리가 애정을 가지고 대하는 모든 것이 님이다. 님은 이제 사적인 연모(戀慕)의 대상을 넘어서서 존재 일반이 되고, 그리워하는 마음 역시 감성적 정념(情念)을 넘어서 구도(求道)의 정신이 된다. 그렇다고 사적인 연모나 감성적 정념을 부정하는 것은 아니다. 만해가 연모나 감성적 정념을 부정했다면《님의 침묵》은 우리들의 가슴에 와 닿는 서정시가 아니라, 공허한 교훈시 혹은 관념시가 되었을 것이다.

"'님'만이 님이 아니라 기룬 것은 다 님이다"라는 이 한마디는 이 시집에 나타난 만해 철학의 기본구조, 즉 세속적 가치와 종교적 진리의 통일을 반영하고 있다. 세속적 가치와 종교적 진리는 흔히 모순을 이루지만, 만해는 이 둘을 완벽하게 통일하고 있다. 만해는 종교적 진리를 통해서 세속적 가치를 승화시키고, 세속적 가치를 통해서 종교적 진리를 육화해내고 있다. '님'은 세속적 가치와 종교적 진리를 연결하는 핵심고리이다. 우리말의 전통에서 '님'은 세속적 연모의 대상인 동시에 종교적 숭배의 대상을 지칭해 왔다. 만해는 우리말 '님'이 가지고 있는 이러한 존재론적 이중성을 포착하여 세속과 종교적 진리의 통일을 완성한 자신의 철학을 시적(詩的)으로 표현해 내는 중심 연결고리로 삼은 것이다.

'석가(釋迦)는 중생(衆生)의 님'이라고 했으면 아무런 의문을 일으키지 않았을 것이다. 우리는 석가를 부처님이라고 부른다. 그런데 시는 '중생이 석가의 님'이라고 말한다. 일종의 문학적 기교로서의 역설(逆說)처럼 보인다. 그러나 '중생이 석가의 님'이란 말은 결코 단순한 수사의 틀로서의 역설에 머물지 않고 더욱 심오하고 현대적인 사유(思惟)세계의 발견으로 우리를 인도한다. 이 말은 '석가는 중생의 님'이라는 불교의 고전적 명제에 대한 새로운 정의이며, 새로운 정의는 현대적 불교 해석에 기초하고 있다.

만해는 20세기 민주주의 사회 문화에 맞게 불교를 재해석하고 있다. 전근대 사회에서는 군주가 백성의 섬김의 대상이었다. 군주는 님이고 백성은 그 님을 섬기는 이들이었다. 그러나 현대사회에서는 국민의 대표자가 국민을 섬기는 시대이다. 전근대적 종교관에서는 대중이 종교지도자를 섬기지만, 근대적 종교관에서는 종교지도자가 대중을 섬긴다. 그러나 이것은 어디까지나 새로운 발견이지 새로운 정립은 아니다. 군주와 백성의 관계가 국민과 대표자의 관계로 되기 위해서는 혁명을 통한 전도(顚倒)가 필요했지만 중생이 님이 되는 데는 전도가 필요한 것은 아니다. 중생은 원래 부처였고, 님이었다. 중생과 부처 사이에 변화된 것은 아무것도 없다.

민족주의의 상징이자 선승인 만해와 철학자 칸트는 어울릴 것 같지 않아 보인다. 그러나 만해는 산중에서 한문 경전만이 유일한 진리를 전한다고 믿는 고루한 승려가 아니다. 그의 정신세계는 동아시아의 선(禪) 전통 위에 건립되어 있지만, 그는 불교라고 일컬어지는 것만이 불교가 아님을 안다. 진리를 말하는 모든 것은 불교이다. 불교란 말의 사전적 의미가 '깨달음의 가르침'이 아니던가? 그는 20세기 철학에도 불교, 즉 깨달음이 있음을 안다. 그를 통해서 칸트의 계몽주의 정신이 20세기 불교 가운데 하나의 영역으로 자리 잡는 것이다. 만해가 사용하는 언어는 지난 시대의 승려들의 언어가 아니다. 그는 20세기의 언어로 말하며, 20세기의 철학을 소화하고 있다. 그는 선불교(禪佛教)밖에 모르는 선승이기 때문에 선(禪) 수행을 한 것이 아니라, 선불교가 진리라고 여겼기 때문에 선 수행을 하였다.

만해는 현대인이다. '장미화'는 만해의 현대적 감각을 드러내 준다. 장미꽃은 1920년대에 유행한 낭만주의의 주요한 상징물 가운데 하나이다. 1921년 5월에 창간된 한국문학사 최초의 시지(詩誌) 이름이 《장미촌》(薔薇村)일 정도로 장미는 근대기 한국문화에서 상징적 의미를 갖는다.[1] '봄비'는 생명력의 상징이다. 겨울 내내 움츠려든 생명을 소생시키는 원천인 것이다. 봄비가 '장미화의 님'이란 것은 님은 곧 생명의 원천임을 말한다.

마치니의 님이 이태리라는 것은, 님은 또한 역사 · 사회적 실체를 통해서 드러남을 말하고 있다. 주세페 마치니(Giuseppe Mazzini, 1805~1872)는 이탈리아의 애국자이며, 철학자이며, 정치가이다. 그는 당시 외세에 점령되었던 이탈리아의 독립과 통일을 위해 노력했다. 그는 민주주의자인 동시에 유럽 통합론자이기도 하다. 그는 오늘날의 유럽연합 EU를 예견하고 있었던 것이다. 그의 이러한 면모는 만해와 닮은 데가 있다. 만해 역시 애국자이며, 민족주의자이며, 민주주의자이며, 철학자이자, 정치가이다. 또 그의 민족주의는 국수주의를 넘어서는 사해(四海) 동포주의이다.

전통적으로 님은 연모와 숭배의 대상으로 여겨졌다. 님이 나에게 어떻게 하는가에 상관없이 나는 님을 연모하고 숭배하는 것이 우리 문화에서의 님의 전통이었다. 이 점에서 님과 나의 관계는 일방적이다. 이 일방적 성격 때문에 '님'이란 말은 화자의 애틋한 마음을 표현하는 대상

---

1) 《薔薇村》은 창간호 선언문은 다음과 같이 말하고 있다.
"우리들은 人間으로의 참된 苦惱의 村에 들어왔다. 우리들의 밟아나가는 길은 孤獨의 꽃 없이 渺漠한 큰 雪原이다. 우리는 이곳을 개척하여 우리의 靈의 永遠한 平和와 安息을 얻을 村, 薔薇의 薰香 높은 神과 人間과의 慶賀로운 華婚의 饗宴이 열리는 村을 세우려 한다. 우리는 이곳을 자못 우리들의 젊은 靈의 熱湯갓치 뜨거운 괴로운 땀과 또는 鐵火 같은 高度의 淨한 情熱로써 開拓하여 나갈 뿐이다. 薔薇, 薔薇, 우리들의 손에 의하여 싹이 나고, 길러지고, 또한 꽃피려는 薔薇."

을 지시하는 말이 된다. 님과 나의 관계가 상호적이라면 거기에는 애틋함이 없을 것이며, 님이란 말은 서정적 함축성을 잃게 될 것이다. 그런데 만해는 '님은 내가 사랑할 뿐 아니라 나를 사랑하나니라' 라고 하고 있다. 님과 나의 상호작용을 말하고 있다.

만해는 님이 가지고 있는 서정적 함축성을 부정하자는 것인가? 그렇지는 않다. 만해가 말하는 님과 나의 상호작용은 현실의 관계가 아니다. 원리, 가능성, 믿음, 당위의 관점에서 표현한 관계이다. 현실에서의 님에 대한 나의 연모는 일방적이지만, 그 연모가 가능한 것은 가능성을 보았기 때문일 것이다. 언젠가는 님이 나를 향해 손을 내밀 수 있다는, 혹은 온전히는 아니더라도 나를 생각할 수 있다는, 영원히는 아니더라도 순간적으로나마 나와 함께 할 수 있을 것이라는 가능성에 대한 믿음이 있기 때문에 연모가 가능한 것이다.

'님도 나를 사랑하나니라'는 것은 중생에 대한 부처님의 자비(慈悲)를 가리키는 것인데, 세존(世尊)의 자비를 사랑이란 말로 표현한 것은 만해만의 독특한 수사법이다. 만해 이전에는 부처의 자비를 사랑이란 단어로 풀이한 예가 없다. 자비는 불교의 전문용어로서 통상 자(慈)와 비(悲)를 구분하지 않지만, 자(慈)는 범어 maitrya 혹은 maitrī의 번역어이고, 비(悲)는 범어 karuṇa의 번역어이다. 자(慈)는 중생을 자애롭게 대하여서 기쁨을 주는 것인데 원래는 우정이란 말에서 유래한다. 비(悲)는 중생의 고통을 함께 느끼고 번민하여서 그 고통을 없애는 것을 말한다. 이러한 의미를 지닌 자비는 사랑이라는 말이 지닌 의미와 차이가 있다. 만해 역시 이러한 차이를 몰랐을 리가 없다. 그런데도 그가 부처님의 중생에 대한 자비를 사랑이란 말로 표현한 것은 앞서 말한 사랑이란 말 속에 있는 상호성과 세속성, 정념 등이 현대인들의 의식에 중요하게 자리 잡고 있으며, 그만큼 호소력 있는 단어라고 보았기 때문으로 보인다.

만해가 《님의 침묵》을 쓴 1920년대는 사랑과 자유연애의 시대이다. 사랑과 연애는 더 이상 사회의 윤리적 금기의 경계선상에 있는 위험한 대상이 아니라 순전히 개인의 자유선택의 대상이 되었다. 더 나아가 자유연애는 자유선택의 대상을 넘어 젊은이들이 숭배하는 이념이 되고, 젊은이들이 전통을 부정하고 스스로 근대적 인간임을 확인하는 증표처럼 되어 있었다. 이는 분명 하나의 경박한 풍조였다. '연애가 자유라면 님도 자유일 것이다'라는 말에는 이러한 경박한 풍조에 대한 비판의식이 깔려 있다. 만해는 여기서 연애와 님을 대조시키고 있는데, 이것은 자유연애의 풍조와 함께 사랑에서 님이 사라진 것을 말하고 있다. 그리고 님이 사라진 자유는 진정한 자유가 아니다. 세상의 경박한 풍조는 허위의 자유만 알지 진정한 자유는 모르고 있는 것이다.

'구속'은 자유의 대립어이다. '이름 좋은 자유에 알뜰한 구속을 받지 않느냐' 하는 것은 연애의 자유가 진정한 자유가 아님을 확인하는 말이다. 당대를 향유한 연애의 자유의 옹호자들은 온갖 아름다운 수식어로 연애의 자유를 예찬했다. 연애의 자유는 온갖 난관을 다 극복하고서도 쟁취할 만한 가치가 있는 것으로 해석되었다. 그 온갖 난관 가운데는 때로 지속되어야 할 전통과 가치도 포함되었다. 자유연애라는 이념의 '이름 좋은 알뜰한 구속'을 받은 이들은 스스로 전통과 가치에 맞서서 불필요한 투쟁을 벌인다.

연애하는 사람에게 님이 없을 리 없다. 님이 있기 때문에 사랑하고, 사랑하기 때문에 '알뜰한 구속'을 받아서, 애태우며, 초조해하며, 눈물을 흘린다. 그러나 경박한 풍조에 휩쓸린 자유연애의 대상이 된 님은 진정한 '님이 아니라 너의 그림자'이다. 그 님은 석가의 님, 칸트의 님, 장미화의 님, 마치니의 님과 같은 진정한 님, 존재, 진리, 생명, 역사의 방향성과 하나 되는 님이 아니라 나의 정념과 욕망이 형상화고 대상화된 것이다.

'해 저문' 시간은 아직 어둡지는 않지만 어두움이 닥쳐오는 시간이다. 벌판은 아무도 없는 텅 빈 공간이다. 어둡고 텅 빈 공간은 바로 방향성 없는 자유, 허위(虛僞)의 자유의 공간이다. 자유는 있지만 방향이 없기 때문에 그 속의 인간은 '돌아가는 길을 잃고 헤매는 어린 양'이 된다.

그냥 '길'이 아니라 '돌아가는 길'을 잃었다는 것은 자신이 온 길, 그래서 원래는 알고 있는 길을 잃었음을 말한다. 이는 모든 인간이 원래 부처님이라고 하는 불성론(佛性論)에 기초하고 있음을 말한다. 인간은 본래 부처이며, 진리를 알고 있다. 다만 욕망의 때가 끼어 불성을 잃고 진리를 잃는다. 님이 사라져버린 연애는 자신 속에 원래 갖추어져 있는 것을 찾지 못하는 시간과 공간 속에서 벌어지는 일들의 한 예이다. 만해가 《님의 침묵》을 저술한 한 동기는 바로 20세기의 한반도 민중에 대한 애정 때문이다. 《님의 침묵》은 님에 대한 사랑을 노래하는 시이다. 그러나 그 님은 정념의 대상으로서의 님이 아니라 사랑의 존재이며, 《님의 침묵》은 20세기의 암울한 한반도 현실에서 길을 잃고 헤매는 한국인들이 어떤 자세로 삶에 임해야 하는가에 대한 만해의 종합적 메시지를 담고 있다.

님의沈默

님은갓슴니다 아々 사랑하는나의님은 갓슴니다

푸른산빗을깨치고 단풍나무숩을향하야난 적은길을 거러서 참어떨치고 갓슴니다

黃金의꼿가티 굿고빗나든 옛盟誓는 차듸찬띄끌이되야서 한숨의微風에 나러갓슴니다

날카로은 첫「키쓰」의追憶은 나의運命의指針을 돌너노코 뒤ㅅ거름처서 사러젓슴니다

나는 향긔로은 님의말소리에 귀먹고 꼿다은 님의얼골에 눈머럿슴니다

사랑도 사람의일이라 맛날때에 미리 써날것을 염녀하고경계하지 아니한것은아니지만 리별은 뜻밧긔일이되고 놀난가슴은 새로은슯음에 터짐니다

그러나 리별을 쓸데업는 눈물의源泉을만들고 마는것은 스々로 사랑을깨치는것인줄 아는까닭에 것잡을수업는 슯음의힘을 옴겨서 새希望의 정수박이에 드러부엇슴니다

우리는 맛날때에 써날것을염녀하는것과가티 써날때에 다시맛날것을 밋슴니다

아々 님은갓지마는 나는 님을보내지 아니하얏슴니다

제곡조를못이기는 사랑의노래는 님의沈默을 휩싸고돔니다

님의 침묵

님은 갔습니다. 아아, 사랑하는 나의 님은 갔습니다.

푸른 산 빛을 깨치고 단풍나무 숲을 향하여 난 작은 길을 걸어서 차마 떨치고 갔습니다.

황금의 꽃같이 굳고 빛나던 옛 맹세는 차디찬 티끌이 되어서 한숨의 미풍에 날아갔습니다.

날카로운 첫 키스[1)]의 추억은 나의 운명의 지침을 돌려놓고 뒷걸음쳐서 사라졌습니다.

나는 향기로운 님의 말소리에 귀먹고 꽃다운 님의 얼굴에 눈멀었습니다.

사랑도 사람의 일이라 만날 때에 미리 떠날 것을 염려하고 경계하지 아니한 것은 아니지만, 이별은 뜻밖의 일이 되고 놀란 가슴은 새로운 슬픔에 터집니다.

그러나 이별을 쓸데없는 눈물의 원천을 만들고 마는 것은[2)] 스스로 사랑을 깨치는 것인 줄 아는 까닭에 걷잡을 수 없는 슬픔의 힘을 옮겨서 새 희망의 정수배기에 들어부었습니다.

우리는 만날 때에 떠날 것을 염려하는 것과 같이 떠날 때에 다시 만날 것을 믿습니다.

아아,[3)] 님은 갔지마는 나는 님을 보내지 아니하였습니다.

제 곡조를 못 이기는 사랑의 노래는 님의 침묵을 휩싸고 돕니다.

1) 만해는 《님의 침묵》의 여러 군데에서 키스라는 말을 사용한다. "칼로 베인 이별의 '키스'"(〈이별〉), '조각구름에 키스한다'(〈금강산〉), '모란봉의 키스'(〈사랑의 불〉), '당신의 키스'(〈버리지 아니하면〉), '이별의 키스'(〈당신 가신 때〉), '님의 키스', '키스의 술'(〈칠석〉) 등이 그것이다.

《님의 침묵》이 사랑의 노래인 만큼 키스란 말이 자주 등장하는 것은 어쩌면 당연한 일이다. 그러나 1920년대의 시집에서 키스란 단어의 등장은 특이한 일이다. 키스란 말은 새로운 단어이기 때문이다. 아직 번역어조차 만들어지지 않은 단어이다.

2) '그러나 이별을 쓸데없는 눈물의 원천을…'은 이 시의 시적 전개의 전환점이다. 극적인 전환점이다. 극에 달한 이별의 슬픔이 미래에 대한 희망에의 의지로 반전하고 있다. '눈물의 원천'과 '새 희망의 정수배기'는 그러한 반전의 두 극점이다. 절망의 바닥과 희망의 정점이다.

3) 만해는 《님의 침묵》에서만 모두 35번이나 '아아' 하는 탄식을 남발하고 있는데 여기에 대해서는 두 가지 이유를 생각해 볼 수 있다. 첫째는 그만큼 현실에 대한 그의 아픔이 크고 탄식이 깊었기 때문이며, 두 번째는 《님의 침묵》에 실린 그의 시가 언어의 조탁을 통해 다듬어진 시가 아니라, 무의식과 의식이 분열되지 않은 내면의 심연에서 용솟음쳐 나오는 목소리를 바로 글로 옮겨놓은 것이기 때문이다. 《님의 침묵》의 언어는 조작된 느낌이 없는 영혼의 울림으로 우리들에게 들려온다.

'님은 갔습니다.' 아무런 수사법도, 즉 어떠한 상징이나 암시도 사용되지 않은 이 간결한 한마디는 그 어떠한 수식으로도 표현할 수 없는 절망감을 명시적으로 표현하고 있다. 수사가 가능하고, 상징적으로 표현할 수 있고, 암시적으로 드러낼 수 있는 것은 그것이 슬픔이건, 분노건, 절망이건, 우리가 감당할 수 있다는 사실을 말한다. 진정한 슬픔, 분노, 절망에 대한 표현은 직설적일 수밖에 없다. 수식의 여유가 없기 때문이다. '님은 갔습니다'라는 이 명시적 표현은 감당하기 어려운, 그래서 탄식만 남겨 놓은, 확인하고 싶지 않지만 확인할 수밖에 없는 절망감의 표시이다.

색조(色調)는 대조를 이룰 때 더욱 강렬한 느낌을 준다. '푸른 산 빛'과 '단풍나무'는 대조를 이룬다. 푸른 산 빛은 여름의 색조이고 단풍나무는 가을의 색조이다. 단풍나무는 늘 붉은 것은 아니지만, 우리의 머릿속에서는 붉은 빛으로 물든 가을의 단풍나무로 기억된다. 그래서 가을이 되어 붉게 물든 나무를 단풍이 들었다고 표현한다.

푸른 산 빛과 대조된 단풍나무는 아름다움보다는 쓸쓸함과 적막감을 표현한다. 생기와 활력을 상징하는 푸른 산 빛에 대조된 단풍나무 숲은 생기의 쇠퇴, 쇠락, 소멸을 상징한다. 단풍나무 숲 속으로 난 작은 길은 인적이 드문 고요하고 적막한 길이다. 가는 이만 있고 오는 이는 없는 이별의 길이다. 그 길은 깊숙한 어둠 속으로 이어지는 길이다. 바로 눈앞에 있는 길이지만 어디로 이어지는지 알 수 없는 길이며, 끝을 알 수 없는 낯선 곳으로의 길이다. 그 길은 결코 님이 가지 말았으면 하고 바라는 길이다. 그러나 님은 차마 나의 바람을 떨치고 갔다.

푸른 산 빛과 단풍나무 숲이 대조를 이루었듯이 '황금의 꽃'과 '차디찬 티끌'이 대조를 이룬다. 황금은 장엄한 아름다움과 영원불변의 상징이다. 그래서 불교도들은 영원한 진리의 상징인 불상에 도금을 한다. '황금의 꽃'은 그 자체가 양면적 가치의 종합을 이루고 있다. 견고함과 부드러움, 남성성과 여성성, 영원성과 순간성, 장엄함과 화려함이 심미적 긴장관계를 이루고 있다.

맹세는 언제나 변해서는 안 되는, 기필코 지켜져야만 하는 약속이다. '황금의 꽃같이 굳고 빛나던 옛 맹세'는 변할 수 없는 약속이다. 그러나 영원히 함께할 것으로 여겨졌던 님이 작은 길로 떠나면서 황금처럼 굳은 맹세는 깨어지고 말았다. 맹세가 굳세었던 만큼 충격은 더욱 크다. 미풍에 날리는 차디찬 티끌로 변한 황금은 그러한 충격의 깊이를 표현한다.

어찌해서 감미로운 첫 키스가 아니라 날카로운 첫 키스란 말인가? '날카로운 첫 키스'의 의미는 풀기 어려운 수수께끼처럼 들린다. 키스는 연인 간의 원초적 성애(性愛)의 표현이다. 만해는 가장 원초적인 행위에서 숭고함을 찾아낸다. 세속성 속에서도 성스러움을 볼 줄 아는 만해이다. 남녀간의 사랑을 부처의 중생에 대한 사랑과 같이 보듯이 성애의 표현에서 절대진리의 현현(顯顯)을 본다. 첫 키스란 감미로운 유희가 아니라 격렬한 만남이며 완전한 합일이다. 첫 키스의 순간 두 연인은 자신을 잊으면서 상대를 받아들이게 된다. 상대에 대한 완벽한 확인이며 받아들임이다. 연인과의 첫 키스를 영원히 잊을 수 없는 것처럼, 이렇게 파고드는 절대진리와의 만남의 순간 또한 영원히 잊을 수 없는 것이다.

첫 키스와 함께 모든 것이 변한다. 첫 키스는 그 이전과 그 이후를 날카롭게 구분한다. 소녀는 여인이 되고, 세상은 또 다른 세상이 된다. 첫 키스의 날카로움은 이러한 급변을 의미한다. 진리와의 만남도 마찬가지이다. 세계관이 변하고 따라서 운명의 지침도 변한다. 석가를 만난 가섭은 더 이상 배화교(拜火教)의 지도자가 아니다. 예수를 만난 베드로는 더 이상 어부가 아니다.[4)]

그러나 진리는 언제나 눈앞에 있는 것이 아니다. 진리는 영원하지만 순간적으로만 드러난다. 키스의 순간 영원히 정지할 것 같은 시간은 속절없이 지나간다. 님은 키스의 추억만을 남기고 좁은 길을 따라 떠나버렸다. 찬연한 빛을 비쳐주던 진리는 현실의 장벽 앞에서 빛을 잃는다.

---

4) 연인이라면 누구인들 '날카로운 첫 키스의 추억'을 간직하고 있을 것이다. 그리고 연인이라면 누구인들 '날카로운 첫 키스의 추억'을 삶의 '지침'으로 마음속에 담고 있기 마련일 것이다. 비록 그 '추억'이 만해의 말처럼 자신의 운명의 지침을 완전히 돌려놓기까지는 않는다 할지라도. 하지만 '날카로운 첫 키스의 추억' 속에 열리는 삶의 행로는 결코 예전에 들어선 적이 없는 낯선 길 따라 열리지 않겠는가. '날카로운 첫 키스' 이후의 연인은 분명 예전의 그가, 예전의 그녀가 아닐 것이다. '날카로운 첫 키스' 이후 그와 그녀는 더 이상 홀로만의 그와 그녀가 아니다. '날카로운 첫 키스' 이후 그와 그녀는 서로가 서로의 분신이 되어 각자는 더 이상 자신만의 존재로 남지 않을 것이다(송태효, 《어둠의방 — 시와 영화 속 그림자 이야기》, 고려대학교출판부, 2006, 8~9쪽).

사랑은 연인만을 보게 한다. 연인만이 유의미하며, 연인만이 현존한다. 연인의 모든 감관(感官)은 오로지 연인만을 보고, 듣고, 느낀다. 님의 말소리는 언제나 부드럽다. 그 부드러운 말소리는 향기가 미풍을 타고 사방으로 퍼져가듯 울려 퍼진다. 부드러운 님의 말소리만 듣기에 다른 어떤 소리도 듣지 못한다. 님의 얼굴은 꽃처럼 아름답다. 님의 얼굴만 보기에 다른 어떤 얼굴도 모양도 보지 못한다.

인간은 누구나 늘 일말의 불안감을 가지고 산다. 예민한 사람일수록 그러한 불안감은 더욱 선명하다. 사랑에도 당연히 불안이 따른다. 이별에 대한 염려에서 오는 불안 말이다. 회자정리 생자필멸(會者定離 生者必滅). 이별은 이미 만남 속에 자리 잡고 있고, 죽음은 이미 삶 속에 자리 잡고 있다. 그럼에도 불구하고 이별은 언제나 뜻밖의 일이다. 원치 않는 모든 것은 뜻밖의 일인 까닭이다. 설령 그것이 예견된 일이라도 원치 않은 것이라면 뜻밖의 일이 된다. 그리고 뜻밖의 이별은 새로운 슬픔을 낳는다. 사랑이 낳은 새로운 슬픔.

이별이 슬픈 이유는 이별이 사랑의 종말이라고 여겨지기 때문이다. 그러나 사랑의 종말은 이별에서 오는 것이 아니다. 사랑은 만남 속에 있듯이 이별 속에도 있다. 사랑이 진정한 사랑이었다면 그 사랑은 이별과 함께 깨어지는 것이 아니기 때문이다. 사랑의 종말은 사랑을 사랑으로 여기지 않을 때에 오는 것이지 이별과 함께 오는 것이 아니다. 이별을 슬퍼하는 것은 스스로 이별을 사랑의 종말로 만드는 것이며, 그것은 사랑을 부정하는 일이다.

절망과 희망은 동일한 근원에서 출발하고 있다. 바람이 있기 때문에 바람의 좌절이 있다. '눈물의 원천'에서 흘러나오는 '슬픔의 힘'을 '희망의 정수배기'에 들어부을 수 있는 까닭이다.

인간사에서 영원한 것은 없다. 만남도 마찬가지이다. 세상 그 누구와도 영원히 함께할 수 없다. 모든 것이 생주이멸(生住異滅)의 법칙을 따를 수밖에 없는 까닭이다. 하지만 생주이멸의 법칙은 또한 새로운 만남을 가능하게 한다. 슬픔과 희망이 같은 근원에 있고, 염려와 믿음이 또한 같은 이치에서 비롯되는 것이다.

님과의 이별은 부정되어야 한다. 이치상으로 부정되어야 할 뿐 아니라, 의지로도 부정되어야 한다. 이별한 님을 다시 만날 것을 믿는 것은 이치에 대한 믿음이며, 떠나간 님을 보내지 않은 것은 의지를 통한 이별의 부정이다. '제 곡조를 못이기는 사랑의 노래'는 떠나간 님을 보내지 않는 나의 마음이다. 님을 떠나가 버린 이로 여기지 않고 여전히 내 곁에 있는 이로 여기는 마음이다. 현재에 적응하지 못하고 현실을 현실로서 받아들일 수 없는 마음이다.

〈님의 침묵〉은 떠나가 버린 님, 더 이상 나의 노래에 응답하지 않는 님의 모습이다. 하지만 님이 떠나간, 텅 빈 적막한 공간 속에서도 나의 마음은 여전히 님에 대한 생각으로 가득 차 있다.

리별은美의創造

리별은 美의創造입니다

리별의美는 아츰의 바탕(質)업는 黃金과 밤의 올(糸)업는 검은 비단과 죽엄업는 永遠의生命과 시들지안는 하늘의푸른꼿에도 업슴니다

님이어 리별이아니면 나는 눈물에서죽엇다가 우슴에서 다시 사러날수가 업슴니다 오々 리별이어

美는 리별의創造입니다

이별은 미(美)의 창조

이별은 미(美)의 창조입니다.

이별의 미는 아침의 바탕(質) 없는 황금과 밤의 올(絲) 없는 검은 비단과 죽음 없는 영원의 생명과 시들지 않는 하늘의 푸른 꽃에도 없습니다.

님이여, 이별이 아니면 나는 눈물에서 죽었다가 웃음에서 다시 살아날 수가 없습니다. 오오, 이별이여.

미는 이별의 창조입니다.

미(美)는 어디에나 아무것에나 가능하다. 이별에도 미는 있을 수 있다. 이별이 곧 미 자체는 아니지만, 이별은 미를 창조해 낼 수 있다. 창조란 새로운 시작을 의미한다. 이별은 사랑의 종말이 아니라 새로운 사랑의 시작이다.

'아침의 바탕(質) 없는 황금'은 맑은 햇살이 비치는 아침을 황금에 비유한 말이다. 아침 하늘에서 쏟아지는 햇살 자체는 아무런 형체가 없으므로 이를 '바탕', 즉 질료가 없다고 하였다. 굳이 바탕이 없다고 한 것은 덩어리를 가진 황금보다 더 순수한 황금이라는 뜻을 표현하기 위해서다. '검은 비단'은 어두움이 내린 밤 풍경을 비유한 말이다. 밤의 어둠에 올이 있을 수 없다. 올 없는 밤의 비단은 가장 아름답고 부드러운 비단이다. '죽음 없는 영원의 생명'은 유한한 세계 너머의 영원한 구원의 세계이다. '시들지 않는 하늘의 푸른 꽃'은 '죽음 없는 영원의 생명'의 세계가 있으리라고 믿는 광활한 창공이다. 우리는 이 창공 아득한 곳에 영원의 세계, 천상의 세계가 있으리라 생각한다.

'바탕 없는 황금', '올 없는 검은 비단', '죽음 없는 영원의 생명', '시들지 않은 하늘의 푸른 꽃'은 절대의 세계, 이데아의 세계이다. 이별의 미(美)는 이들 세계에도 없는 미라면 그것은 어떠한 미인가? 절대를 넘어선 절대의 미(美)란 말인가?

이별이 미(美)의 창조인 까닭은, 이별의 미가 절대의 세계를 넘어서는 미인 까닭은, 이별 속에는 눈물과 웃음, 죽음과 살아남아 함께 있기 때문이다. 순수 절대의 세계는 상대를 떠난 세계이며, 현실을 보듬을 수 없는 세계이다. 그것은 미의 세계이긴 하지만 단조로운 색채만을 가진 깊이를 결여한 단순한 미의 세계이다. 반면에 이별은 나에게 슬픔의 눈물과 함께 다시 만날 것에 대한 희망을 함께 가져다준다. 나에게 절망의 죽음을 주었다가는 다시 희망의 삶을 주는 것이다. 이것이 이별로서만 가능한 미이다. 그러므로 이별은 온갖 색조가 겹겹이 이루어진 미이다. 이별의 미는 가시적인 미, 정의 가능한 미가 아니라, 가슴으로 느끼고 감탄사로밖에 표현할 수 없는 미이다.

이별의 미(美)는 그 어떠한 미도 따를 수 없는 미이다. 이별은 자신의 미를 창조하는 것을 넘어서서 모든 미의 근원이다. '미는 이별의 창조'인 것이다.

알ㅅ수업서요

바람도업는공중에 垂直의波紋을내이며 고요히써러지는 오동닙은 누구의발자최임닛가

지리한장마씃헤 서풍에몰녀가는 무서은검은구름의 터진틈으로 언뜻々々보이는 푸른하늘은 누구의얼골임닛가

쏫도업는 깁흔나무에 푸른이씨를거처서 옛塔위의 고요한하늘을 슬치는 알ㅅ수업는향긔는 누구의입김임닛가

근원은 알지도못할곳에서나서 돍뿌리를울니고 가늘게흐르는 적은시내는 구븨々々 누구의노래임닛가

련쏫가튼발꿈치로 갓이업는바다를밟고 옥가튼손으로 씃업는하늘을만지면서 써러지는날을 곱게단장하는 저녁놀은 누구의詩임닛가

타고남은재가 다시기름이됨니다 그칠줄을모르고타는 나의가슴은 누구의밤을지키는 약한등ㅅ불임닛가

알 수 없어요[1)]

바람도 없는 공중에 수직의 파문을 내이며 고요히 떨어지는 오동잎은 누구의 발자취입니까.

지리한 장마 끝에 서풍에 몰려가는 무서운 검은 구름의 터진 틈으로 언뜻언뜻 보이는 푸른 하늘은 누구의 얼굴입니까.

꽃도 없는 깊은 나무에 푸른 이끼를 거쳐서 옛 탑 위의 고요한 하늘을 스치는 알 수 없는 향기는 누구의 입김입니까.

근원은 알지도 못할 곳에서 나서 돌부리를 울리고 가늘게 흐르는 작은 시내는 굽이굽이 누구의 노래입니까.

연꽃 같은 발꿈치로 가이없는 바다를 밟고, 옥 같은 손으로 끝없는 하늘을 만지면서 떨어지는 날을 곱게 단장하는 저녁놀은 누구의 시입니까.

타고 남은 재가 다시 기름이 됩니다. 그칠 줄을 모르고 타는 나의 가슴은 누구의 밤을 지키는 약한 등불입니까.

1) 이 시는 인격적 존재로 해석된 우주의 섭리가 불교에서 말하는 우리의 6근(六根)에 어떻게 포착되는가를 노래한다. 2행은 안근(眼根)에 포착되는 방식을, 3행은 비근(鼻根)에 포착되는 방식을, 4행은 이근(耳根)에 포착되는 방식을, 5행은 신근(身根)에 포착되는 방식을, 6행은 의근(意根)에 포착되는 방식을 말하고 있다. 설근(舌根)에 포착되는 방식은 빠져 있는데, 이는 의식적으로 뺀 것으로 보이지는 않는다. 6근(六根) 가운데 5근(五根)을 두루 말한 것 역시 6근(六根)이라는 개념에 의식적으로 대입시키기 위한 것은 아니며, 시인의 자연스런 사고의 전개과정이었던 것으로 보인다. 그러다 보니 은유적 표현이 자연스럽지 못한 설근(舌根)은 빠진 듯하다. 1행은 안근(眼根), 이근(耳根), 신근(身根)에 두루 관계되는 전체적 문제제기이다.

우주의 섭리는 모든 곳에서 언제나 작용하는 진리이다. 그 진리의 작용은 언제나 우리의 모든 감관을 통해서 포착된다. 그러나 진리의 작용이 감관에 포착되는 것과 우리가 그 진리를 아는 것은 다른 문제이다. 진리는 우리에게 늘 포착되지만 우리는 그것을 알지 못한다. 시의 제목이 '알 수 없어요'인 까닭이다.

거센 바람에 우수수 떨어지는 낙엽은 우리의 눈을 끌기는 하지만 우리 내면 깊숙한 곳의 의문을 일깨우지는 않는다. 직접적이고 활동적인 자극은 우리 의식의 표층에서 반응을 일으키기 때문이다. 우리 내면의 심층의 의식을 자극하는 것은 섬세하고 완만한 움직임이다. 우리의 내면의 의식을 일깨우는 것은 고요한 정적 가운데서 일어나는 미묘한 움직임이다. 바람 없는 공중에서 떨어지는 오동잎의 파문(波紋)은 바로 이러한 움직임이다. 미세한 파문이지만 내면을 응시하는 이의 의식을 곧바로 자극하는 파동(波動)이 된다. 삼라만상에 작용하는 우주의 신비로운 파동은 이렇게 지각된다. 천둥과 번개, 화산과 지진, 태풍과 파도를 통해서 우리에게 지각되는 것이 아니다.

부처의 자비광명(慈悲光明)은 언제나 우리 곁에 있지만, 우리가 그것을 쉬이 볼 수 있는 것은 아니다. 현실은 언제나 자비광명의 세계가 아니라, 끝날 줄 모르는 암흑과 고통의 세계이다. 끝날 줄 모르는 불만족스런 현실은 '지리한 장마'와 같으며, 그러한 현실은 '검은 구름'처럼 어둡다. 그러한 암흑 속에서 간간히 '푸른 하늘' 같은 자비의 광명이 드러난다. 푸른 하늘은 언제나 그 자리에 있지만, 구름에 가려 쉬이 드러나지 않는다. 장마철의 하늘처럼 이따금씩 보일 따름이다. '서풍'은 서방정토(西方淨土)에서 오는 바람을 말한다.

숲에는 신비로운 향기가 있다. 그것은 꽃의 향기도 아니고 나무의 향기도 아닌 신비로운 숲의 향기다. 꽃에서 나는 향기는 감미롭기는 하나 신비로울 것이 없다. 나무에서 나는 향기도 은은하지만 신비로운 것은 아니다. 숲의 향기의 신비로움을 말하기 위해 시인은 '꽃도 없는'이라고 하였다. 그렇다면 나무에서 나는 향기일 터이나 그렇지도 않다. '깊은 나무에 푸른 이끼를 거쳐서' 나는 향기이지만 나무와 이끼의 향기는 아니다. '깊은 나무'란 깊은 숲속의 나무를 압축하여 시적으로 표현한 말이다. '깊은 나무'와 '푸른 이끼'는 또한 숲의 오랜 역사를 말한다. 숲의 오랜 역사는 '옛 탑'과 조화를 이루면서 자연의 역사와 인간의 역사의 합일(合一)을 이룬다. 님의 신비로운 향기는 자연과 역사의 숨결로서 있는 것이다.

시간과 역사의 흐름은 흔히 강을 통해서 비유된다. 도도한 강물의 흐름이 우리에게 쉼 없이 온갖 것을 휩쓸면서 도도하게 진행되는 시간과 역사의 흐름을 상기시키는 까닭에서다. 그러나 시인은 '가늘게 흐르는 작은 시내'에서 우주의 소리를 듣는다. 그것은 그가 알고 있는 진리의 세계는 겉으로 드러나는 세계가 아니기 때문이다. '고요히 떨어지는 오동잎'에서 님의 발자취를 찾는 것과 같은 이치이다. 그 세계는 흔적만을 남긴 채 감추어진 세계이다. 큰 강은 그 흐름이 단절 없이 유유히 흐르지만, 작은 시내는 나타났다가는 숨고, 흐르다가는 끊긴다.

떠오르는 태양은 활력을 불러일으키고, 저녁놀은 우리를 명상과 사색으로 유도한다. 바다도 하늘도 끝이 없이 펼쳐져 있지만, 지는 해는 그 가없는 바다와 끝없는 하늘을 붉게 물들이면서 하늘과 대지와 바다의 모든 활동을 잠재운다. 저녁놀은 한 편의 서정시(抒情詩)이다. 연꽃같이 보드라운 발과 옥같이 고운 손을 가진 얼굴을 알 수 없는 신비의 여인이 노래하는 서정시이다. 우주의 신비는 원대하고, 강하며, 압도적인 남성적 존재방식으로 나타나는 것이 아니라, 작고, 부드러우며, 감싸는 여성적 존재방식으로 나타나고 있다.

우주의 신비는 떨어지는 오동잎의 자취와, 푸른 하늘 빛, 작은 시냇물 소리, 저녁놀에만 있는 것이 아니다. 우주의 신비는 나 자신에게도 있다. 밤을 지새우는 나의 마음은 우주의 신비와 연결되어 있다. 깨어 있는 의식은 등불에 비유되고, 의식을 깨어 있게 만드는 정열은 기름에 비유되고 있다. 그 정열이 식지 않고 또 다른 정열을 낳기 때문에 '타고 남은 재가 다시 기름이 됩니다' 라고 하였다. 진리에 대한 탐구로, 혹은 님에 대한 사념(思念)으로 생각이 생각의 꼬리를 물고 있음을 말한 것이다. 그칠 줄 모르고 쉼 없이 타는 나의 가슴의 등불은 환한 태양도 아니고, 맑게 비추는 둥근 달도 아니다. 해나 달처럼 환한 광채를 내는 것이라면 거기에는 절실함이 없을 것이다. 오히려 약한 등불이기에, 그칠 줄 모르고 타는 것에 더욱 신비롭고 절실함이 있는 것이다.

나는잇고저

남들은 님을생각한다지만
나는 님을잇고저하야요
잇고저할수록 생각히기로
행혀잇칠가하고 생각하야보앗슴니다

이즈랴면 생각히고
생각하면 잇치지아니하니
잇도말고 생각도마러볼까요
잇든지 생각든지 내버려두어볼까요
그러나 그리도아니되고
끈임업는 생각々々에 님쑨인데 엇지하야요

귀태여 이즈랴면
이즐수가 업는것은 아니지만
잠과죽엄뿐이기로
님두고는 못하야요

아々 잇치지안는 생각보다
잇고저하는 그것이 더욱괴롭슴니다

나는 잊고저

남들은 님을 생각한다지만
나는 님을 잊고자 하여요.
잊고자 할수록 생각히기로
행여 잊힐까 하고 생각하여 보았습니다.

잊으려면 생각히고
생각하면 잊히지 아니하니
잊도 말고 생각도 말어 볼까요.
잊든지 생각든지 내버려 두어 볼까요.
그러나 그리도 아니 되고
끊임없는 생각 생각에 님뿐인데 어찌하여요.[1)]

구태여 잊으려면
잊을 수가 없는 것은 아니지만
잠과 죽음뿐이기로
님 두고는 못하여요.

아아, 잊히지 않는 생각보다
잊고자 하는 그것이 더욱 괴롭습니다.

1) '끊임없는 생각 생각에 님뿐인데 어찌하여요'에는 시적 언어가 사구백비(四句百非)의 논리형식을 통해서 표현되어 있다. 사구백비는 존재에 대한 어떠한 정의도 불가능함을 표현하는 중관불교(中觀佛教) 특유의 논리형식이다. 그 전형적인 예는 다음과 같다. "이미 가버린 것은 가지 않는다. 아직 가지 않은 것도 역시 가지 않는다. 이미 가버린 것과 아직 가지 않은 것을 떠나서 지금 가고 있는 중인 것은 가지 않는다."

존재는 정의될 수 없다는 이성적 논리형식이 님은 잊어질 수 없다는 감성적 선언형식으로 변용되어 있다. 님은 의지로 잊으려 해도 잊어지지 않고, 생각하여 떠올려 보아도 또 생각나게 되고, 이도 저도 않고 잊어지길 가만히 기다려도 잊어지지 않는다. 어떠한 방식으로도 존재가 정의될 수 없듯이 어떠한 방식으로도 님은 잊어지지 않는 것이다.

님을 잊는 확실한 길은 잠과 죽음이다. 그러나 잠과 죽음은 잊는 것이 아니다. 님을 잊고자 하는 것은 님 생각에 대한 괴로움에서 해방되고자 하는 것인데, 잠과 죽음을 통해 님을 잊는 것은 올바른 해결이 아니기 때문이다. 불교의 목적은 괴로움에서 해방되는 것인데, 불교는 인간의 괴로움은 자아(自我)에 대한 집착과 밀접히 연관되어 있다고 본다. 모든 괴로움은 자아에 대한 집착에서 비롯된 것이라고 본다. 그러나 자아에 대한 집착에서 벗어나는 것이 문제의 해결이지 자아의 소멸(消滅), 즉 죽음이 문제의 해결이라고 보지는 않는다. 더욱이 의지적 죽음, 즉 자살은 더욱 비극적인 업보의 창출일 따름이다.

님은 그리움의 대상이다. 님을 생각하는 것은 즐거움이며 희망이다. 그러나 그것은 만남이 예기된 님을 생각할 때이다. 기약 없는 희망의 님은 생각할수록 괴로움이 더한다. 나의 님은 만남을 기약할 수 없는 님이기에 나는 님을 잊고자 하는 것이다.

우리는 무언가에 대한 생각을 잊는다고 하지만 생각은 잊고자 해서 잊을 수 있는 것이 아니다. 기억은 다만 서서히 망각될 수 있을 뿐이다. 무엇인가를 잊고자 애쓰는 것은 장작불을 입으로 불어서 끄려는 것과 같다. 잊고 싶은 생각은 잊고자 하면 할수록 더욱 뚜렷해진다. 그래서 차라리 님을 생각하면 도리어 님이 잊어지지 않을까 하는 엉뚱한 생각을 하게 된다. 잠을 못 이루는 사람은 눈을 감고 자리에 누워도 잠이 오지 않고, 일어나서 책을 보아도 잠은 오지 않는다.

불교수행자들은 잠을 휴식으로 보지 않고 수행의 극악한 방해물로 본다. 잠을 수마(睡魔)라고 한다. 불교수행의 핵심인 선정(禪定)수행은 일체의 잡념이 끊긴 고요한 명상의 세계에 드는 것인데, 이 명상의 세계는 결코 의식의 활동이 멈춘 상태가 아니다. 도리어 의식이 활발하게 깨어 있어서 사물을 있는 그대로 볼 수 있는 상태이다. 그러므로 의식의 활동이 멈춘 잠은 수행자가 가장 경계해야 할 일이다.

님 생각에 괴로운 것이지만, 님은 잊을 수도 없을 뿐 아니라 잊어서도 안 된다. 님은 생명의 근원이고, 진리 자체인데 어떻게 님을 잊을 수가 있겠는가? 님을 잊는다는 것은 곧 죽음이요, 진리에 대한 배반이다. '님 두고는 못하여요' 라는 말은 님을 잊어서는 안 된다는 말이다.

내가 님을 잊고자 하는 것은 진정으로 님을 잊고자 하는 것이 아니다. 내가 진정으로 원하는 것은 남들처럼 님을 생각할 수 있는 상황이 되는 것이다. 님을 생각하는 것이 곧 희망이고 즐거운 일이 되는 것이다.

만남의 기약이 없는 님을 생각한다는 것은 괴로운 일이다. 그러한 님은 잊으려 해도 잊어지지 않는다. 잊으려 해도 끊임없이 떠오르는 님에 대한 생각 생각이 다 괴로움이다. 그러나 이보다 더한 괴로움은 그러한 님을 잊고자 하는 일이다. 님을 잊고자 하는 것은 생명과 진리에 대한 포기이기 때문이다. 잊히지 않는 님 생각에서 오는 괴로움이 수행과정의 괴로움이라면, 님을 잊고자 하는 것은 수행의 포기이며, 해탈(解脫)을 얻기를 포기하고 영원히 괴로움의 세계에 남고자 하는 일이다.

가지마서요

그것은 어머니의가슴에 머리를숙이고 자긔々々한사랑을 바드랴고 䋡죽거리는입설로 表情하는 어엽븐아기를 싸안으랴는 사랑의날개가 아니라 敵의旗발입니다

그것은 慈悲의白毫光明이아니라 번득거리는 惡魔의눈(眼)빗임니다

그것은 冕旒冠과 黃金의누리와 죽엄과를 본체도아니하고 몸과마음을 돌々뭉처서 사랑의바다에 퐁당너랴는 사랑의女神이아니라 칼의우슴입니다

아々 님이어 慰安에목마른 나의님이어 거름을돌니서요 거긔를가지마서요 나는시려요

大地의音樂은 無窮花그늘에 잠드럿슴니다

光明의꿈은 검은바다에서 잠약질합니다

무서은沈默은 萬像의속살거림에 서슬이푸른敎訓을 나리고 잇슴니다

아々 님이어 새生命의꼿에 醉하랴는 나의님이어 거름을돌니서요 거긔를[1)]가지마서요 나는시려요

거룩한天使의洗禮를밧은 純潔한靑春을 똑따서 그속에 自己의 生命을 너서 그것을사랑의祭壇에 祭物로드리는 어엽븐處女가 어데잇서요

달금하고맑은향긔를 꿀벌에게주고 다른꿀벌에게주지안는 이상한百合꼿이 어데잇서요

自身의全體를 죽엄의靑山에 장사지내고 흐르는빗(光)으로 밤을 두쪼각에베히는 반듸ㅅ불이 어데잇서요

아々 님이어 情에殉死하랴는 나의님이어 거름을돌니서요 거긔를가지마서요 나는시려요

그나라에는 虛空이업습니다

그나라에는 그림자업는사람들이 戰爭을하고잇습니다

그나라에는 宇宙萬像의 모든生命의쇠ㅅ대를가지고 尺度를超越한 森嚴한軌律로 進行하는 偉大한時間이 停止되얏습니다

아々 님이어 죽엄을 芳香이라고하는 나의님이어 거름을돌니서요 거긔를 가지마서요 나는시려요

---

1) 원본에는 '을'로 되어 있음.

가지 마셔요[2)]

그것은 어머니의 가슴에 머리를 숙이고 아기자기한 사랑을 받으려고 삐죽거리는 입술로 표정하는 어여쁜 아기를 싸안으려는 사랑의 날개가 아니라 적(敵)의 깃발입니다.

그것은 자비의 백호광명(白毫光明)이 아니라 번득거리는 악마의 눈빛입니다.

그것은 면류관(冕旒冠)과 황금의 누리와 죽음과를 본 체도 아니하고 몸과 마음을 돌돌 뭉쳐서 사랑의 바다에 퐁당 넣으려는 사랑의 여신이 아니라, 칼의 웃음입니다.

아아 님이여, 위안(慰安)에 목마른 나의 님이여, 걸음을 돌리셔요, 거기를 가지 마셔요. 나는 싫어요.

대지(大地)의 음악은 무궁화 그늘에 잠들었습니다.

광명의 꿈은 검은 바다에서 자맥질합니다.

무서운 침묵은 만상(萬像)의 속살거림에 서슬이 푸른 교훈을 내리고 있습니다.

아아 님이여, 새 생명의 꽃에 취하려는 나의 님이여, 걸음을 돌리셔요. 거기를 가지 마셔요. 나는 싫어요.

거룩한 천사의 세례를 받은 순결한 청춘을 똑 따서 그 속에 자기의 생명을 넣어 그것을 사랑의 제단에 제물로 드리는 어여쁜 처녀가 어디 있어요.

달콤하고 맑은 향기를 꿀벌에게 주고 다른 꿀벌에게 주지 않는 이상한 백합꽃이 어디 있어요.

자신의 전체를 죽음의 청산에 장사지내고 흐르는 빛으로 밤을 두 조각에 베이는 반딧불이 어디 있어요.[3)]

아아 님이여, 정(情)에 순사(殉死)하려는 나의 님이여, 걸음을 돌리셔요. 거기를 가지 마셔요. 나는 싫어요.

그 나라에는 허공이 없습니다.

그 나라에는 그림자 없는 사람들이 전쟁을 하고 있습니다.

그 나라에는 우주 만상의 모든 생명의 쇳대를 가지고 척도를 초월한 삼엄한 궤율(軌律)로 진행하는 위대한 시간이 정지되었습니다.

아아 님이여, 죽음을 방향(芳香)이라고 하는 나의 님이여, 걸음을 돌리셔요. 거기를 가지 마셔요, 나는 싫어요.[4)]

2) 첫째 연의 1행과 2, 3행은 모두 '그것은'으로 시작하고 있고, 마지막 연의 마지막 행을 제외한 끝의 3행은 '그 나라에는'으로 시작하고 있다. 시의 시작과 끝에서 대칭을 이루고 있는 이 두 어귀는 3인칭으로 되어 있어서 1인칭으로서의 나와 2인칭으로서의 님과는 다른 존재자이자 세계임을 독자에게 환기시키면서 긴장감을 불러일으킨다.

3) 전체적으로 이 행을 보면 밤을 두 조각으로 베기 위해 반딧불이 처연하게 자신의 생명을 바치는 것처럼 묘사되고 있다. 더욱이 '흐르는 빛'이 죽음의 결과처럼 설정되어 있어서, 마치 흘러내리는 피가 흐르는 빛으로 전환되는 듯한 인상을 주어 처연함을 더하고 있다.

4) 이 마지막 행은 님의 사고의 전도에 대한 최종적 결론이다. 이 행 앞까지는 '님의 사고와 행동이 사실은 그 반대이다'라는 식이었으나, 여기서는 '님은 전도되었다'라는 식이다.

나와 님과는 전혀 다른 이것은 적의 깃발이다. 그것은 부드러운 사랑의 상징인 천사의 날개처럼 보이지만 살기가 번득이는 적의 깃발이다. 사랑스러운 존재에게 사랑으로 대하는 선(善)의 날개가 아니라, 연약한 존재에게 무자비함을 휘두르는 악(惡)의 깃발이다.

사랑의 날개와 적의 깃발은 서로 정반대이다. 전자는 천사의 것이요, 후자는 악마의 것이다. 전자는 선이요, 후자는 악이다. 전자는 사랑과 자비의 존재이지만 후자는 증오와 살생의 존재이다. 이 둘이 서로 다른 것은 말할 필요도 없다. 말할 필요도 없는데 말하는 것은 왜인가? 그것은 양자는 명백히 다른 것이지만 때로는 매우 혼돈된 것이기 때문이다. 선과 악은 개념상 반대되는 것이지만, 우리의 무명(無明)으로 인해 현실에서의 선과 악의 구분은 헷갈리기 일쑤다. 무명은 선을 악으로 여기고, 악을 선으로 여긴다. 그것은 분명 '적의 깃발'이지만 무명에 덮인 님에게는 '사랑의 날개'로 보인다.

부처님에게는 자신의 공덕을 나타내는 32가지 상호가 있다. 백호광명(白毫光明)은 부처님의 32상호 가운데 하나이다. 백호광명은 부처님의 양미간에 있는 하얀 털에서 나오는 빛이다. 백호광명은 삼천대천세계의 어둠을 밝혀 무명중생(無明衆生)을 바른 길로 인도하는 빛이다. 이렇게 어둠 속에서 헤매는 무명중생을 인도하기 위한 빛이기에 그것은 자비(慈悲)의 광명이다. 그러나 번뜩이는 것이 모두가 자비의 빛은 아니다. 악마의 눈빛 또한 어둠 속에서 번득인다. 어두운 숲속에서 먹이를 노리는 야수의 눈빛처럼 악마의 눈빛은 어둠 속에서 번득인다.

다 같은 빛이지만 하나는 생명을 주려는 빛인 반면에 다른 하나는 생명을 앗아가려는 죽음의 빛이다.

면류관(冕旒冠)은 명예와 권력을, 황금의 누리(더미)는 부를 상징한다. 세존은 중생을 구제하기 위해 왕자로서의 명예와 권력을 버렸으며, 부를 버리고 떠난 분이다. 세존은 또한 죽음을 무릅쓰고 수도한 분이다. 세존은 육신에 대한 집착을 버렸으며, 마음속에 어떠한 것도 두지 않았다. 세상은 고해(苦海)이지만 세존이 몸과 마음을 던진 그 순간 사랑의 바다가 된다. 세존은 곧 사랑의 여신이기 때문이다. 그런데 지금 님을 유혹하는 것은 사랑의 여신이 아니라, 죽음의 여신이다.

《님의 침묵》에서의 님은 부처님만이 님이 아니다. 님은 보편적 진리의 형상만이 아니다. 내가 기루어하는 것은 모두 님이다. 역사와 현실 속의 님은 완전한 존재가 아니라 오히려 어둠의 길목에 서 있는 님이다. 주권을 잃은 민족이 님이고, 어리석은 중생이 님이다.

역사와 현실 속의 님은 선과 악, 사랑과 저주, 생명과 죽음을 구분하지 못한다. 그러나 님이 처음부터 이처럼 분별력이 없었던 것은 아니다. 오랜 시련, 보이지 않는 희망, 함께하는 이 없음 등이 님을 외롭게 하였으며, 분별력을 잃게 하였다. 위안에 목마른 외로움이 님을 나약하게 만들고 분별력을 흐리게 한 것이다.

만해는 3·1 운동으로 감옥에 있을 때 동지들의 나약한 모습을 보았다. 그리고 문화통치(文化統治)의 와중에서 사람들이 분별력을 잃는 것을 보았다. 문화통치란 사랑의 날개처럼, 백호광명처럼, 사랑의 여신처럼 보이지만, 그것은 일제라는 적의 깃발이고, 악마의 눈빛이며, 칼의 웃음인 것이다. 그러나 위안받고 싶은 이들에게는 후자가 전자처럼 보인다.

'대지의 음악'은 온 세상의 생명을 불어넣는 사랑의 여신을 가리킨다고 볼 수 있다. 그러면 '무궁화 그늘'은 무엇인가? 무궁화는 민족의 꽃이지만 화려한 꽃이 아니며, 정원 한가운데와 같이 눈에 띄는 곳에 심는 꽃이 아니다. 화려함보다는 다년생 나무로서의 강인한 생명력으로 예찬받는 무궁화는 주로 울타리 대용으로 담 모퉁이나 뒷간에 심어졌다. 무궁화 그늘이라면 결국 후미진 곳을 의미한다. '대지의 음악이 무궁화 그늘에 잠들었다'는 것은 세상이 생명력을 잃고 죽음의 상태에 있음을 의미한다고 볼 수 있을 것이다.

'광명의 꿈'과 '검은 바다'가 대조를 이루고 있다. 밝은 희망과 어두운 현실의 대조이다. 밝은 희망은 세상에 대한 구원의 희망이다. 그 희망이 어둡고 무서운 바다에서 허우적거리고 있는 것이다.

'무서운 침묵'이란 말은 〈님의 침묵〉을 떠올리게 하겠지만, 침묵의 주인공이 님은 아니다. 《님의 침묵》 어디에도 님을 무서운 존재로 묘사한 곳은 없다. '무서운 침묵'이란 누구의 침묵이라기보다는 침묵 같은 상황이다. 즉, 대지의 음악이 잠들고, 광명의 꿈이 사라진 적막하고 어두운 현실이다.

침묵에 대조되는 '속살거림'은 작은 소리이다. 침묵이 '무서운' 강대한 힘, 권력과 같은 것을 표상(表象)한다면, 속살거림은 작고 미약한 존재,

식민지 백성과 같은 민초(民草)를 가리킨다. 속살거림은 침묵에 저항하는 행위이지만 침묵의 '서슬이 푸른 교훈'에 위협당할 수밖에 없는 처지에 있다. 님이 생각하는 것처럼 사랑의 날개가 포근히 감싸고, 백호광명이 빛나는 생명의 세계가 도래한 것이 아님을 이야기하고 있다.

님은 적의 깃발이 날리고, 악마의 눈빛이 빛나고, 칼이 싸늘한 미소를 짓는 곳을 향해 가고 있지만, 님이 원래 가고자 하는 길은 사랑의 날개가 포근히 감싸고 백호광명이 빛나는 생명의 세계이다. '새 생명의 꽃에 취하려는 나의 님이여'라는 말은 님의 본래 의도를 일컫는 말이다. 그러나 '새 생명의 꽃'은 그냥 피어나는 것이 아니라 죽음을 통해서 피어난다. 그것은 위대한 일이지만 인간이 감내하기 힘든 일이다. 그래서 화자는 다시 님을 돌이키고자 호소하는 것이다.

처녀를 제물로 바치는 것은 가장 끔찍하고 비극적인 제의(祭儀)이다. 제의는 공동체를 위해 이루어지는 것이지만, 그렇다고 해서 그 야만성과 비극성을 용납받을 수 있는 것은 아니다. 그렇다면 스스로 자신의 순결함과 생명을 제물로 바치는 처녀의 행위는 어떻게 이해할 것인가? 그것은 더없이 숭고한 행위이지만, 차마 인정할 수 없는 일이다. 적의 깃발이 날리고, 악마의 눈빛이 빛나고, 칼이 싸늘한 미소를 짓는 곳을 향해 가고 있는 님은 바로 '거룩한 천사의 세례를 받은 순결한 청춘을 똑 따서 그 속에 자기의 생명을 넣어 그것을 사랑의 제단에 제물로 드리는 어여쁜 처녀'의 행위이다. 그것은 적의 깃발이며, 악마의 눈빛이며, 칼의 싸늘한 미소임에도 중생에 대한 사랑에 사로잡힌 님은 그것을 향해 나아가려고 자기를 희생하게 된 것이다. '어디 있어요'란 님의 그러한 행위를 받아들일 수 없다는 뜻의 반문인 것이다.

님은 보편적 존재이다. 님이 부처님이든, 하느님이든, 국가와 민족이든 그 사랑은 보편적인 것이다. 봄비가 대지를 고루 적시듯 님은 님을 사랑하는 모든 존재를 감싸 안는다. 그러나 현실의 님은 시인에게는 그 존재를 보여주었지만, 다른 많은 사람들에게는 존재를 보여주지 않은 채 떠나가려 하고 있는 것이다.

'청산에 장사' 지내는 것은 앞 행에서의 '제단에 제물'로 드리는 것과 같은 의미이다. '제단에 제물'로 드리는 것이 희생의 의미를 강조한다면, '청산에 장사' 지내는 것은 때 아닌 죽음의 의미를 강조한다. 푸른 산의 이미지는 곧 아직도 한창인 생명을 상징하기 때문이다.

어두운 초여름 밤의 반딧불은 신비한 아름다움을 가지고 있다. '흐르는 빛'은 반딧불이 빛을 발하며 지나가는 모습을 그리고 있다. 아무런 소리도 없이 빛을 발하며 검은 허공을 가로지르는 반딧불의 모습은 마치 청황색 광선으로 허공을 베는 듯한 느낌을 준다. '밤을 두 조각에 베이는 것'은 어두움의 세력을 칼로 베는 것을 상징한다고 볼 수도 있을 것이다.

정(情)은 이성에 대비되는 개념이다. '정에 순사(殉死)하려는' 태도는 합리적이고 현실적인 태도일 수가 없다. 순사는 대의를 위해서 스스로 죽는 행위이다. 그러나 스스로 죽음을 향해 달려가는 것은 어떤 이유에서든 합리적인 행위일 수가 없다. 조국을 위해서든, 민족을 위해서든,

중생을 위해서든 스스로 죽음을 향해 나아가는 행위는 이성에 의한 것이 아니라 감정에 의한 것이다. 더욱이 님은 '적의 깃발,' '악마의 눈빛,' '칼의 웃음'을 '사랑의 날개,' '백호광명,' '사랑의 여신'으로 잘못 알고 있는 상황이다.

허공(虛空)은 아무것도 걸림이 없는 비어 있는 세계이며, 이는 어떠한 속박도 없는 해탈(解脫)의 세계이다. 반대로 허공이 없는 세계는 자유가 없는 밀폐된 질식의 공간이다. 님이 가고 있는 곳이 바로 이러한 죽음의 공간인 것이다.

'그림자 없는 사람'은 육신이 없는 사람을 말하고, 육신이 없는 사람은 생명이 없는 사람을 말한다. 그리고 생명이 없는 사람이란 생명을 낳고 기르는 사랑이 없는 사람, 곧 권력자와 폭압자를 말한다.

모든 생명은 시간과 함께 시들어간다. 그런 의미에서 보면 시간은 생명을 앗아가는 율법(律法)이다. 그러나 또한 반대로 보면 시간은 곧 생명의 증거이다. 시간의 흐름이 없으면 생명도 없다. 생명은 움직임과 변화이고 이는 시간과 함께 한다. 이것이 시간이 '우주만상의 모든 생명의 쇳대'인 까닭이다. 시간이 '척도를 초월한 삼엄한 궤율'인 것은 시간의 무한성을 말한다. 개별 생명체에게서 시간은 유한한 것이지만 시간 자체는 무시무종(無始無終)인 것이다. 그리고 시간의 흐름은 절대적이며 엄격한 것이다. '시간이 정지되었습니다'라는 것은 모든 것의 죽음을 의미한다. 시간의 정지는 모든 움직임, 즉 생명의 정지이기 때문이다.

고적한밤

하늘에는 달이업고 짜에는 바람이업습니다
사람들은 소리가업고 나는 마음이업습니다

宇宙는 죽엄인가요
人生은 잠인가요

한가닭은 눈ㅅ섭에걸치고 한가닭은 적은별에걸첫든 님생각의金실은 살々々것침니다
한손에는 黃金의칼을들고 한손으로 天國의꼿을꺽든 幻想의女王도 그림자를 감추엇습니다
아々 님생각의金실과 幻想의女王이 두손을마조잡고 눈물의속에서 情死한줄이야 누가아러요

宇宙는 죽엄인가요
人生은 눈물인가요
人生이 눈물이면
죽엄은 사랑인가요

고적한 밤

하늘에는 달이 없고 땅에는 바람이 없습니다.
사람들은 소리가 없고 나는 마음이 없습니다.

우주는 죽음인가요.
인생은 잠인가요.

한 가닥은 눈썹에 걸치고 한 가닥은 작은 별에 걸쳤던 님 생각의 금실은 살살살 걷힙니다.

한 손에는 황금의 칼을 들고 한 손으로 천국의 꽃을 꺾던 환상의 여왕도 그림자를 감추었습니다.

아아, 님 생각의 금실과 환상의 여왕이 두 손을 마주잡고 눈물의 속에서 정사(情死)한 줄이야 누가 알아요.

우주는 죽음인가요.
인생은 눈물인가요.[1)]
인생이 눈물이면
죽음은 사랑인가요.

---

1) 앞에서는 우주는 죽음에 인생은 잠에 비유되었는데, '우주는 죽음인가요 인생은 눈물인가요'에서는 우주는 죽음에 인생은 눈물에 비유되고 있다. 바로 앞 행의 '눈물의 속에서 정사'라는 말을 이어받고 있다.

시는 고적한 밤의 정취 속에서 님에 대한 그리움이 어떻게 마음속에서 애틋함을 남기면서 정화(淨化)되는가를 그리고 있다.

첫 행은 고적한 밤 풍경과 적막한 우주를 압축적으로 표현하고 있다. '하늘에는 달이 없다'는 말로서 모든 것이 어둠의 베일 속에 감추어져 있음을 표현하고 있다. '땅에는 바람이 없다'는 말로서 일체가 고요한 적막 속에 싸여 있음을 표현하고 있다. 더욱이 하늘, 달, 땅, 바람 네 단어가 그리는 공간은 단지 눈앞의 공간이 아니다. 우주적 공간의 이미지를 그려내고 있다. 하늘, 달, 바람, 땅은 모두 내 눈앞에만 있는 것이 아니라 무한히 열려 있으며, 아득히 멀리 있으며, 온 곳과 가는 곳을 모르며, 끝없이 펼쳐져 있는 것들이기 때문이다. 고요한 밤 풍경에 대한 묘사가 곧 장중한 침묵 속에 빠져 있는 우주에 대한 묘사가 된다. 불과 몇 개의 단어로 된 짧은 한 행으로 밤의 온 정경을 우주적 공간 속에 담아내고 있다.

둘째 행은 앞 행에서와 같이 시각적 이미지와 청각적 이미지를 나란히 놓고서 종합적인 시적(詩的) 분위기를 형성하고 있다. 우주와 자연의 리듬이 인간의 리듬에 연결되어 있음을 묘사하고 있다. 우주와 자연이 어두움과 적막감에 싸이면서 인간사회 역시 고요한 침묵 속으로 빨려 들어가고 있다. '나는 마음이 없습니다'라는 말을 통해서 어두움과 적막이 우주, 자연, 사회를 거쳐 최종적으로 자기 자신에게까지 미쳤음을 말하고 있다. 마음이 없다는 것은 선불교에서 말하는 무심(無心)으로 비칠 수도 있으나, 시의 전개는 그것이 깨달음으로서의 무심이 아니라, 격정(激情)이 지나간 뒤의 공허함과 같은 것임을 말한다. 앞서 나온 하늘, 달, 땅, 바람이 일상적 자연물이 아니라 우주의 기본요소들이었음을 여기서 알 수 있다. 어두움과 적막감에 싸여 있는 우주는 곧 생명의 활동이 정지된 죽음이 그 본질이 아닌가 하는 의문을 자아내는 것이다.

우주의 죽음에 인생의 잠이 대비되고 있다. 죽음과 잠은 본질적으로 같은 것이지만, 우주에는 죽음이라는 더 장중한 이미지의 단어가 연결된 반면에 인생에는 잠이라는 상대적으로 장중함이 덜한 이미지의 단어가 연결되어 균형이 유지되고 있다. 고요한 적막에 빠진 인간사회와 텅 비어 버린 자신의 마음이 본래 모습이라면 그것은 모든 것이 잠든 상태와 마찬가지인 것이다.

멀리 사라져 가는 님에 대한 그리움과 애착을 달도 없는 고적한 밤에 멀리 희미하게 빛나는 작은 별을 바라보는 자신을 통해 형상화하고 있다. '작은 별'은 님과의 공간적 거리감을 나타낸다. 님은 분명 존재하지만 아스라이 먼 곳에 있고, 그 모습조차도 불분명하다.

'금실'은 별빛에 대한 묘사임과 동시에 변치 않는, 그러나 가녀린 마음의 끈에 대한 은유적 표현이다. 님은 작은 별처럼 멀어져 있어서, 그곳까지 닿으려는 님을 향한 내 마음의 끈은 가늘어질 수밖에 없는 것이다.

'살살살 걷힙니다'란 표현은 고적한 밤 분위기 속에서 내 마음이 조금씩 잦아드는 것을 말한다. 그러나 님에 대한 생각은 영원히 그칠 수가 없는 것이기에, 금실이 끊어지지 않게 살살살 걷듯이 조심조심 거두어들이고 있다. 그리고 그것은 인생이 잠에 빠져드는 모습이다.

'황금의 칼'은 무엇을 상징하며, '천국의 꽃'은 무엇을 상징하는가? 칼은 권력과 위세를 상징하지만 황금의 칼은 그 권력과 위세가 암흑의 위세가 아니라 광명의 힘과 위세임을 말한다. 그 칼의 주인이 '환상의 여왕'이라는 사실 또한 그 칼이 압제와 폭력의 도구가 아니라 사랑과 평화가 있는 아름다운 세계를 수호하는 도구임을 말한다. 여왕의 한 손으로 '천국의 꽃'을 꺾는다는 것은 여왕이 추구하는 것이 지상적 가치가 아니라, 천상의 가치임을 말한다. 이러한 '환상의 여왕'은 누구일까? 아마도 대세지보살과 관세음보살이 합쳐진 것이 아닐까? '그림자를 감추었습니다'란 말은 우주가 죽음의 적막에 빠져들었음을 말한다.

그렇다. '님 생각의 금실'은 거두고 싶어서 거둔 것이 아니며, '환상의 여왕'은 떠나고 싶어서 떠난 것이 아니다. 그들은 '눈물의 속에서 정사(情死)한 것이다.' 이루지 못한 사랑으로 죽음을 맞이한 것이다.

삶이 즐거운 이에게 우주는 생동하는 힘이지만, 비극적 세계관을 가진 이에게는 우주는 죽음이다. 밤은 어둡고 세상은 적막하기만 하다. 인생은 이루지 못한 사랑의 눈물로 가득하다. '죽음은 사랑인가요' 라는 표현은 사랑 때문에 죽음이 있지 않느냐의 의미이다.

나의길

이세상에는 길도 만키도합니다

산에는 돍길이잇슴니다 바다에는 배ㅅ길이잇슴니다 공중에는 달과 별의 길이잇슴니다

강ㅅ가에서 낙시질하는사람은 모래위에 발자최를내입이다 들에서 나물캐는女子는 芳草를밟슴니다

악한사람은 죄의길을조처감니다

義잇는사람은 올은일을위하야는 칼날을밟슴니다

서산에지는 해는 붉은놀을밟슴니다

봄아츰의 맑은이슬은 꼿머리에서 미ㅅ그름탐니다

그러나 나의길은 이세상에 둘밧게업슴니다

하나는 님의픔에안기는 길입니다

그러치아니하면 죽엄의픔에안기는 길입니다

그것은 만일 님의픔에안기지못하면 다른길은 죽엄의길보다 험하고 괴로은까닭입니다

아々 나의길은 누가내엿슴닛가

아々 이세상에는 님이아니고는 나의길을 내일수가 업슴니다

그런데 나의길을 님이내엿으면 죽엄의길은 웨내셧슬가요

나의 길

이 세상에는 길도 많기도 합니다.

산에는 돌길[1)]이 있습니다. 바다에는 뱃길이 있습니다. 공중[2)]에는 달과 별의 길이 있습니다.

강가에서 낚시질하는 사람은 모래 위에 발자취를 냅니다. 들에서 나물 캐는 여자는 방초(芳草)를 밟습니다.

악한 사람은 죄의 길을 좇아갑니다.

의(義)있는 사람은 옳은 일을 위하여는 칼날을 밟습니다.

서산에 지는 해는 붉은 놀을 밟습니다.

봄 아침의 맑은 이슬은 꽃 머리에서 미끄럼 탑니다.

그러나 나의 길은 이 세상에 둘밖에 없습니다.

하나는 님의 품에 안기는 길입니다.

그렇지 아니하면 죽음의 품에 안기는 길입니다.

그것은 만일 님의 품에 안기지 못하면 다른 길은 죽음의 길보다 험하고 괴로운 까닭입니다.

아아, 나의 길은 누가 내었습니까.

아아, 이 세상에는 님이 아니고는 나의 길을 내일 수가 없습니다.

그런데 나의 길을 님이 내었으면 죽음의 길은 왜 내셨을까요.

1) '돌길'이란 표현은 특이하다. '뱃길'과 '달과 별의 길'은 배와 달과 별이 가는 길이다. 그러나 '돌길'은 돌이 가는 길은 아닐 것이다. 돌이 많은 길을 가리키는 것으로 보인다. 아니면 돌들이 끝없이 이어진 것이 마치 돌들이 열을 지어 행진하는 모습으로 보이는 것을 표현한 것으로 볼 수도 있을 것이다.

2) 하늘이란 말 대신 '공중'이란 말을 선택한 것은 아쉽다.

길이 많다는 것은 다양한 인생행로를 말한다.

산과 바다와 공중이란 말로서 이 세상의 길이 날 수 있는 모든 공간을 아우르고 있다. 땅이라고 하지 않고 산이라고 한 것은 시적으로 아름다운 단어의 선택일 수도 있겠고, 산길에 익숙할 수밖에 없었던 승려 만해의 당시 생활공간과도 관계가 있을 것이다.

둘째 행에서는 길 자체를 이야기했는데, '악한 사람은 죄의 길을 좇아갑니다'에서는 사람들이 길을 내는 모양을 그리고 있다. 낚시하는 사람의 발자취와 나물 캐는 여자의 자취는 한 폭의 동양화를 보는 듯하다. 매우 정적인 분위기를 자아내는 자연 속에서의 조용한 인간의 움직임을 그리고 있다. 자연과 인간, 강과 들, 남자와 여자가 각자의 역할을 하면서 완벽하게 어우러져 있다. 이렇게 서정적인 아름다움을 자아내는 것은 다음 행에서 그리고자 하는 인생길의 험준함을 대비적 효과를 통해 부각시키기 위해서이다.

사람의 길이 자연과 어우러지기만 하는 것은 아니다. 세속사회는 조화와 평화의 세계가 아니라 음침하고 고난스런 세계이다. 악인과 의인(義人), 죄의 길을 좇는 것과 칼날을 밟는 것은 대조를 이루지만, 이들은 또한 둘째 행의 목가적 분위기와 대조를 이루면서 매우 긴장된 분위기를 연출하고 있다. 또 첫째 행부터의 전개를 보면 모든 형태의 길 → 자연의 길 → 자연 속에서의 인간의 길 → 인간사 속에서의 길로 원근법적 접근을 하면서, 길의 이미지를 삶의 이미지로 바꾸어 가고 있다. 뿐만 아니라 '죄의 길'과 '의인' 등의 개념을 등장시켜 이 시가 단지 남녀간의 애정에 관한 시 이상의 시로서 중층적 의미를 가지게 하고 있다.

자연의 길에서 인간사의 길에 대한 묘사로 전환하면서 창출한 바로 앞 행에서의 긴장을 다시 풀기 위해서 '서산에 지는 해'를 등장시켜 자연의 길에 대한 묘사로 돌아가고 있다. 그러나 여기서의 긴장이완은 더 강화된 긴장감 창출을 위한 숨 고르기 같은 것이어서 앞에서의 자연의 길에 대한 묘사의 삼분의 일 가량으로 압축되어 있다. 압축되어 있으면서도 저녁과 아침, 원경과 근경을 모두 넣어 모든 시공간을 포괄해 내고 있다. 붉은 놀 속에서 지는 해의 장엄함과 풀잎을 구르는 아침이슬의 청초함은 대조적인 아름다움을 연출하는 동시에, 각기 원경과 근경을 그리고 있어서 두 공간이 하나의 공간인 것 같은 효과를 내고 있다.

'나의 길'은 숙명을 뜻한다. 내가 가지 않으면 안 되는 인생행로이다. 다른 모든 이의 행로와 구별되는 나의 인생행로이다. 세상에는 길도 많기도 하지만 나의 길은 선택의 여지가 없다. '둘 밖에' 없다지만 사실은 단 하나이다. 양자택일적 하나이다. '님의 품에 안기는 길'과 '죽음의 품에 안기는 길'은 한 길이다. 나는 다만 '님의 품에 안기는 길'을 갈 따름인데, 그 길에는 또한 '죽음의 품에 안기는 길'이 놓여 있다. 그 길은 칼날을 밟는 길일 수 있기 때문이다. 나의 길이 하나뿐인 이유이다. 나의 모든 생은 님과의 관계 속에서만 의미를 가지므로, 님을 떠난 생 자체는 무의미하며, 차라리 님의 품에 안기기 위하여 가는 과정에서 죽는 것보다 못한 것이다. 님에게로 가는 길은 죽음을 무릅쓰고서도 가야 하는 절대적 운명의 길이다.

이루어지지 않는 사랑은 고통을 낳고, 고통의 지속은 한탄을 낳고, 한탄은 원망을 낳는다. '아아, 나의 길은 누가 내었습니까'에서부터는 고통이 한탄으로, 한탄이 원망으로 전환되는 과정이다. 한탄은 자신에게 향한 것이지만, 원망은 누군가에게로 향한 것이어서 종종 그 실체가 분명치 않다. 나의 길을 낸 것이 님이라고 바로 말하지 않고 '나의 길은 누가 내었습니까?' 라고 묻는 것은 바로 이 때문이다. 다음 행에서 '님이 아니고는 나의 길을 내일 수가 없습니다' 라고 말하는 것 역시 그 실체에 대한 물음의 과정이 있음을 보여준다. 아무리 생각해도 님밖에는 나의 원망을 받을 사람이 없는 것이다. 나의 길을 낸 것은 님인데, 그 까닭은 이해가 안 된다. 님이 나를 사랑한다면 나에게 죽음의 길을 낼 까닭이 없기 때문이다.

님은 왜 나에게 죽음의 길마저 내었는가? 그것은 풀릴 수 없는 의문이다. 왜냐하면 나의 길을 낸 것은 님이 아니기 때문이다. 나의 길을 낸 것은 님이 아니라 나 자신이다. 그러나 사랑의 고통에 대한 원망은 님에게로 향할 수밖에 없기에 나의 길을 낸 것은 님이 되고, 길을 낸 까닭은 풀 수 없는 의문으로 남는다.

꿈깨고서

님이며는 나를사랑하련마는 밤마다 문밧게와서 발자최소리만
내이고 한번도 드러오지아니하고 도로가니 그것이 사랑인가요
그러나 나는 발자최나마 님의문밧게 가본적이업습니다
아마 사랑은 님에게만 잇나버요

아々 발자최소리나 아니더면 꿈이나 아니깨엿스련마는
꿈은 님을차저가랴고 구름을탓섯서요

꿈 깨고서

님이면은 나를 사랑하련마는 밤마다 문밖에 와서 발자취 소리만 내이고 한 번도 들어오지 아니하고 도로 가니 그것이 사랑인가요.

그러나 나는 발자취나마 님의 문밖에 가본 적이 없습니다.

아마 사랑은 님에게만 있나 봐요.

아아, 발자취 소리나 아니더면 꿈이나 아니 깨었으련마는

꿈은 님을 찾아가려고 구름을 탔었어요.

누군가를 그리워하는 사람은 언제나 행여나 하는 기대감을 가지고 있다. 올 리 없는 사람이지만 행여나 올지도 모른다는 생각을 하게 된다. 때문에 길거리를 지나가는 사람들의 뒷모습이 기다리는 사람의 뒷모습처럼 보인다. 전화 벨 소리가 울리면 그 사람인가 한다. 벨이 울리지 않으면 수화기를 잘못 내려놓았나 한다. 첫 행은 바로 그러한 기다림의 마음을 표현하고 있다. 인간은 이렇게 존재론적 기대감으로 살아가고 있다. 창문을 스치는 바람 소리도 인기척인가 하고, 문밖을 지나가는 발자취 소리만 나도 기다리던 사람의 소리인가 한다. 이름만 알려진 시인 천금의 시를 연상시킨다.

산촌에 밤이 드니 먼 곳의 개 짖어운다.
사립문 열고 보니 찬 하늘에 달만 높다.
저 개야 빈 산에 비친 달 짖어 무엇하리오.

님이라면 문밖에서 발자취 소리만 내고 지나칠 리가 없지만은 마치 님이 왔다가 그냥 간 것만 같다. 기다림으로 인하여 예민해진 귀가 나와 무관한 사람의 인기척에 님일지 모른다는 공허한 기대를 하게 한 것이다. 그리고 기대가 무너지자 님에 대한 원망의 마음이 떠오른다. '들어오지 아니하고 도로가니 그것이 사랑인가요.'

무너진 기대로 인해 절망에 빠진 이에게는 자기위안이 필요하다. 떠나간 것은 자신이 아니고 님이며, 이별의 슬픔과 현재의 절망의 원인은 님에게 있지만, 님이 나를 버렸다고 선언할 수는 없다. 님이 나를 버렸다면 님이 다시 나를 찾아올 리는 없는 까닭에서다. 그렇다면 님을 기다리는 것은 다만 부질없는 짓이며 나는 더욱 비참해질 뿐이다. '나는 발자취나마 님의 문밖에 가 본 적이 없습니다' 라는 것은 자신을 자책하는 말이 아니라 위안하는 말이다. 나는 님에게 갈 수 없는 것임에도 님이 오지 않은 것은 내가 님에게 가지 않았기 때문인 양 위안하는 것이다.

사랑은 님에게만 있는 것이 아니라, 내게만 있는 것이다. 그러나 나는 이 불행한 현실을 의식 속에서나마 바꾸어보고 싶다. 사랑이 님에게 있다면 사랑의 주도권은 나에게 있게 되고 사랑은 쉬이 이루어질 수 있기 때문이다.

낯 모르는 발자취 소리를 님의 발자취로 여긴 것은 꿈속에서 님을 만나러 가던 중이었기 때문이다. 꿈속에서는 내가 님을 찾아가는 중이었는데, 현실에서는 님이 나를 찾아오고 있었다. 그러나 진실은 무엇인가? 내가 님을 찾아가던 것도 꿈이고, 님이 나를 찾아오던 것도 꿈이다. 그렇게 보면 꿈이 꿈을 낳은 것이다. 그리고 그 꿈은 모두 깨어질 수밖에 없는 것이다. '꿈이나 아니 깨었으련마는' 이란 말은 꿈이 깬 현실의 야속함에 대한 표현이다.

藝術家

나는 서투른 畵家여요

잠아니오는 잠ㅅ자리에 누어서 손ㅅ가락을 가슴에대히고 당신의 코와 입과 두볼에 새암파지는것까지 그렷슴니다

그러나 언제든지 적은우슴이써도는 당신의눈ㅅ자위는 그리다가 백번이나 지엇슴니다

나는 파겁못한 聲樂家여요

이웃사람도 도러가고 버러지소리도 긋첫는데 당신의가리처주시든 노래를 부르랴다가 조는고양이가 부끄러워서 부르지못하얏슴니다

그레서 간은바람이 문풍지를슬칠째에 가마니슴唱하얏슴니다

나는 敍情詩人이되기에는 너머도 素質이업나버요

「질거움」이니「슯음」이니「사랑」이니 그런것은 쓰기시려요

당신의 얼골과 소리와 거름거리와를 그대로쓰고십흠니다

그러고 당신의 집과 寢臺와 꼿밧헤잇는 적은돍도 쓰것슴니다

예술가

나는 서투른 화가여요.

잠 아니 오는 잠자리에 누워서 손가락을 가슴에 대이고 당신의 코와 입과 두 볼에 새암 파지는 것까지 그렸습니다.

그러나 언제든지 작은 웃음이 떠도는 당신의 눈자위는 그리다가 백 번이나 지웠습니다.

나는 파겁(破怯) 못한 성악가여요.

이웃사람도 돌아가고 버러지 소리도 그쳤는데 당신의 가르쳐 주시던 노래를 부르려다가 조는 고양이가 부끄러워서 부르지 못하였습니다.

그래서 가는 바람이 문풍지를 스칠 때에 가만히 합창하였습니다.

나는 서정시인이 되기에는 너무도 소질이 없나 봐요.

'즐거움'이니 '슬픔'이니 '사랑'이니 그런 것은 쓰기 싫어요.

당신의 얼굴과 소리와 걸음걸이와를 그대로 쓰고 싶습니다.

그리고 당신의 집과 침대와 꽃밭에 있는 작은 돌도 쓰겠습니다.

화가가 그림을 그리는 것은 진실을 드러내기 위해서이지 사실을 드러내기 위해서가 아니다. 그러나 우리는 그림 속의 진리를 보기 이전에 사실을 본다. 우리는 사실을 보지 않고도 진실을 볼 줄 아는 눈이 없다. 그러니 훌륭한 화가는 진실과 사실을 모두 잘 그려내야 한다. 그림만 그런 것이 아니다. 진실은 언제나 사실을 통해서 드러난다. 불교인들은 진제(眞諦)는 속제(俗諦)를 통해서 드러난다고 한다.

나는 훌륭한 화가가 아니다. 얼마나 진실을 그리는가 하는 점에서는 나는 화가이지만, 얼마나 사실을 제대로 그리는가 하는 점에서 나는 서투른 화가이다. 나는 진지한 구도자이지만 아직 진리의 궁극은 여전히 내 앞에 확연하지 못하다. '코와 입과 두 볼에 새암 파지는 것까지' 그렸다는 것은 진리의 실체가 가까웠다는 것을 뜻한다. 특히 '새암 파지는 것'은 다음 행의 '작은 웃음'의 예고자이다. 보조개는 웃음의 징표이기 때문이다. '작은 웃음'은 진리의 신비성에 대한 은유인데, '새암 파지는 것까지' 그렸다는 것은 웃음의 징표를 그릴 수 있게 되었다는 것, 즉 진리가 무엇인지를 거의 알게 되었다는 것을 말한다.

그러나 웃을 때 뚜렷이 나타나는 보조개를 그리는 것과 '언제든지 작은 웃음이 떠도는 당신의 눈자위'를 그리는 것은 차이가 있다. 전자는 굵은 선으로 아무렇게나 그려도 그릴 수 있지만, 후자는 세련된 필치로만 그려도 만족스럽게 그리기 어렵다. '작은 웃음이 떠도는 당신의 눈자위'를 그리기 어려운 것처럼 진리의 궁극은 묘사하기 어렵다. 이것이 진리의 궁극인가 하면 그렇지가 않고, 또 이것이 진리의 궁극인가 하면 역시 그렇지가 않다.

파겁(破怯)이란 부끄러움이나 두려움을 없앤 것을 말한다. 파겁 못한 성악가는 자신의 노래에 자신이 없어서 남 앞에 서서 노래하지 못하는 사람이다. 서투른 화가와 마찬가지로 아직 진리를 깨치지 못한 구도자에 대한 은유이다.

대단한 청중이 있어서 떨렸던 것도 아니다. 늘 대하는 이웃사람들 앞에서도 부끄러워하는 소심한 사람이다. 애초부터 누구 앞에서 노래를 부르고 싶었던 것은 아니다. 조용히 혼자 불러보고 싶었을 따름이다. 노래를 잘해서가 아니라 당신이 가르쳐 주시던 노래이기에 불러보고 싶었을 따름이다. 이웃사람도 돌아가고서야 노래를 불러 볼 자신이 생겼다. 호흡을 가다듬고 벌레소리가 그치기를 기다려 막 노래를 하려는데 그래도 목은 트이지 않는다. 뜰 앞에 조는 고양이가 부끄러워서이다. 조는 고양이야 내 노래의 잘하고 못함에 무슨 신경을 쓰리요마는 나는 수줍은 것이다.

부끄러움은 끝내 나를 방안으로 도망치게 하였다. 방문을 닫고 몰래 당신의 노래를 불러보기 위해서이다. 행여나 누가 들을 새라 '가는 바람이 문풍지를 스칠 때에 가만히 합창'하였다. 가는 바람이 문풍지를 스치면서 내는 소리는 들릴 듯 말 듯한 소리이다. 그 소리에 합창하는 나의 노랫소리는 또 얼마나 가는 소리이겠는가? 부처님의 소리는 사자의 소리에 비유된다. 웅장한 진리의 소리이기 때문에 쩌렁거리는 사자의 울음소리에 비유된다. 님의 노래는 진리의 노래이기에 내가 부르고 싶지만, 수줍은 나는 영 자신이 없다. 그러나 진리의 노래이기에 부르고 싶은 소망은 누를 수가 없다. 수줍음을 감추면서 소망을 펴자니 숨어서 부를 수밖에 없다.

시의 마지막 연 역시 앞의 두 연과 비슷한 구조를 가지고서 형식적 통일성을 유지하고 있을 뿐 아니라, 내용적으로도 유사한 것처럼 보인다. 그러나 이 마지막 연은 하나의 반전적 결말이다. 외형적 유사성을 유지한 반전이어서 반전이 오히려 시적인 아름다움을 지니고 있다.

첫 행이 '나는 졸렬한 서정시인(抒情詩人)이어요' 라고 했으면 앞의 두 연과 완전히 일치하는 형태가 되었을 것이다. 그런데 '나는 서정시인이 되기에는 너무도 소질이 없나 봐요' 라고 하고 있다. 이 말에는 서정시인으로서의 자신의 한계보다는 나는 서정시인이 되지 못해도 개의치 않는다는 태도가 깔려 있다. 이러한 태도는 더 나아가 서정시인이 아닌 다른 무엇이 되겠다는 태도로 발전할 수 있다.

둘째 행은 앞의 두 연의 둘째 행과는 전혀 다른 자기표현이다. 자기의 한계에 대한 아쉬움과 부끄러움이 아니라, 당당한 인정이다. 세상에서 말하는 서정시인이 아닌 다른 무엇이 되겠다는 태도가 노골화되고 있다. '즐거움', '슬픔', '사랑'은 서정시의 주제들이다.

셋째 행과 넷째 행은 진리를 향한 구도자의 태도가 무엇인가를 말하고 있다. 그것은 바로 있는 그대로의 세계를 그려내는 것이다. '즐거움'이니 '슬픔'이니 '사랑'이니 하는 것은 삶의 일상성을 표현하는 말들이 아니라 삶을 꾸며내는 말들이다. 삶의 진리는 이렇게 꾸며낸 말들에 있지 않다. 삶의 진실은 도리어 '당신의 얼굴과 소리와 걸음걸이', 즉 행주좌와(行住坐臥)에 있다. 이것을 '그대로 쓰는 것'이 진리에 다가가고자 하는 구도자의 태도이다. '당신의 집과 침대와 꽃밭에 있는 작은 돌'은 있는 그대로의 '당신의 얼굴과 소리와 걸음걸이'와 조응하고 있는 삶의 현장이다.

만해는 비록 때로는 우주를 말하고 역사를 말하지만, 우주와 역사의 진리를 거대한 존재와 위대한 행위 속에서 찾지 않는다. 오히려 작고 가녀린 미천한 존재들과 그들의 소박한 행위 속에서 찾는다.

리 별

아々 사람은 약한것이다 여린것이다 간사한것이다
이세상에는 진정한 사랑의리별은 잇슬수가 업는것이다
죽엄으로 사랑을바꾸는 님과님에게야 무슨리별이 잇스랴
리별의눈물은 물거픔의꼿이오 鍍金한金방울이다

칼로베힌 리별의「키쓰」가 어데잇너냐
生命의꼿으로비진 리별의杜鵑酒가 어데잇너냐
피의紅寶石으로만든 리별의紀念반지가 어데잇너냐
리별의눈물은 咀呪의摩尼珠요 거짓의水晶이다

사랑의리별은 리별의反面에 반듯이 리별하는사랑보다 더큰사랑이 잇는것이다
혹은 直接의사랑은 아닐지라도 間接의사랑이라도 잇는것이다
다시말하면 리별하는愛人보다 自己를더사랑하는것이다
만일 愛人을 自己의生命보다 더사랑하면 無窮을回轉하는 時間의수리박휘에 이끼가 끼도록 사랑의리별은 업는것이다

아니다々々々 「참」보다도참인 님의사랑엔 죽엄보다도 리별이 훨씬偉大하다

죽엄이 한방울의찬이슬이라면 리별은 일천줄기의꽃비다

죽엄이 밝은별이라면 리별은 거룩한太陽이다

生命보다사랑하는 愛人을 사랑하기위하야는 죽을수가업는것이다

진정한사랑을위하야는 괴롭게사는것이 죽엄보다도 더큰犧牲이다

리별은 사랑을위하야 죽지못하는 가장큰 苦痛이오 報恩이다

愛人은 리별보다 愛人의죽엄을 더슯어하는까닭이다

사랑은 붉은초ㅅ불이나 푸른술에만 잇는것이아니라 먼마음을 서로비치는 無形에도 잇는까닭이다

그럼으로 사랑하는愛人을 죽엄에서 잇지못하고 리별에서 생각하는것이다

그럼으로 사랑하는愛人을 죽엄에서 웃지못하고 리별에서 우는것이다

그럼으로 愛人을위하야는 리별의怨恨을 죽엄의愉快로 갑지못하고 슯음의苦痛으로 참는것이다

그럼으로 사랑은 참어죽지못하고 참어리별하는 사랑보다 더큰사랑은 업는것이다

그러고 진정한사랑은 곳이업다

진정한사랑은 愛人의抱擁만 사랑할섇아니라 愛人의리별도 사랑하는것이다

그러고 진정한사랑은 째가업다

진정한사랑은 間斷이업서々 리별은 愛人의肉섇이오 사랑은 無窮이다

아々 진정한愛人을 사랑함에는 죽엄은 칼을주는것이오 리별은 쏫을주는것이다

아々 리별의눈물은 眞이오 善이오 美다

아々 리별의눈물은 釋迦요 모세요 짠다크다

이 별[1)]

아아, 사람은 약한 것이다. 여린 것이다. 간사한 것이다.
이 세상에는 진정한 사랑의 이별은 있을 수가 없는 것이다.
죽음으로 사랑을 바꾸는 님과 님에게야 무슨 이별이 있으랴.
이별의 눈물은 물거품의 꽃이요, 도금한 금방울이다.

칼로 베인 이별의 '키스'가 어디 있느냐.
생명의 꽃으로 빚은 이별의 두견주가 어디 있느냐.
피의 홍보석으로 만든 이별의 기념 반지가 어디 있느냐.
이별의 눈물은 저주의 마니주(摩尼珠)요 거짓의 수정이다.

사랑의 이별은 이별의 반면에 반드시 이별하는 사랑보다 더 큰 사랑이 있는 것이다.
혹은 직접의 사랑은 아닐지라도 간접의 사랑이라도 있는 것이다.
다시 말하면 이별하는 애인보다 자기를 더 사랑하는 것이다.
만일 애인을 자기의 생명보다 더 사랑하면 무궁(無窮)을 회전하는 시간의 수레바퀴에 이끼가 끼도록 사랑의 이별은 없는 것이다.

아니다, 아니다. '참'보다도 참인 님의 사랑엔 죽음보다도 이별이 훨씬 위대하다.

죽음이 한 방울의 찬 이슬이라면 이별은 일천 줄기의 꽃비다.

죽음이 밝은 별이라면 이별은 거룩한 태양이다.

생명보다 사랑하는 애인을 사랑하기 위하여는 죽을 수가 없는 것이다.

진정한 사랑을 위하여는 괴롭게 사는 것이 죽음보다도 더 큰 희생이다.

이별은 사랑을 위하여 죽지 못하는 가장 큰 고통이요, 보은이다.

애인은 이별보다 애인의 죽음을 더 슬퍼하는 까닭이다.

사랑은 붉은 촛불이나 푸른 술에만 있는 것이 아니라, 먼 마음을 서로 비추는 무형(無形)에도 있는 까닭이다.

그러므로 사랑하는 애인을 죽음에서 잊지 못하고 이별에서 생각하는 것이다.

그러므로 사랑하는 애인을 죽음에서 웃지 못하고 이별에서 우는 것이다.

그러므로 애인을 위하여는 이별의 원한을 죽음의 유쾌(愉快)로 갚지 못하고 슬픔의 고통으로 참는 것이다.

그러므로 사랑은 차마 죽지 못하고, 차마 이별하는 사랑보다 더 큰 사랑은 없는 것이다.

그리고 진정한 사랑은 곳이 없다.
진정한 사랑은 애인의 포옹만 사랑할 뿐 아니라, 애인의 이별도 사랑하는 것이다.

그리고 진정한 사랑은 때가 없다.
진정한 사랑은 간단(間斷)이 없어서 이별은 애인의 육(肉)뿐이요, 사랑은 무궁이다.

아아, 진정한 애인을 사랑함에는 죽음은 칼을 주는 것이요 이별은 꽃을 주는 것이다.
아아, 이별의 눈물은 진(眞)이요 선(善)이요 미(美)다.
아아, 이별의 눈물은 석가요 모세요 잔 다르크다.

---

1) 《님의 침묵》은 이별의 노래라고 할 수 있을 만큼 시집 전체에 전제되어 있는 것이 님과의 이별이다. 이뿐만 아니라 《님의 침묵》에는 이별을 시의 제목으로 삼은 시가 세 편 있다. 〈이별의 美〉와 〈이별〉 그리고 〈거짓 이별〉이다.

이 시는 크게 전반부와 후반부로 나뉜다. 1, 2, 3연이 전반부에 해당하고, '아니다, 아니다'로 시작하는 4연부터가 후반부에 해당된다. 전반부는 이별한 님의 사랑의 진정성에 대한 의심을 토로하고 있고, 후반부는 이별 속에서 진정한 사랑을 확인하고픈 의지를 표현하고 있다.

첫째 행은 인간에 대한 사실적 정의를 통하여 배반당한 것에 대한 직설적 감정을 토로하고 있다. 〈님의 침묵〉에서 '님은 갔습니다. 아아 사랑하는 나의 님은 갔습니다'라고 시작한 것과 같은 만해 특유의 직설적 화법이다. 통상적인 시적 화법과 대비되는 직설적 화법으로 시를 시작하면서도, 도리어 간결성을 통해 탁월한 시적 효과를 내고 있다.

《님의 침묵》의 주제는 이별이며, 그 이별은 사랑의 이별이다. 이별 속에서 진정한 사랑과 만남을 확인하는 것이다. 그런데 이별 속에서의 진정한 사랑과 만남의 논리가 아무런 의심과 의식의 갈등도 없이 확인된다면 시(詩)가 될 수 없다. 그러한 논리를 의심과 의식의 갈등 없이 확인하는 것은 도덕과 종교의 교리이지 시의 언어는 아니다. '이 세상에는 진정한 사랑의 이별은 있을 수가 없는 것이다'라는 것은 이별을 받아들일 수 없는 연인의 심정이자 논리인데, 시적인 중의적 논리가 표현되어 있다. 사랑이 진정한 것이라면 이별은 있을 수 없다는 것이 하나의 논리이고, 사랑이 진정한 것이라면 이별을 해도 이별이 아니라는 것이 또 하나의 논리이다.

더욱이 그 사랑이 죽음과도 맞바꿀 수 있는 사랑이라면 이별은 더더욱 가당찮은 일인 것이다. '죽음으로 사랑을 바꾸는 님과 님에게야 무슨 이별이 있으랴'는 님과의 이별과 님의 이별을 압축적으로 표현하기 위한 표현이다. 죽음으로 사랑을 바꾸는 님과는 내가 이별할 수 없다는 뜻과, 죽음으로 사랑을 바꾸는 님이 가면 나와 이별할 리 없다는 뜻을 모두 표현하고 있다.

이별하는 연인의 눈물에는 아름다움이 있다. 연인을 이별하는 아름다운 여인의 눈물에는 애틋하고 관능적인 아름다움이 있고, 가슴에 뜻을 품고 여인과 이별하는 사내의 눈물에는 숭고한 아름다움이 있다. '꽃'과 '금방울'은 각기 그러한 아름다움을 은유적으로 표현하고 있다. 꽃은 여인의 눈물에, 금방울은 사내의 눈물에 대입된다. 그러나 그 꽃은 '물거품의 꽃이요,' 그 금방울은 '도금한 금방울'이다. 왜냐면 사랑의 이별은 위선(僞善)이기 때문이다. 이별하는 사랑은 사랑이 아니기 때문이다.

우리는 다음 구절을 기억한다. '날카로운 첫 키스의 추억은 나의 운명의 지침(指針)을 돌려놓고 뒷걸음쳐서 사라졌습니다.' 《님의 침묵》에서 키스는 독특한 의미로 사용된다. 키스는 관능의 상징만이 아니라, 운명적 만남의 상징이다. 또한 키스는 감미로움이 아니라 충격이고 놀라움이다. 그래서 키스는 '칼'과 '날카로움'으로 묘사된다. 날카로운 칼이 살을 베고 심장을 뚫고 들어오듯이 첫 사랑의 키스는 영혼을 뚫고 들어온다. "칼로 베인 이별의 '키스'가 어디 있느냐" 하는 것은 상식적 관념에의 호소이다. '키스는 감미로운 쾌락이어야 하지 않느냐?' 하는 호소인 것이다.

두견주(杜鵑酒)는 진달래꽃으로 빚은 술이다. 이별의 슬픔을 진달래꽃의 분홍빛 색조에 비유하고 있다. 소월의 '진달래꽃'에서 볼 수 있듯이 진달래꽃은 이별의 아픔과 잘 어울린다. 붉지만 강렬하지 않은 진달래꽃의 색조는 상대에게 자신을 강하게 표현하지 않는 여린 마음과 같다. 진달래꽃이 피는 초봄은 아직은 한기가 남아 있는 계절이다. 여름의 뜨거운 태양과 같은 노골적 정열이 없을 뿐 아니라 완연한 봄의 생기발랄함도 아직은 없다. 진달래꽃은 초봄의 싸늘한 날씨 속에 홀로 피어 있다. 아직 새싹도 나지 않은 숲속에 홀로 피어 있는 진달래꽃은 그래서 쓸쓸한 이별의 정조와 어울린다. 이것이 소월의 '진달래꽃'이다.

그러나 만해는 소월과 다르다. 소월은 이별을 감내(堪耐)하지만, 만해는 부정(否定)한다. 만해는 이별의 진달래꽃이 아니라 생명의 꽃을 원한다. 사랑은 생명의 꽃으로 피어있어야지 이별의 술이 되어서는 안 된다.

피는 생명의 정수요, 보석은 영원히 변치 않는 빛이다. 피로 된 붉은 보석은 모든 것을 바친 정열과 영원히 변치 않는 사랑의 맹세의 상징으로 볼 수 있다. 피의 홍보석으로 반지를 만들었다면 그것은 영원히 변치 않는 사랑을 피로서 맹세한 것이다. 그 반지가 이별의 기념반지가 된다는 것은 그 자체가 모순이다.

'이별의 눈물은 저주의 마니주(摩尼珠)요 거짓의 수정(水晶)이다'는 것은 사랑한다면 이별하지 말아야 하고, 이별한다면 그것은 애초에 사랑이 아니었다는 지극히 단순한 논리의 시적 형상화이다. 이 단순한 논리가 '저주의 마니주'와 '거짓의 수정'이라는 어구로 수식되면서 시적인 표현이 된다. 그리고 그 시적인 표현은 고차원적인 불교적 역설(逆說)의 논리에 뒷받침 받는다.

《님의 침묵》에는 역설의 논리가 곳곳에 배어 있는데, 그 역설은 지극히 단순한 논리에서 출발하여 고차적인 논리로 전환한다. 지극히 단순한 논리는 시에 생명력과 감동을 불어넣고 고차적인 논리는 철학적 사색의 세계로 이끈다. 만해의 이러한 역설은 이제(二諦)의 논리에서 온 것이다. 이제는 속제(俗諦)와 진제(眞諦)로 이루어지는데, 속제는 상식의 논리이고, 진제는 상식의 논리를 부정하는 초월의 논리이다. 진제는 상식의 논리를 부정한다는 점에서 일종의 역설의 논리라고 할 수 있지만 통상적 역설과 달리 상식을 배제하는 것이 아니라 상식을 지양하면서도 껴안는다.

마니주는 신비의 구슬이다. 더러움을 정화하며, 악을 떠나게 하고, 재난을 멀리하게 하는 신비한 힘이 있는 구슬이다. '저주의 마니주'라는 것은 그 자체가 모순이자 역설이다. '거짓의 수정'이란 말 또한 모순이자 역설이다. 수정은 맑고 깨끗한 보석으로서 진실의 의미이기 때문이다. 이러한 역설의 표현은 이별을 인정할 수 없는 자신의 논리, 상식의 논리를 부정하고 이별 속에서 의미를 찾는 역설을 예비한다.

사랑하지만 이별할 수밖에 없는 님의 태도에 대해, 사랑과 이별의 양립 불가능을 믿는 나는 님의 태도를 격렬히 부정하였다. 나는 왜 사랑과 이별이 양립할 수 없다고 믿는가? 그것은 바로 사랑의 배타성에 대한 나의 집착이다.

배타적 사랑에 대한 나의 집착은 의심을 낳기 마련이다. '직접의 사랑'은 확인된 사랑을 말하고 '간접의 사랑'은 확인되지 않은 사랑을 말한다. 님이 나 아닌 그 어떤 이를 사랑한다는 확인된 증거도 없지만, 배타적 사랑은 나로 하여금 의심의 마음을 품게 한다. 나와 이별하는 그 자체가 다른 이에 대한 사랑의 징후처럼 여겨진다.

배타적 사랑에 대한 집착은 그 사랑이 오로지 나에게만 향해야 한다고 믿는다. 내가 님을 사랑한다고 하지만, 님에 대한 나의 사랑은 소멸되고, 님이 나를 사랑하기만을 원한다. 끝내는 님 자체의 존재마저도 부정한다.

사랑만큼 덧없는 것이 없다. 그럼에도 불구하고 사랑은 영원을 꿈꾼다. '무궁을 회전하는 시간의 수레바퀴'는 우주적 시간이다. 시작도 끝도 없는 시간이다. 그러나 사랑의 지속을 꿈꾸는 사람은 영원히 멈추지 않는 무궁한 시간의 수레가 멈춘 후에도 사랑이 지속되리라 믿는다. '시간의 수레바퀴에 이끼가 끼도록'이란 말은 우주의 종말 이후의 시간을 말한다.

'아니다, 아니다'라는 말은 사고의 대반전을 말한다. 집착에서 벗어나 열린 마음으로 님의 이별을 볼 수 있게 된 것이다. 즉자적 사고에서 벗어나 대자적 사고로 나아가고 있는 것이다.

사고의 대반전 결과 이별은 거짓 사랑의 증거에서 '참'보다 참인 사랑의 증거가 된다. 이별은 사랑을 위해 택한 죽음보다도 더 위대한 사랑의 행위가 된다. 사랑을 위해 죽음을 택하는 것이 '참'사랑이라면, 사랑을 위해 이별하는 것은 "'참'보다 참인" 사랑이다. 죽음을 통한 사랑이 해가 나면 말라버리는 한 방울의 이슬인 반면에 이별을 통한 사랑은 한없이 내리는 꽃비이며, 죽음을 통한 사랑이 별이라면 이별은 찬란히 빛나는 태양이다.

어째서 이별의 사랑은 죽음의 사랑이 비교될 수 없을 정도로 위대한가? 그것은 이별은 삶의 선택이기 때문이다. 이별은 그 자체로서 위대한 것이 아니다. 죽음을 통한 사랑의 종결이 아니라 삶을 통한 사랑의 지속이기 때문에 위대한 것이다. 사랑의 이별은 있을 수 없다고 보는 것은 감각적 세계만을 세계로 보는 것이다. 눈으로 확인되고, 몸으로 확인되지 않는 것은 무의미하다고 보는 것이다. 여기서는 죽음이야말로 궁극적 희생이다. 죽음은 감각적 세계의 종말, 눈으로 확인되고 몸으로 확인되는 세계의 종말이기 때문이다. 그러나 그것은 감각에 이끌린 무명의 세계관이다. 무명을 깨치고 사고의 반전을 이루면 죽음은 궁극적 희생도 세계의 종말도 아님을 알게 된다. 죽음이 아니라 삶이 더 큰 고통이요 보은(報恩)이라는 것은 또한 대승불교의 정신이다. 보살이 열반에 들지 못하는 것은, 보살이 죽지 못하는 것은 중생을 위해서이다. 무명의 중생에게서는 죽음이 궁극적 희생이겠지만 보살에게서는 삶이 궁극적 희생이다. 중생을 위해 고통을 감내하는 것이요, 그들의 은혜에 보답하는 것이기 때문이다.

보살과 부처는 단지 중생과 이별했을 뿐이다. 중생들에게 영원한 슬픔을 안겨주지 않기 위해서 죽을 수가 없다.

'붉은 촛불'과 '푸른 술'은 감정의 세계, 유위(有爲)의 세계, 구분의 세계, 세속적 세계에서의 사랑이다. 쾌락과 허무가 교차하고, 웃음과 눈물이 교차하고, 반가움과 미움이 교차하는 세계의 사랑이다. 무명 중생의 사랑이다. 이와 달리 부처의 사랑은 무형의 사랑이다. 붉은색으로도 푸른색으로도 드러나지 않는 사랑이다. 모든 것을 아우르는 사랑이다.

부처는 중생을 잊지 못한다. 부처는 이생의 중생과 이별했지만 관세음보살로서 지장보살로서 중생을 생각한다. 부처는 열반의 안락에 머물지 않고 관세음보살이 되어 중생을 위해 운다.

죽음이 왜 유쾌인가? 죽음은 곧 열반을 의미하기 때문이다. 그리고 열반은 상락아정(常樂我淨), 영원히 고요한 즐거움인 것이다.

그렇다. 차마 죽지 못하고 중생을 위해 눈물 흘리는 부처의 자비심보다도 더 큰 사랑은 없다. 부처는 시방(十方)세계에 존재한다. 진정한 사랑은 부처의 자비광명이며, 그것은 특정한 곳에만 비추는 것이 아니다. 아비지옥에도 비추고, 인간계에도 비추고, 천상의 존재들에게도 비춘다. 부처의 자비광명은 육도(六道)에 두루 비춘다.

포옹은 사랑에 대한 감각적 확인이다. 부처의 중생에 대한 사랑은 감각적으로 확인할 수 없는 영역에서도 이어진다.

부처는 현세에서도 중생을 구제하였고, 내세에서도 중생구제를 위해 눈물을 흘린다. 부처는 삼세에 걸쳐 존재한다. 부처는 과거에도 있고, 현재에도 있고, 미래에도 있다. 시방(十方)삼세의 부처가 시방삼세의 중생을 위해 있는 것이다.

삼세제불의 중생에 대한 사랑은 간단(間斷)이 없다. 억겁(億劫)에서 시작되어 억겁으로 이어진다. 화신불(化身佛)은 중생을 떠나 있지만, 법신불(法身佛)은 찰나도 중생을 떠난 적이 없다. 중생에 대한 부처의 사랑은 보신불(報身佛)이며, 중생계가 다하도록 존재한다.

칼과 꽃은 《님의 침묵》에서 자주 등장하는 말들이다. 칼이 자주 등장하는 것은 일제의 총칼에 상처받은 민족의 자존심과 단절된 역사와 무관하지 않을 것이다. 여기서도 칼은 단절과 상처를 상징하고 있다. 이별은 만남을 기약하지만 죽음은 영원한 단절과 치유할 수 없는 상처만을 남겨놓는다. 만해는 꽃을 사랑했다. 그는 말년에 지은 심우장(尋

牛莊)에서 화초 가꾸기를 즐겨한 사람이다. 만해에게서 꽃은 무엇인가? 만해에게서 꽃은 아름다움이라는 일반적 의미 외에 '보살핌을 받아야 하는 연약한 존재'의 의미가 있다. 이별 속에는 애인을 사랑하는 아름다움이 있지만 상처받기 쉬운 애틋함을 지울 수는 없는 것이다.

'저주의 마니주(摩尼珠)요 거짓의 수정'이던 이별의 눈물이 '진(眞)이요 선(善)이요 미(美)'가 되었다. 전도몽상(顚倒夢想)에서 벗어나면, 자아에 대한 집착에서 비롯된 배타적 사랑이 아니라, 진정한 사랑, 보편적 사랑을 하게 된다. 진정하고 보편적인 사랑은 이별의 눈물의 진정성과, 윤리성과, 아름다움을 깨닫게 되는 것이다.

이별의 눈물은 중생에 대한 사랑의 눈물이다. 석가가 중생을 구제하기 위해 흘린 눈물이고, 모세가 이스라엘 백성을 위해 흘린 눈물이고, 잔 다르크가 프랑스 국민을 위해 흘린 눈물이다.

길이막혀

당신의얼골은 달도아니언만
산넘고 물넘어 나의마음을 비침니다

나의손ㅅ길은 웨그리쩔너서
눈압헤보이는 당신의가슴을 못만지나요

당신이오기로 못올것이 무엇이며
내가가기로 못갈것이 업지마는
산에는 사다리가업고
물에는 배가업서요

뉘라서 사다리를떼고 배를깨트렷슴닛가
나는 보석으로 사다리노코 진주로 배모아요
오시랴도 길이막혀서 못오시는 당신이 긔루어요

길이 막혀

당신의 얼굴은 달도 아니건만
산 넘고 물 넘어 나의 마음을 비춥니다.

나의 손길은 왜 그리 짧아서
눈앞에 보이는 당신의 가슴을 못 만지나요.

당신이 오기로 못 올 것이 무엇이며
내가 가기로 못 갈 것이 없지마는,
산에는 사다리가 없고
물에는 배가 없어요.

뉘라서 사다리를 떼고 배를 깨뜨렸습니까.
나는 보석으로 사다리를 놓고 진주로 배 모아요.
오시려도 길이 막혀서 못 오시는 당신이 기루어요.

당신의 얼굴이 나의 마음을 비친다는 것은 당신을 그리워하는 나의 마음을 역(逆)으로 표현한 말이다. '당신의 얼굴'을 '달'에 비유한 것은 은근한 그리움을 표현하기 위해서이다. '산 넘고 물 넘어 온다'는 것은 당신으로부터 멀리 떨어져 있으나 잠시도 잊을 수 없음을 말하고 있다.

밝은 달을 보면 손에 잡힐 듯한 거리에 있지만 잡을 수가 없다. 마음속에 떠오르는 님의 얼굴도 그렇다. 나의 마음 한가운데 있으나 만져 볼 수는 없다. 가슴을 만지려는 것은 보다 온전히 확인하려는 마음의 표현이다.

못 올 것이 없고 못 갈 것이 없다는 것은 물리적 현실에 대한 판단이 아니라, 윤리적·목적적 판단이다. 당신이 오고 내가 가는 것에 대해 누구도 비난할 수 없다는 말이다. 이처럼 윤리의 세계와 목적의 세계는 당신과 나의 만남을 정당하게 여기지만 현실은 그렇지 않다. 현실은 목적을 부정하고 배반한다. 사다리가 없고 배가 없는 것이 현실이다. 윤리와 목적은 그대로 현실에서 실현되지 않는다.

윤리와 목적이 원래부터 현실과 어긋나 있었던 것은 아니다. 윤리와 목적이 부정되고 파괴되었기 때문에 현실과 어긋나게 되었다. 누군가가 사다리를 떼고 배를 깨뜨린 것이다. '보석으로 사다리를 놓고 진주로 배 모아요'라는 표현은 윤리와 목적의 세계를 회복하려는 의지이다. 이 표현은 이 시의 사상성을 암시하는 장치처럼 보인다. 이 시는 《님의 침묵》에 실린 그 어떤 시들보다 순수 연애시에 가까운 것처럼 보이지만, 이 행으로 인해 종교적 사상성이 드러난다.

'보석'과 '진주'는 각기 산과 바다에서 나는 아름다운 결정체인데, 불성(佛性) 혹은 여래장(如來藏)을 비유적으로 표현한 것이라고 할 수 있다. 암석 속에 보석이 감추어져 있고, 조가비 속에 진주가 감추어져 있듯이 여래장은 감추어져 있다. 당신을 만나는 것이 진리의 완성이라면 보석으로 사다리를 놓고 진주로 배를 모으는 행위는 진리의 완성으로 나아가기 위한 출발, 불성 혹은 여래장에 대한 확인작업으로 볼 수 있다.

自由貞操

내가 당신을기다리고잇는것은 기다리고자하는것이아니라 기다려지는것입니다

말하자면 당신을기다리는것은 貞操보다도 사랑입니다

남들은 나더러 時代에뒤진 낡은女性이라고 삐죽거립니다 區々한貞操를지킨다고

그러나 나는 時代性을 理解하지못하는것도 아닙니다

人生과貞操의 深刻한批判을 하야보기도 한두번이 아닙니다

自由戀愛의神聖(?)을 덥허노코 否定하는것도 아닙니다

大自然을따러서 超然生活을할생각도 하야보앗습니다

그러나 究竟, 萬事가 다 저의조아하는대로 말한것이오 행한것입니다

나는 님을기다리면서 괴로음을먹고 살이짐니다 어려음을입고 킈가큼니다

나의貞操는 「自由貞操」임니다

자유정조(自由貞操)

내가 당신을 기다리고 있는 것은 기다리고자 하는 것이 아니라 기다려지는 것입니다.

말하자면 당신을 기다리는 것은 정조보다도 사랑입니다.

남들은 나더러 시대에 뒤진 낡은 여성이라고 삐죽거립니다. 구구한 정조를 지킨다고.

그러나 나는 시대성을 이해하지 못하는 것도 아닙니다.

인생과 정조의 심각한 비판을 하여 보기도 한두 번이 아닙니다.

자유연애의 신성(?)을 덮어놓고 부정하는 것도 아닙니다.

대자연을 따라서 초연생활(超然生活)을 할 생각도 하여 보았습니다.

그러나 구경(究竟), 만사(萬事)가 다 저의 좋아하는 대로 말한 것이요, 행한 것입니다.

나는 님을 기다리면서 괴로움을 먹고 살이 찝니다. 어려움을 입고 키가 큽니다.

나의 정조는 '자유정조'입니다.

님을 기다리는 것은 의지가 아니라 필연이다. 달리 말하면 기다리지 않아도 되는데 기다리는 것이 아니라 어쩔 수 없이 기다리는 것이다.

'정조(貞操)보다 사랑'이라는 말은 형식논리로 이해될 수 있는 말이 아니다. 이 말은 형식논리로 판단하면 정조보다도 사랑을 우선시하는 말이지만, 이 시의 마지막 행에 '나의 정조는 자유정조입니다'라는 말은 그렇게 판단할 수 없다는 것을 보여준다. 정조와 사랑은 당시 교육받은 사람들의 입에 널리 회자된 주제인데, 정조는 전통적 가치관을, 사랑은 새로운 가치관을 대변한다.

정조와 사랑은 남녀 사이의 문제만은 아니다. 만해와 만해 시대의 상황을 고려하면 민족과 전통의 문제에도 적용된다. 민족에 대한 지조를 지키느냐, 아니면 대세에 순응하느냐의 문제일 수도 있고, 전통적 가치관을 지키느냐, 아니면 새로운 문화적 양식을 따르느냐의 문제일 수도 있다. 만해는 《님의 침묵》을 집필한 동기를 묻는 질문에 경박한 연애관에 대한 문제를 제기하기 위한 것이라고 대답한 적이 있다.

만해의 시대는 자유연애가 신문화의 상징처럼 예찬되던 시대이다. 정조는 고루한 사고방식처럼 여겨졌다. 전통혼례를 통해 맺어진 아내를 두고 신여성을 첩으로 두는 것이 시대를 앞서가는 엘리트의 상징처럼 여겨졌던 시대이다. 이른바 '신식교육'을 받은 여성들 또한 권력자와 부르주아의 첩이 되는 것을 자유연애의 관념으로 치장하던 시대였다. 두루마기가 아니라 양복을 입어야 세련된 사람처럼 보이던 시대였다.

만해는 누구보다도 시대성을 잘 이해한 사람이다. 그는 1910년에

《조선 불교 유신론》을 쓴 사람이다. 《조선 불교 유신론》에 나타난 그의 시대인식과 사상은 당대의 그 어떤 이들의 인식과 사상보다도 시대를 앞서가는 통찰력을 보여주고 있다. 현대사회의 본질에 대한 그의 인식은 오늘날의 시점에서 보아도 여전히 혁신적이다.

그는 조선의 전통에 대해서 그 누구보다도 철저하게 비판한 사람이다. 그는 유신(維新)은 철저한 파괴로부터 온다고 믿는 사람이다.

> 유신이란 무엇인가, 파괴의 자손이요. 파괴란 무엇인가, 유신의 어머니다. 유신을 꾀함에 있어서 마땅히 파괴를 앞세워야 함이 의사가 살을 베고 피를 빼는 것과 같다(《조선 불교 유신론》).

만해의 시대는 전통이 맥없이 무너지던 시대였다. 전통의 모든 숭고한 가치조차 조롱거리 내지는 인습(因習), 내지는 인간정신에 대한 억압처럼 간주되었다. 반대로 모든 새로운 사고방식, 새로운 생활양식은 위대한 가치를 지닌 것으로 간주되었다. 이러한 경박한 풍조는 자유연애조차 개인적 정념의 발산이 아니라 인습에 대한 저항처럼 여겨졌으며, 신성한 가치를 지닌 것처럼 여겨졌다. 전통에 대한 강렬한 비판의식이 있는 만해는 자유연애 역시 의미 있는 삶의 양식임을 인정하고 있다. 그러나 그는 또한 이러한 방식으로 자유연애에 신성한 가치를 부여하는 것이 얼마나 우스운 일인가를 알고 있었다. 때문에 그는 '신성'이란 말에 '?'를 붙이고 있다.

떠나간 님에 대한 정조를 버리고 자유연애의 관념에 따라 행동하는 것이 님을 잃은 이의 하나의 해결방식이라면, 대자연을 따라서 초연생활을 하는 것도 또 하나의 해결방식이다. 님에 대한 생각을 끊기 위해 일체 세상과의 끈을 끊는 것이다. 만해는 돌연 일체의 사회적 활동을 중단하고 설악산 오세암에서 《십현담 주해》(十玄談註解)를 저술하면서 《님의 침묵》을 썼다. 설악산을 찾았을 때는 만해 역시 세상과의 끈을 끊을 생각이 있었을 것이다. 그 역시 초연생활에 대한 동경이 있었던 것이다.

님에 대한 정조를 버리고 새 애인을 찾는 것도 하나의 방식이고 세속을 버리고 초연생활을 하는 것도 하나의 방식이지만, 그 어느 것도 특별히 옳은 것이 아니다. 만해에게는 만해의 길이 있다.

나는 님에게 운명적으로 연결되어 있다. 떠나간 님으로 인한 모든 것을 받아들일 수밖에 없는 것이다. 그리고 그러한 감내를 통하여 나의 정신은 성숙하는 것이다.

만해는 자유연애 대신 정조를 선택하였다. 그러나 그것은 자유정조이다. 정조는 인습의 강요에 의한 것이지만 자유정조는 스스로의 선택에 의한 것이다.

하나가되야주서요

님이어 나의마음을 가져가랴거든 마음을가진나한지 가져가서요 그리하야 나로하야금 님에게서 하나가되게 하서요

그러치아니하거든 나에게 고통만을주지마시고 님의마음을 다주서요 그리고 마음을가진님한지 나에게주서요 그레서 님으로하야금 나에게서 하나가되게 하서요

그러치아니하거든 나의마음을 돌녀보내주서요 그러고 나에게고통을주서요

그러면 나는 나의마음을가지고 님의주시는고통을 사랑하것습니다

하나가 되어 주셔요

님이여, 나의 마음을 가져가려거든 마음을 가진 나에게서 가져 가셔요. 그리하여 나로 하여금 님에게서 하나가 되게 하셔요.

그렇지 아니하거든 나에게 고통만을 주지 마시고 님의 마음을 다 주셔요. 그리고 마음알 가진 님에게서 나에게 주셔요. 그래서 님으로 하여금 나에게서 하나가 되게 하셔요.

그렇지 아니하거든 나의 마음을 돌려보내 주셔요. 그리고 나에게 고통을 주셔요.

그러면 나는 나의 마음을 가지고 님의 주시는 고통을 사랑하겠습니다.

시는 차분한 어투 속에 격렬한 내적 고통을 드러내고 있다. 님에 대한 어떠한 확신도 없는 상태에서 님에 대한 그리움으로 가득 차 있는 나의 고통이 드러나고 있다. 모든 사랑의 고통은 마음속의 사랑은 깊어가는데 사랑하는 이와 함께 할 수 없는 데서 비롯된다.

시는 역설(逆說)의 어법을 사용하고 있다. 모든 것은 내 스스로의 마음속에서 일어난 일이지만, 서술은 님의 행위에 의해서 일어난 것처럼 서술하고 있다. 이러한 역설의 효과는 분명하다. 내 스스로의 마음속에서 일어난 일이지만 내 스스로 제어할 수 없는 어려움의 객관화이다.

사랑의 고통 가운데서도 가장 큰 고통은 나를 사랑하지 않는 이에 대한 사랑의 고통이다. 비록 이별해 있더라도 서로간의 사랑을 확인할 수만 있다면 거기에는 희망은 있다. 그러나 나를 사랑하지 않은 이에 대한 사랑은 희망조차 없는 고통이다.

'나의 마음을 돌려보내 주서요'라는 것은 님에 대한 단념이라도 할 수 있었으면 하는 마음을 표현하고 있다. 사랑에 대한 단념이 곧 마음의 평안으로 이어지는 것은 아니다. 단념에는 단념의 고통이 따른다. '그리고 나에게 고통을 주서요'라는 것은 차라리 님을 단념하는 데서 오는 고통을 받겠다는 태도이다.

내가 나의 마음을 가진다는 것은 사랑의 환상에서 깨어난다는 것을 말한다. 고통을 사랑한다는 것은 현실을 부인하지 않겠다는 의미이다.

시는 일관되게 역설의 논리로 전개되고 있다. 결코 잊을 수도 없고, 포기할 수도 없고, 또 포기할 의사도 없는 님임에도 불구하고, 차라리 포기하고 싶은 것처럼 말하고 있다. 그러나 실은 역설적으로 님에 대한 그리움이 얼마나 애절한가를 보여준다.

나루ㅅ배와行人

나는 나루ㅅ배
당신은 行人

당신은 흙발로 나를 짓밟읍니다
나는 당신을안ㅅ고 물을건너감니다
나는 당신을안으면 깁흐나 엿흐나 급한여울이나 건너감니다

만일 당신이 아니오시면 나는 바람을쐬고 눈비를마지며 밤에서낫가지 당신을기다리고 잇슴니다
당신은 물만건느면 나를 도러보지도안코 가심니다 그려
그러나 당신이 언제든지 오실줄만은 아러요
나는 당신을기다리면서 날마다々々々 낡어감니다

나는 나루ㅅ배
당신은 行人

나룻배와 행인

나는 나룻배
당신은 행인.

당신은 흙발로 나를 짓밟습니다.
나는 당신을 안고 물을 건너갑니다.
나는 당신을 안으면 깊으나 얕으나 급한 여울이나 건너갑니다.

만일 당신이 아니 오시면 나는 바람을 쐬고 눈비를 맞으며 밤에서 낮까지 당신을 기다리고 있습니다.
당신은 물만 건너면 나를 돌아보지도 않고 가십니다 그려.
그러나 당신이 언제든지 오실 줄만은 알아요.
나는 당신을 기다리면서 날마다 날마다 낡아갑니다.

나는 나룻배
당신은 행인.

나룻배는 무엇을 상징하고 행인은 무엇을 상징하는가? '나는 나룻배' 라고 하였으니 나룻배는 작자 자신인가? 그렇게 볼 수 있을 것이다. 그렇다면 어떤 나인가? 그것은 '행인'의 성격에 의해서 규정될 것이다. 그리고 그러한 만큼 나룻배로서의 나는 포용적 내지는 수동적인 위치에 있는 존재이다.

흙발로 나를 짓밟는 당신은 억압적 존재이거나, 무심한 존재이거나, 무지한 존재이다. 짓밟히는 나는 수동적 존재이다.

흙발로 짓밟는 당신을 안고 물을 건너는 나는 누구인가? 누구이기 이전에 어떤 존재인가? 나는 단지 수동적 존재만은 아니다. 나는 포용하는 존재이다. 포용하는 존재일 뿐만 아니라 모성애와 같은 애정으로 당신을 감싸는 존재이다. 나는 당신을 싣고 가는 것이 아니라, 당신을 안고 간다. 그렇다면 당신 또한 억압적 존재일 수는 없다. 포용하는 자에 대하여 억압하는 자의 개념은 성립될 수 없다. 포용하는 나를 흙발로 짓밟는 당신은 무심한 존재이거나 무지한 존재이다.

나는 당신을 위해서 헌신하는 존재이다. 나는 어떤 상황에서도 당신을 위해서 나의 임무를 다하는 존재이다. 당신이 당신 혼자서 건널 수 없는 여울을 건너게 하는 나의 임무를 다하는 존재이다.

나는 지극히 수동적인 것처럼 보이지만 지극히 적극적인 존재이다. 기다림은 수동적 행위이지만 비바람과 눈보라 속에서의 기다림은 더없이 적극적인 행위이다. 뿐만 아니라 밤낮없이 기다리는 나는 시간에 얽매어 있는 존재가 아니다. 말하자면 나는 보편적 존재이다. 여기서 우리는 나의 존재에 대해 보다 분명한 인식을 얻게 된다. 나는 불보살(佛菩薩)과 같은 존재인 것이다.

그러면 '당신'은 누구인가? 불보살로부터 어머니와 같은 사랑을 받으면서도 그 사랑을 모르고 흙발로 나를 짓밟는 무지한 '당신'은 누구인가? 당신은 중생이다. 당신은 그날그날의 삶밖에 모르는, 그래서 물을 건너자마자 무심히 떠나버리는 중생이다.

나는 어느 때나 오는 무지하고 무심한 중생을 위해 존재하는 보살이다. 중생인 당신은 돌아보지도 않고 떠났지만, 또 다른 당신이 나를 찾아올 줄을 나는 안다.

보살은 한없이 많은 중생이 자신을 필요로 하는 것을 알기에 자신의 온몸이 닳아 없어지도록 중생을 위해 이곳에 머물러 있다.

차라리

님이어 오서요 오시지아니하랴면 차라리가서요 가랴다오고 오랴다가는것은 나에게 목숨을쌔앗고 죽엄도주지안는것임니[1]다

님이어 나를책망하랴거든 차라리 큰소리로말슴하야주서요 沈黙으로 책망하지말고 沈黙으로책망하는것은 압흔마음을 어름바늘로 찌르는것입니다

님이어 나를아니보랴거든 차라리 눈을돌녀서 감으서요 흐르는겻눈으로 흘겨보지마서요 겻눈으로 흘겨보는것은 사랑의보(褓)에 가시의 선물을싸서 주는것입니다

1) 원본에는 '이'로 되어 있음.

차라리

님이여 오셔요. 오시지 아니하려면 차라리 가셔요. 가려다 오고 오려다 가는 것은 나에게 목숨을 빼앗고 죽음도 주지 않는 것입니다.

님이여, 나를 책망하려거든 차라리 큰 소리로 말씀하여 주셔요. 침묵으로 책망하지 말고. 침묵으로 책망하는 것은 아픈 마음을 얼음 바늘로 찌르는 것입니다.

님이여, 나를 아니 보려거든 차라리 눈을 돌려서 감으셔요. 흐르는 곁눈으로 흘겨보지 마셔요. 곁눈으로 흘겨보는 것은 사랑의 보(褓)에 가시의 선물을 싸서 주는 것입니다.

앞서 나온 〈하나가 되어 주셔요〉와 같은 주제의 시이다. 역설의 형식 또한 마찬가지이다. 그러나 앞의 시에 비해 주제가 심화되고, 역설 또한 심화되어 있다.

이별하였으나 영원히 이별할 수 없고, 희망을 보았으나 확신할 수 없는 사랑의 괴로움을 노래한 시이다. 그러나 불교의 진리관에서 보면 이것은 나의 존재에 집착하는 나의 어리석음에서 비롯된 것이다. 시는 진리를 보면서도 그것이 진리임을 알지 못하는 어리석음을 노래하고 있다. 진리의 세계에서는 오는 것도 없고 가는 것도 없다. 영원한 삶도 없고, 영원한 죽음도 없는 것이 진리의 세계이다. 이것이 진리임을 알고 그 속에 편안한 것이 깨달음이다. 진리를 눈앞에 두고서도 깨닫지 못하고 있는 것이다.

진리는 큰 소리로 말하지 않는다. 진리는 작은 소리로도 말하지 않는다. 진리는 침묵 속에 있다. 있지도 않고 없지도 않는 것, 가지도 않고 오지도 않는 것이기 때문이다. 있다고 해도 진리가 아니고, 없다고 해도 진리가 아니다. 간다고 해도 진리가 아니고, 가지 않는다 해도 진리가 아니다. 온다고 해도 진리가 아니고, 오지 않는다 해도 진리가 아니다. 그러니 진리는 침묵일 수밖에 없다.

침묵의 책망을 안다면, 그것이 아픈 마음을 바늘로 찌르는 것처럼 느낀다면 그것은 진리가 가까웠음이다. 그러나 진정 진리를 깨닫는다면 침묵을 진리로 알고 침묵 속에 편안할 것이다.

님이 나를 보는 것이 아니다. 내가 님을 보는 것이다. 진리는 언제나 그대로 있을 따름이다. 진리를 보는 것도 나요, 보지 않는 것도 나이다. 나는 진리를 보고 싶지만 진리를 보지 못한다. 보려 해도 보지 못하는 진리는 차라리 외면하고 싶다. 그러나 나는 진리를 외면할 수 없기에 진리를 엿본다. 그것은 진리를 찾는 이에게 더할 수 없는 고통이다.

나의노래

나의노래가락의 고저장단은 대중이업습니다

그레서 세속의노래곡조와는 조금도 맛지안습니다

그러나 나는 나의노래가 세속곡조에 맛지안는것을 조금도 애닯어하지 안습니다

나의노래는 세속의노래와 다르지아니하면 아니되는 까닭입니다

곡조는 노래의缺陷을 억지로調節하랴는것임니다

곡조는 不自然한노래를 사람의妄想으로 도막처놋는것임니다

참된노래에 곡조를부치는것은 노래의自然에 恥辱임니다

님의얼골에 단장을하는것이 도로혀 흠이되는것과가티 나의노래에 곡조를부치면 도로혀 缺點이됨니다

나의노래는 사랑의神을 울님니다

나의노래는 處女의靑春을 쥡짜서 보기도어려운 맑은물을 만듭니다

나의노래는 님의귀에드러가서는 天國의音樂이되고 님의꿈에 드러가서는 눈물이됨니다

나의노래가 산과들을지나서 멀니게신님에게 들니는줄을 나는 암니다

나의노래가락이 바르ㄹ々떨다가 소리를 어르지못할때에 나의노래가 님의 눈물겨운 고요한幻想으로 드러가서 사러지는것을 나는 분명히암니다

나는 나의노래가 님에게들니는것을 생각할때에 光榮에넘치는 나의 적은 가슴은 발々々떨면서 沈黙의音譜를 그립니다

나의 노래

나의 노랫가락의 고저장단은 대중이 없습니다.

그래서 세속의 노래곡조와는 조금도 맞지 않습니다.

그러나 나는 나의 노래가 세속 곡조에 맞지 않는 것을 조금도 애달파하지 않습니다.

나의 노래는 세속의 노래와 다르지 아니하면 아니 되는 까닭입니다.

곡조는 노래의 결함을 억지로 조절하려는 것입니다.

곡조는 부자연한 노래를 사람의 망상으로 도막쳐 놓는 것입니다.

참된 노래에 곡조를 붙이는 것은 노래의 자연에 치욕입니다.

님의 얼굴에 단장을 하는 것이 도리어 흠이 되는 것과 같이 나의 노래에 곡조를 붙이면 도리어 결점이 됩니다.

나의 노래는 사랑의 신을 울립니다.

나의 노래는 처녀의 청춘을 쥐어짜서 보기도 어려운 맑은 물을 만듭니다.

나의 노래는 님의 귀에 들어가서는 천국의 음악이 되고 님의 꿈에 들어가서는 눈물이 됩니다.

나의 노래가 산과 들을 지나서 멀리 계신 님에게 들리는 줄을 나는 압니다.

나의 노래 가락이 바르르 떨다가 소리를 이르지 못할 때에 나의 노래가 님의 눈물겨운 고요한 환상으로 들어가서 사라지는 것을 나는 분명히 압니다.

나는 나의 노래가 님에게 들리는 것을 생각할 때에 광영(光榮)에 넘치는 나의 작은 가슴은 발발발 떨면서 침묵의 음보(音譜)를 그립니다.

세존(世尊)의 제자들은 세존의 설법을 길이 보존하고 싶어했을 뿐 아니라 거기에 아름다운 성조(聲調)를 넣어 장엄하게 하고 싶었다. 그들은 세존의 설법이 힌두교의 경문처럼 되기를 바랐다. 그러나 세존은 그것은 어리석은 짓이라 하였다. 그것은 진리를 왜곡하는 일이라 하였다. 후세의 불교인들은 곡조를 넣어 염불을 하지만 세존이 그것을 원한 것은 아니었다.

진리를 향한 노래는 세속의 곡조와 맞을 리가 없다. 나의 노래는 처음부터 세속의 곡조를 따르려 했던 것이 아니다.

나의 노래는 세속을 따르려는 노래가 아니라 초월(超越)하려는 노래이다. 그러니 세속 곡조와 맞지 않는 것을 조금도 애달파할 까닭이 없다. 나의 노래가 세속의 노래 곡조와 같다면 나의 노래는 세속의 노래가 되고 나는 그것을 도리어 애달파했을 것이다.

나의 노래가 세속의 노래와 다른 것은, 나의 노랫가락의 고저장단에 대중이 없는 것은 까닭 없이 그런 것이 아니다. 나의 노래는 세속의 노래와 달라야 하며 달라야 할 까닭이 있다.

세속의 곡조는 수식(修飾)이다. 수식은 있는 그대로의 모습이 불완전할 때 필요하다. 있는 그대로의 모습이 완전하다면 수식할 까닭이 없다. 수식은 불완전한 결함을 억지로 메우기 위해서 있는 것이다. 나이가 들수록 작부(酌婦)의 화장이 짙어지는 것은 나이 들수록 있는 그대로의 얼굴이 추해지기 때문이다.

그러나 결함은 수식으로 메워질 수 있는 것이 아니다. 결함이 있는 얼굴을 수식으로 메울 수 있다고 보는 것은 어리석음을 망상(妄想)으로 뒤덮는 것에 불과하다. 결함에, 망상에, 어리석음을 더할 뿐이다.

곡조는 부자연한 노래를 망상으로 뒤덮는 것일 뿐 아니라 참된 노래에 치욕을 주는 것이다. 참된 노래는 곡조를 필요로 하지 않는다. 진실은 수식을 필요로 하지 않는다. 수식은 진실에 대한 모욕이다. 진실을 진실로 보지 않기 때문에 수식을 하게 된다. 세존의 설법에 성조를 넣었다면 그것은 세존의 설법에 대한 모욕이며, 세존의 치욕이다. 그것은 세존의 설법을 장엄하지 않다고 보고, 나아가 불완전한 진리라고 보는 것이다.

누가 푸른 하늘을 채색하고, 하얀 목련에 무늬를 넣겠는가? 님의 얼굴은 있는 그대로가 아름다움 자체이다. 푸른 하늘에는 그 어떤 채색도 티가 되고, 하얀 목련에는 그 어떤 무늬도 흠이 된다. 진리에 대한 그 어떤 수식도 결점이 될 뿐이다.

나의 노래는 세속의 곡조와 맞지 않지만 그 어떤 노래보다도 아름답고 매혹적이어서 사랑의 여신을 울린다.

나의 노래는 수식되지 않은 있는 그대로의 자연이어서 순결한 처녀의 영혼을 닮았으며 맑은 물처럼 깨끗하다.

나의 노래는 지상의 노래가 아니라 천상의 노래이며, 감각으로 듣는 노래가 아니라 영혼으로 듣는 노래이다. 나의 노래는 진리 자체인 님이 듣는 노래이기 때문이다.

내 마음 속의 진리가 곧 우주의 진리이며 우주의 진리가 곧 내 마음속의 진리여서, 나의 노래는 산과 들을 지나 우주에 울려 퍼진다. 법신불이 화신불이 되어 지상에 나타나는 것이 하화중생(下化衆生)의 논리체계라면, 중생의 마음속의 불성이 부처가 되는 것은 상구보리(上求菩提)의 논리체계이다. 나의 노래는 상구보리의 노래이며 진리에 닿아 있는 것을 믿는다.

진리를 향한 구도자의 노력이 진리에 이르는 그 순간, 상구보리가 결실을 보는 그 순간 수행자는 전율(戰慄)하게 되며 이어서 모든 것은 침묵하게 된다. 시인은 이를 '나의 노랫가락이 바르르 떨다가 소리를 이르지 못할 때'라고 하였다. 진리의 세계, 보리의 세계는 고요의 세계이며, 세속의 풍경으로 비유할 수 없는 환상의 세계이다. 수행자는 진리에 이르는 그 순간 진리 속으로 사라진다.

영원한 진리에 닿는 그 순간보다 영광스럽고, 설레며, 가슴 벅찬 일은 없다. '발발발' 떨리는 가슴은 그러한 설렘과 가슴 벅찬 것에 대한 묘사이다. 더 이상 노래할 수 없는 것이다.

당신이아니더면

당신이아니더면 포시럽고 맥그럽든 얼골이 웨 주름살이접혀요
당신이긔룹지만 안터면 언제까지라도 나는 늙지아니할테여요
맨츰에 당신에게안기든 그때대로 잇슬테여요

그러나 늙고 병들고 죽기까지라도 당신때문이라면 나는 실치안하여요
나에게 생명을주던지 죽엄을주던지 당신의뜻대로만 하서요
나는 곳당신이여요

당신이 아니더면

당신이 아니더면 포시럽고 매끄럽던 얼굴이 왜 주름살이 접혀요.
당신이 기룹지만 않다면, 언제까지라도 나는 늙지 아니할 테여요.
맨 첨에 당신에게 안기던 그때대로 있을 테여요.

그러나 늙고 병들고 죽기까지라도, 당신 때문이라면 나는 싫지 않아요.
나에게 생명을 주든지 죽음을 주든지 당신의 뜻대로만 하셔요.
나는 곧 당신이어요.

《님의 침묵》은 주로 여인이 사랑하는 남자에 대한 연모의 정을 그린 형식을 취하고 있지만, 모든 시의 화자가 여성인 것은 아니다. 그런 까닭은 '군말'에서 이미 밝혀져 있다. 님은 에로스적 사랑의 대상만이 아니라 모든 형태의 사랑의 대상이며, 그 사랑의 주체는 여성만은 아닌 것이다. 그럼에도 불구하고 우리는 《님의 침묵》은 화자가 여성이라고 가정한다. 그것은 '님'은 우리의 일상적 언어관습에서 에로스적 사랑의 대상에 대한 존칭어로 사용되기 때문이며, 에로스적 사랑의 관계에 있는 두 사람 사이에서 존칭어의 대상은 전통적으로 남성이기 때문이다. 뿐만 아니라 《님의 침묵》의 시들이 주로 여성형 종결어미인 '~어요/~아요'를 사용하고 있다. 이 시는 모든 행을 '~어요'로 종결하고 있어서 여성화자의 성격이 특히 두드러진다.

인연을 맺는다는 것은 근심을 만드는 것이다. 그래서 인연생고(因緣生苦)라고 하지 않던가. 사랑은 아름다운 여인을 더욱 아름답게 하기도 하지만, 사랑처럼 여인의 얼굴을 상하게 하는 것도 없다.

사랑이 근심과 걱정을 낳고, 얼굴을 상하게 하는 것은 사랑이 이별의 슬픔을 동반하기 때문이다. 이별의 슬픔, 이별의 그리움에 지친 여인은 늙음이 더욱 서러울 수밖에 없다.

여인은 맨 처음 애인에게 안기던 그 순간을 기억한다. 그것은 인생에서 가장 황홀한 순간이기 때문이다. 여인은 그 순간이 영원하기를 바란다. 그 순간이 영원하지 않다면 그때의 자신만이라도 그대로 남아 있고 싶어한다.

그러나 누구도 영원할 순 없다. 세월의 흐름은 영원히 젊고 싶은 사람에게 더욱 빠르다. 누군가를 그리워하는 사람에게서 늙음과 병듦은 서러움을 더하게 한다. 그런데도 '당신 때문이라면 나는 싫지 않아요'라는 것은 사랑에의 완전한 몰입을 보여준다. 그리움 속에 덧없이 흘러가는 세월을 부정하려던 앞에서의 태도가 완전히 부정되었다. 시간의 무상함을 인정하지 않고 육신에 집착하려는 무명중생의 욕망을 버리고, 생사를 초월하는 경계에 들어가고 있는 것이다.

생사에 상관하지 않는다는 것은 범인(凡人)의 경계가 아니다. 깨달은 이의 경계이다. 이 시는 연인에 대한 사모의 정과 그 사모의 정의 극한에서 도리어 그것을 벗어나는 초연함을 그리고 있다. 그러나 이 시가 궁극적으로 말하고자 하는 것은 연인에 대한 사모의 정에 대한 집착과 초월이 아니다. 인생사의 모든 경계에 대한 집착과 초월을 말하고자 하는 것이다.

'나는 곧 당신'이란 것은 연인이 하나인 것을 말하지만, 이면의 의미는 자아에 대한 집착의 부정을 말한다.

잠업는쑴

나는 어늬날밤에 잠업는쑴을 쑤엇습니다

「나의님은 어데잇서요 나는 님을보러가것습니다 님에게가는 길을 가저다가 나에게주서요 검이어」

「너의가랴는길은 너의님의 오랴는길이다 그길을가저다 너에게주면 너의님은 올수가업다」

「내가가기만하면 님은아니와도 관계가업습니다」

「너의님의 오랴는길을 너에게 갓다주면 너의님은 다른길로 오게된다 네가간대도 너의님을 만날수가업다」

「그러면 그길을가저다가 나의님에게주서요」

「너의님에게주는것이 너에게주는것과 갓다 사람마다 저의길이 각々 잇는것이다」

「그러면 엇지하여야 리별한님을 맛나보것습닛가」

「네가 너를가저다가 너의가랴는길에 주어라 그리하고 쉬지말고 가거라」

「그리할마음은 잇지마는 그길에는 고개도만코 물도만습니다 갈수가 업습니다」

검은 「그러면 너의님을 너의가슴에 안겨주마」하고 나의님을 나에게 안겨주엇습니다

나는 나의님을 힘껏 껴안엇습니다

나의팔이 나의가슴을 압흐도록 다칠때에 나의두팔에 베혀진 虛空은 나의팔을 뒤에두고 이어젓습니다

잠 없는 꿈

나는 어느 날 밤에 잠 없는 꿈을 꾸었습니다.

'나의 님은 어디 있어요. 나는 님을 보러 가겠습니다. 님에게 가는 길을 가져다가 나에게 주셔요, 검이여.'

'너의 가려는 길은 너의 님의 오려는 길이다. 그 길을 가져다 너에게 주면 너의 님은 올 수가 없다.'

'내가 가기만 하면 님은 아니 와도 관계가 없습니다.'

'너의 님의 오려는 길을 너에게 갖다주면 너의 님은 다른 길로 오게 된다. 네가 간대도 너의 님을 만날 수가 없다.'

'그러면 그 길을 가져다가 나의 님에게 주셔요.'

'너의 님에게 주는 것이 너에게 주는 것과 같다. 사람마다 저의 길이 각각 있는 것이다.'

'그러면 어찌하여야 이별한 님을 만나 보겠습니까.'

'네가 너를 가져다가 너의 가려는 길에 주어라. 그리하고 쉬지 말고 가거라.'

'그리 할 마음은 있지마는 그 길에는 고개도 많고 물도 많습니다. 갈 수가 없습니다.'

검은 '그러면 너의 님을 너의 가슴에 안겨주마' 하고 나의 님을 나에게 안겨 주었습니다.

나는 나의 님을 힘껏 껴안았습니다.

나의 팔이 나의 가슴을 아프도록 다칠 때에 나의 두 팔에 베어진 허공은 나의 팔을 뒤에 두고 이어졌습니다.

선정(禪定)의 가장 깊은 경지는 꿈 없는 잠과 같은 상태에 이르는 것이다. 꿈 없는 잠이 깊은 선정이라면 잠 없는 꿈은 깊은 선정의 반대, 즉 극도의 망념(妄念)의 상태이다.

그것은 어떤 망념인가? 님에 대한 망념이다. 님은 불성(佛性)이며, 그것은 나 속에 있는 것임에도 불구하고 망념에 사로잡힌 나는 님이 어디에 있는가고 묻는다. 언제나 님과 함께 있음에도 불구하고 님을 보러 가겠다고 한다. 내가 나 밖에서 님을 찾는 것은 망념이지만 님을 찾겠다는 그 망념 또한 하나의 진실을 지니고 있다. 망념에는 님을 찾겠다는 강렬한 의지가 들어 있는 것이다. 님에게 가는 길을 가져다 달라며 '검'에게 호소하는 데서 그러한 의지가 드러나고 있다.

그러나 의지가 올바른 견해에 의해 인도 받지 못하면 집착(執着)이 되고 맹목적이 된다. '너의 가려는 길은 너의 님이 오려는 길이다'라는 표현에는 그러한 집착에 대한 경계가 담겨 있다.

길이란 보편적 원리로서의 도(道)이다. 누구나 같은 도, 즉 원리에 따라 산다. '너의 가려는 길은 너의 님이 오려는 길이다'라는 표현은 도의 이러한 보편성을 말하고 있다. '그 길을 가져다 너에게 주면 너의 님은 올 수가 없다'라는 표현은 도의 보편성이 부정될 때 어떤 일이 벌어지는가를 말한 것이다. 님은 보편적 존재이고 길, 즉 도는 보편적 원리인데, 님을 나만의 님을 삼고, 길을 나만의 길로 삼았을 때는 도리어 나는 님과 어긋난다는 사실을 말하고 있다.

나의 님, 나의 길로만 삼고자 하는 것은 자아에 대한 집착에서 벗어진 사고방식이다. 여기서는 님의 존재 자체가 중요한 것이 아니라, 나의 욕망이 중요하게 된다. '내가 가기만 하면 님은 아니 와도 관계가 없습니다'라는 것은 그러한 자기중심적 사고방식의 극단을 드러내고 있다.

그러나 그러한 극단적인 자기중심적 사고방식은 님의 존재 자체를 인정하지 않는 것이므로 님과의 만남을 이룰 수 없다. 님을 향해 간다고 하지만, 사실은 님과 어긋나는 길을 가게 되기 때문이다.

그 길을 님에게 주라는 것은 님이 나에게만 오라는 것이며, 이 역시 자기중심적 사고일 따름이다.

도(道)란 누군가에게 주어지거나 소유되는 것이 아니다. 도란 보편적 원리이자 개별적 원리이다.

> 대체로 그 불어내는 것이 만 가지로 같지 않지만 그것들을 제멋대로 불어내게 하는 것이 천뢰라 한다. 그래서 모두가 다 제멋대로 내는 것이다.
>
> – 《장자》 〈제물론〉(齊物論)

'사람마다 저의 길이 각각 있는 것이다'라는 말은 장자가 말하는 이러한 개별적 원리로서의 도(道)를 말한다. 도란 보편적 원리로서 공유됨과 동시에 개별적 실천으로서 특화된다.

그러면 결국 각자는 각자의 길을 걷는 것인데, 그럴 경우 나는 어떻게 보편적 원리와 합치하는가? 여전히 님 혹은 도를 나만의 님, 나만의 도로만 인식하는 망념에서 벗어나지 못하는 상태에서는 이러한 물음이 일어난다.

답은 길, 즉 도를 나의 소유물로 인식하지 않고, 나 자신을 도에 놓는 것이다. 길을 나의 소유물로 하면 님마저 그 길로 올 수 없지만, 나를 길에다 놓으면 나는 나의 길을 가고 님은 님의 길을 가지만, 나와 님은 한 길을 걷게 되고 만나게 되기 때문이다.

나는 나의 길을 가야한다는 것은 이해하기 어려운 말이 아니다. 진리의 어려움은 이해보다도 실천에 있다. 우리는 누구나 자신에 대한 집착이 있다는 것을 알고 있음에도 불구하고 그것을 극복하기는 어렵다. '그리 할 마음은 있지마는 그 길에는 고개도 많고 물도 많습니다' 란 것은 이러한 앎과 실천의 불일치를 말한다.

이처럼 도(道)가 무엇인가에 대해 이성적으로 이해하고 있음에도 불구하고 실천하지 않는 것은 이성적 인식이란 것이 결코 절실한 체험적 인식이 아니기 때문이다. 자아에 대한 집착을 가지고는 결코 님과 하나가 될 수 없음을 앎에도 불구하고 집착을 버리지 않는 나를 깨우치는 마지막 길은 집착하는 대로 내버려 두는 것이다. '너의 님을 너의 가슴에 안겨주마' 라는 말은 너의 집착의 허망함을 스스로 깨달아 보라는 것이다.

나의 망상은 육신의 님을 찾는다. 그러나 님의 본래 모습은 육신이 있는 것이 아니다. 님은 나 바깥에 따로 존재하는 것도 아니다. 나의 망상은 님을 포옹하겠노라는 착각을 하지만, 님은 없고 텅 빈 허공만 팔 안에 있을 뿐이다.

生命

닻과치를일코 거친바다에漂流된 적은生命의배는 아즉發見도 아니된 黃金의나라를 꿈꾸는 한줄기希望이 羅盤針이되고 航路가되고 順風이되야서 물ㅅ결의한끗은 하늘을치고 다른물ㅅ결의 한끗은 땅을치는 무서운바다에 배질합니다

님이어 님에게밧치는 이적은生命을 힘껏 껴안어주서요

이적은生命이 님의품에서 으서진다하야도 歡喜의靈地에서 殉情한 生命의破片은 最貴한寶石이되야서 쪼각〳〵이 適當히이어저서 님의가슴에 사랑의徽章을 걸것슴니다

님이어 끗업는沙漠에 한가지의 깃듸일나무도업는 적은새인 나의生命을 님의가슴에 으서지도록 껴안어주서요

그러고 부서진 生命의쪼각〳〵에 입마춰주서요

생 명

닻과 키를 잃고 거친 바다에 표류된 작은 생명의 배는 아직 발견도 아니 된 황금의 나라를 꿈꾸는 한 줄기 희망이 나침반이 되고 항로가 되고 순풍이 되어서 물결의 한 끝은 하늘을 치고 다른 물결의 한 끝은 땅을 치는 무서운 바다에 배질합니다.

님이여, 님에게 바치는 이 작은 생명을 힘껏 껴안아 주셔요.

이 작은 생명이 님의 품에서 으서진다 하여도 환희의 영지(靈地)에서 순정(殉情)한 생명의 파편은 최귀(最貴)한 보석이 되어서 조각조각이 적당히 이어져서 님의 가슴에 사랑의 휘장(徽章)을 걸겠습니다.

님이여, 끝없는 사막에 한 가지의 깃들일 나무도 없는 작은 새인 나의 생명을 님의 가슴에 으서지도록 껴안아 주셔요.

그리고 부서진 생명의 조각조각에 입 맞추어 주셔요.

생명은 목적으로 인도되는 축복받은 존재가 아니다. 생명은 욕망의 충동으로 야기된 거친 파도가 치는 고해(苦海)의 바다에 표류하는 작은 배와 같은 존재이다. 어디로 나아가야 할지를 모르며, 그렇다고 정박해 있지도 못한다.

무역선들이 거친 파도를 두려워하면서도 바다를 건너는 까닭은 그 나라의 황금과 보석을 구하기 위해서이다. 그러나 생명의 배에게는 약속된 황금의 땅도 보석의 땅도 없다. 황금과 보석의 땅은 생명의 배에게는 오직 희망으로서만 존재한다. 공포는 생명이 부닥치는 현실이지만 낙원은 언제나 발견되지 않은 이상일 따름이다.

님이 님인 것은 내가 공포에 떠는 작은 생명에 불과하기 때문이다. 의존할 곳이 필요한 가녀린 존재이기 때문이다. 나는 어머니의 품에 안기고 싶은 어린 생명처럼 님의 품에 안기고 싶은 것이다.

생명의 궁극적 도달점은 긍정적 의미에서든 부정적 의미에서든 생명의 소멸(消滅)이다. '이 작은 생명이 님의 품에서 으서진다'는 것은 그러한 생명의 소멸을 말한다. 생명은 소멸하지만, 님의 품에서 소멸한다는 것은 생명이 그 가야할 곳으로 간 것이다. 님의 품이란 생사의 윤회로부터 해탈하여, '환희의 영지'에 도달하는 것을 의미하기 때문이다. '생명의 파편'은 자아의 해체를 '조각조각 적당히 이어'가는 재구성을 말하는 것처럼 보인다. 재구성이긴 하지만 자아 자체의 재구성은 아니고, '사랑의 휘장'이 되어 '님'에게로 통합되는 것을 말하고 있다.

생명은 고독 속에서 갈애(渴愛)에 허덕인다. '끝없는 사막'은 생명에 부여된 그러한 고독과 갈애의 실존적 상황이다. 거기에는 휴식의 공간도 없다. 생명은 자신이 다하는 순간까지 황량한 사막을 쉼 없이 걸을 뿐이다. 생명의 구원은 자신의 소멸을 통한 님과의 통합 속에서만 가능하다.

사랑의測量

질겁고아름다은일은 量이만할수록 조흔것입니다

그런데 당신의사랑은 量이적을수록 조흔가버요

당신의사랑은 당신과나와 두사람의새이에 잇는것입니다

사랑의量을 알야면 당신과나의距離를 測量할수밧게 업습니다

그래서 당신과나의距離가멀면 사랑의量이만하고 距離가가까으면 사랑의量이 적을것입니다

그런데 적은사랑은 나를 웃기더니 만한사랑은 나를 울닙니다

뉘라서 사람이머러지면 사랑도머러진다고 하여요

당신이가신뒤로 사랑이머러젓스면 날마다날마다 나를울니는것은 사랑이아니고 무엇이여요

사랑의 측량

즐겁고 아름다운 일은 양이 많을수록 좋은 것입니다.

그런데 당신의 사랑은 양이 적을수록 좋은가 봐요.

당신의 사랑은 당신과 나와 두 사람의 사이에 있는 것입니다.

사랑의 양을 알려면 당신과 나의 거리를 측량할 수밖에 없습니다.

그래서 당신과 나의 거리가 멀면 사랑의 양이 많고 거리가 가까우면 사랑의 양이 적을 것입니다.

그런데 적은 사랑은 나를 웃기더니 많은 사랑은 나를 울립니다.

뉘라서 사람이 멀어지면 사랑도 멀어진다고 하여요.

당신이 가신 뒤로 사랑이 멀어졌으면 날마다 날마다 나를 울리는 것은 사랑이 아니고 무엇이어요.

즐겁고 아름다운 일을 바라고, 괴롭고 추한 것을 싫어하는 것은 인지상정(人之常情)이며, 상식의 세계이다. 그러나 상식의 세계가 모든 것을 설명해주지는 않는다. 인지상정이 항상 맞는 것은 아니다. '당신의 사랑은 양이 적을수록 좋은가 봐요' 하는 것은 '아름다운 일은 양이 많을수록 좋은 것'이라는 인지상정의 어긋남, 상식의 세계와의 어긋남에 대한 의문이다.

상식의 어긋남은 나만의 사랑의 양에 대한 측정법에서 온다. 사랑이 '당신과 나와 두 사람의 사이에 있는 것'이라는 것은 사랑의 양이 어떻게 측정되는가를 말하고 있다. 바로 이별의 거리이다. 이별에 대한 경험은 사랑의 상식을 의심하게 만든다. 사랑이 많을수록 이별의 슬픔도 많아지기 때문이다. 뿐만 아니라 이별의 거리가 멀어질수록, 이별한 시간이 길어지거나, 이별한 님과의 공간적 거리가 멀어질수록 사랑의 애틋함은 더하게 된다. '그래서 당신과 나의 거리가 멀면 사랑의 양이 많고' 라고 말하는 것이다. 반대로 이별이 없으면, 당신이 바로 내 앞에 있다면 나는 사랑의 애틋함을 느끼지 않게 된다.

당신과 함께 있을 때 나는 마냥 즐거웠을 따름이며, 그때에는 사랑은 자각될 필요조차 없었다. 그러나 당신과 이별했을 때 나는 사랑을 자각하게 되고, 사랑을 자각하는 만큼 슬픔이 커졌다. '적은 사랑은 나를 웃기더니 많은 사랑은 나를 울립니다.' 함께 있음은 적은 사랑이고, 많은 사랑은 이별함의 자각에서 오는 사랑이다.

'사람이 멀어지면 사랑도 멀어진다'는 것은 인지상정(人之常情)이다.

그러나 그것은 실은 절실하지 않은 사랑이었을 때의 이야기이다. 쉬이 만나고 쉬이 헤어지는 사람들에게서야 사람이 멀어지면 사랑도 멀어지는 법이다. 그러나 마음 깊이 사랑하는 사람들에게서는 그렇지 않다.

마음 깊이 사랑하는 사람들에게는 헤어지는 그 순간 사랑은 더욱 절실해진다. 님과 헤어진 거리가 멀수록, 시간이 갈수록 사랑은 멀어지는 것이 아니라 더욱 새로워진다. 사랑의 눈물은 날이 갈수록 많아지는 것이다.

眞 珠

언제인지 내가 바다ㅅ가에가서 조개를주섯지요 당신은 나의 치마를 거더주섯서요 진흙뭇는다고

집에와서는 나를 어린아기갓다고 하섯지오 조개를주서다가 작난한다고 그러고 나가시더니 금강석을 사다주섯슴니다 당신이

나는 그때에 조개속에서 진주를어더서 당신의적은주머니에 너드렷슴니다

당신이 어듸 그진주를 가지고기서요 잠시라도 웨 남을빌녀주서요

진 주[1)]

언제인지 내가 바닷가에 가서 조개를 주웠지요. 당신은 나의 치마를 걷어주셨어요, 진흙 묻는다고.

집에 와서는 나를 어린아이 같다고 하셨지요, 조개를 주워다가 장난한다고. 그러고 나가시더니 금강석을 사다 주셨습니다, 당신이.

나는 그때에 조개 속에서 진주를 얻어서 당신의 작은 주머니에 넣어드렸습니다.

당신이 어디 그 진주를 가지고 계셔요, 잠시라도 왜 남을 빌려 주셔요.

1) 이 시는《님의 침묵》가운데서 매우 이채로운 분위기를 띠는 시이다.《님의 침묵》에 실린 거의 모든 시에는 용솟음치는 격정이 숨김없이 드러나고 있지만, 이 시에는 그러한 격정이 드러나지 않는다.《님의 침묵》에 일관되게 나타나는 님의 사랑을 확인하고자 하는 열망은 여전히 존재하지만, 매우 아기자기한 모습으로 표현되고 있다. 열정적 삶 속에서도 찾을 수 있는 잠시의 휴식 같은 시이다.

사랑에는 소녀의 감수성이 있다. 서릿발 같은 길을 가는 수도자에게도, 불꽃같은 열정을 품은 혁명가에게도 사랑의 순간에 나오는 소녀의 감수성이 있다. 바닷가에서 조개를 줍는 놀이를 하는 소녀와, 진흙이 묻을까 봐 그 소녀의 치마를 걷어주는 남자는 풋풋한 사랑놀음이 아니던가? 거기에는 한가한 시간이 있고, 소박한 아름다움이 있고, 일상의 평화로운 사랑이 있다.

그러나 당신은 이러한 것들이 지속되지 않음을 일깨운다. 세속의 즐거움은 지속될 수 없음을 당신은 나에게 일깨운다. 당신은 소녀 같은 나와 함께 시간을 보내지만, 내가 소녀로 남아 있을 수가 없다는 것을 안다. 당신이 사온 금강석은 나를 일깨우기 위함이다. 금강석은 화려한 세속의 보석이 아니라 초세속적 가치의 상징이다. 그것은 세속적 즐거움이 보잘 것 없음을 말해주기 위한 것이다.

그러한 당신은 자애로우면서도 무정하다. 나는 무정한 당신에게 항의하고 싶다. 나는 세속에도 아름다움이 있노라고 당신에게 항의한다. 당신의 작은 주머니에 조개 속에서 얻은 진주를 넣으면서 이것 또한 아름답지 않느냐고.

하지만 무정한 당신에게 나의 항의는 도리어 더 큰 무시만을 불러온다. 당신은 내가 주은 진주를 지니지 않고 있다. 당신은 금강석만이 보석이라 여긴다.

슯음의三昧

하늘의푸른빗과가티 깨끗한 죽엄은 群動을淨化합니다
虛無의빗(光)인 고요한밤은 大地에君臨하얏습니다
힘업는촛ㅅ불아레에 사릿드리고 외로히누어잇는 오々 님이어
눈물의바다에 쏫배를씌엇슴니다
쏫배는 님을실ㅅ고 소리도업시 가러안젓슴니다
나는 슯음의三昧에 「我空」이되얏슴니다

쏫향긔의 무르녹은안개에 醉하야 靑春의曠野에 비틀거름치는 美人이어
죽엄을 기럭이털보다도 가벼읍게여기고 가슴에서타오르는 불쏫을 어름처럼마시는 사랑의狂人이어
아々 사랑에병드러 自己의사랑에게 自殺을勸告하는 사랑의失敗者여
그대는 滿足한사랑을 밧기위하야 나의팔에안겨요
나의팔은 그대의사랑의 分身인줄을 그대는 웨모르서요

슬픔의 삼매

하늘의 푸른빛과 같이 깨끗한 죽음은 군동(群動)을 정화합니다.
허무의 빛인 고요한 밤은 대지에 군림하였습니다.
힘없는 촛불 아래에 사리뜨리고 외로이 누워있는 오오 님이여,
눈물의 바다에 꽃배를 띄웠습니다.
꽃배는 님을 싣고 소리도 없이 가라앉았습니다.
나는 슬픔의 삼매(三昧)에 '아공'(我空)이 되었습니다.

꽃향기의 무르녹은 안개에 취하여 청춘의 광야에 비틀걸음치는 미인이여,
죽음을 기러기 털보다도 가벼웁게 여기고, 가슴에서 타오르는 불꽃을 얼음처럼 마시는 사랑의 광인(狂人)이여,
아아, 사랑에 병들어 자기의 사랑에게 자살을 권고하는 사랑의 실패자여,
그대는 만족한 사랑을 받기 위하여 나의 팔에 안겨요.
나의 팔은 그대의 사랑의 분신인 줄을 그대는 왜 모르셔요.

죽음이 인간과 세상을 정화(淨化)한다는 것은 고대적 종교관념 가운데 하나이다. 그래서 고대인들은 제사의 희생물로 짐승을 바치고, 심지어는 인간의 생명까지 바쳤다. 예수가 인류의 죄를 대속(代贖)하기 위하여 자신의 생명을 십자가에 바쳤다고 기독교인들이 믿고 있는 것은 아직도 죽음이 인간과 세상을 정화한다는 고대적 종교 관념이 남아 있는 것을 말한다.

'군동'(群動)은 중생의 또 다른 말이다. 한 인간, 한 생명도 중생이지만, 중생의 원래 뜻이 생명의 무리이다.

'하늘의 푸른빛'은 윤리적 고결성을 드러내기에 적합한 표현이다. '하늘의 푸른빛'은 소극적 의미에서의 더럽혀지지 않음과는 다른 느낌을 지니고 있다. '하늘의 푸른빛'은 '백옥같이 흰 빛'과 다르며, '눈처럼 하얀 색'과 다르며, '수정처럼 맑은 물'과도 다른 느낌을 지니고 있다. '푸른빛'은 청렴(淸廉), 청정(淸淨), 청빈(淸貧) 등의 단어를 통해서 알 수 있듯이 윤리적 함의와 같은 정신성을 지니고 있다.

그러므로 '하늘의 푸른빛과 같이 깨끗한 죽음'은 윤리적으로 완벽한 죽음이며, 성스러운 죽음이다. 이 때문에 군동(群動), 즉 중생을 정화할 수 있다. 순결한 처녀의 죽음이 공동체의 죄를 대속하듯이, 성스러운 죽음은 중생을 정화한다.

진실은 하나이지만 그것은 성스러움이기도 하고 허무이기도 하다. 고결한 죽음, 성스러운 죽음도 나에게는 슬픔일 따름이다. 낮은 밤이 되고, '하늘의 푸른빛'은 '허무의 빛'으로 변한다.

고결한 죽음일수록 쓸쓸함은 더한 법이다. 군동을 정화한 님이지만 내 앞에 남겨진 것은 허무한 주검일 뿐이다. 그리고 그 주검을 지키는 것은 '힘없는 촛불'을 밝혀두고 있는 나 자신뿐이다.

아름다움은 한편으로는 슬픔을 더하게 하고, 다른 한편으로는 슬픔을 정화한다. 그래서 사람들은 꽃상여를 만들고, 영구차를 꽃으로 장식한다. '눈물의 바다에 꽃배'를 띄우는 행위는 그러한 정화행위이다. 슬픔의 극대화를 통하여 님과의 이별을 완결하려는 것이다.

불교에서 바람직한 죽음은 열반(涅槃)이다. 열반은 흔히 열반적정(涅槃寂靜)이라는 말로 표현된다. 삶의 소용돌이를 떠나 고요한 평화의 세계에 드는 것이 열반이다. '소리도 없이 가라앉았습니다'라는 말은 그러한 열반적정에의 염원이다.

님의 열반은 또한 나를 깨닫게 하는 계기이다. 님과 이별하는 슬픔을 통하여 나는 깨달음을 얻는다. 나는 슬픔 속에 모든 것을 녹이게 되고, 존재의 무상함을 깨닫게 된다. '슬픔의 삼매(三昧)'는 그러한 녹아드는 과정이며, '아공'(我空)은 존재의 무상함 속에서 나 또한 무상함을 깨닫는 것을 말한다.

슬픔의 삼매를 통해서 나는 깨달음을 얻게 되고, 중생에게로 나아간다. 님을 떠나보낸 나는 사랑의 좌절에서 오는 슬픔을 알고 슬픔의 삼매를 통해 깨달음을 얻었기에, 나는 사랑의 실패자를 구원하는 보살이 된다.

'꽃향기'는 사랑의 향연을 예비하는 것이지만, 사랑의 실패자에게는 지나간 사랑의 시간을 상기시키고 슬픔과 아픔으로 방황케 하는 독한 연기와 같다. '무르녹은 안개'는 슬픔과 아픔으로 분별력을 잃은 의식을 말한다. '청춘의 광야'는 텅 빈 공간이다. 그것은 목표와 방향이 없는 공간이다. 님의 죽음을 통해 깨달음을 얻은 나는 목표와 방향을 잃고 방황하는 젊은이에게 길이 되어 주고 싶은 것이다.

사랑에 좌절한 청춘기의 인간은 때로 극단적 선택을 하게 한다. 사랑이 인생의 모든 것이며, 사랑의 좌절은 인생의 좌절처럼 비쳐지기 때문이다. 청춘의 정열과 힘은 모든 것을 가볍게 보게 만드는데, 이러한 정열과 힘은 때로는 자기 자신의 존재마저도 가볍게 보게 만든다. 청춘은 쉽게 흥분하고 쉽게 좌절한다. 사랑의 열망이 순식간에 죽음의 좌절로 전화(轉化)한다. 그러기에 '가슴에서 타오르는 불꽃을 얼음처럼 마시는 광인(狂人)'이 된다.

사랑의 실패는 청춘을 사랑에 병든 자로 만들고, 사랑의 병은 광인을 만들고, 광인은 자기 속의 사랑을 안고 죽음을 향하게 만든다.

실패한 사랑에서 사랑의 만족을 구할 수는 없다. 아니 원래 연인의 사랑에서 만족한 사랑을 구할 수는 없는 것이다. 만족한 사랑은 사랑을 떠날 때에 얻을 수 있는 것이다. 내가 님을 이별하고 '슬픔의 삼매에 아공(我空)'이 되듯이 세상의 모든 사랑의 실패자들은 나의 경험 속에서 사랑의 좌절에서 벗어났으면 하는 것이다.

나는 사랑의 실패자들이 잃은 사랑을 대신하여 그들을 안고자 한다.

의심하지마서요

의심하지마서요 당신과 써러저잇는 나에게 조금도 의심을두지마서요
의심을둔대야 나에게는 별로관계가업스나 부지럽시 당신에게 苦痛의數字만 더할뿐임니다

나는 당신의첫사랑의팔에 안길째에 왼갓거짓의옷을 다벗고 세상에 나온 그대로의 발게버슨몸을 당신의압헤 노앗습니다 지금까지도 당신의압헤는 그째에노아둔몸을 그대로밧들고 잇습니다

만일 人爲가잇다면 「엇지하여야 츰마음을변치안코 끗々내 거짓업는 몸을 님에게바칠고」하는 마음뿐임니다
당신의命令이라면 生命의옷까지도 벗것습니다

나에게 죄가잇다면 당신을그리워하는 나의「슯음」임니다
당신이 가실째에 나의입설에 수가업시 입마추고「부대 나에게 대하야 슯어하지말고 잘잇스라」고한 당신의 간절한부탁에 違反되는까닭임니다

그러나 그것만은 용서하야주서요

당신을 그리워하는 슯음은 곳나의生命인까닭입니다

만일용서하지아니하면 後日에 그에대한罰을 風雨의봄새벽의 洛花의數만치라도 밧것습니다

당신의 사랑의동아줄에 휘감기는 體刑도 사양치안컷습니다

당신의 사랑의酷法아레에 일만가지로服從하는 自由刑도 밧것습니다

그러나 당신이 나에게 의심을두시면 당신의 의심의허물과 나의 슯음의죄를 맛비기고 말것습니다

당신에게 떠러저잇는 나에게 의심을두지마서요 부지럽시 당신에게 苦痛의數字를 더하지마서요

의심하지 마셔요

의심하지 마셔요. 당신과 떨어져 있는 나에게 조금도 의심을 두지 마셔요.

의심을 둔대야 나에게는 별로 관심이 없으나 부질없이 당신에게 고통의 숫자만 더할 뿐입니다.

나는 당신의 첫사랑의 팔에 안길 때에 온갖 거짓의 옷을 다 벗고 세상에 나온 그대로의 발가벗은 몸을 당신의 앞에 놓았습니다. 지금까지도 당신의 앞에는 그때에 놓아둔 몸을 그대로 받들고 있습니다.

만일 인위(人爲)가 있다면 '어찌하여야 처음 마음을 변치 않고 끝끝내 거짓 없는 몸을 님에게 바칠꼬' 하는 마음뿐입니다.

당신의 명령이라면 생명의 옷까지도 벗겠습니다.

나에게 죄가 있다면 당신을 그리워하는 나의 '슬픔'입니다.

당신이 가실 때에 나의 입술에 수없이 입 맞추고 '부디 나에게 대하여 슬퍼하지 말고 잘 있으라'고 한 당신의 간절한 부탁에 위반되는 까닭입니다.

그러나 그것만은 용서하여 주셔요.

당신을 그리워하는 슬픔은 곧 나의 생명인 까닭입니다.

만일 용서하지 아니하면 후일에 그에 대한 벌을 풍우(風雨)의 봄 새벽의 낙화(落花)의 수만치라도 받겠습니다.

당신의 사랑의 동아줄에 휘감기는 체형도 사양치 않겠습니다.

당신의 사랑의 혹법(酷法) 아래에 일만 가지로 복종하는 자유형(自由刑)도 받겠습니다.

그러나 당신이 나에게 의심을 두시면 당신의 의심의 허물과 나의 슬픔의 죄를 맞비기고 말겠습니다.

당신에게 떨어져 있는 나에게 의심을 두지 마셔요. 부질없이 당신에게 고통의 숫자를 더하지 마셔요.

'의심하지 마셔요'라는 것은 역설적으로 의심할 수 있는 상황에 있음을 말한다. 연인에게서 이별은 의심의 원천이다. 눈으로 확인할 수 없는 연인은 언제나 온갖 억측(臆測)을 낳게 한다. 마음은 늘 연인을 향하고 있으나, 그 연인이 무엇을 하는지 알 수 없기에 억측하게 되고 의심하게 된다.

아무런 실체가 없는 데서도 의심은 생겨난다. 그러기에 한없이 많은 의심이 있게 된다. 실체 없는 것이기에 의심의 고통은 '부질없는 고통'이다.

당신의 의심이 아무런 실체가 없음은 나의 순정(純情)이 말한다. 나의 순정에는 한 점의 거짓도 없다. 나는 '세상에 나온 그대로의 발가벗은 몸'을 당신 앞에 놓았다. 발가벗은 몸은 관능적임과 동시에 도덕적인 몸이다. 그것은 육체적 욕구의 대상임과 동시에 '온갖 거짓의 옷'으로 상징되는 어떠한 위선이나 가식이 없는, 진실 자체이다. 발가벗은 몸은 진실된 사랑의 육체성과 정신성을 모두 나타낼 수 있는 완벽한 상징이다. 이렇게 에로스적인 사랑의 노래는 진리와 하나인 것이다.

당신에게 정신과 육체를 온전히 바친 나에게 위선이란 없다. '세상에 나온 그대로의 발가벗은 몸'에서 변한 것, 즉 '인위'(人爲)가 있다면 그것은 다만 당신을 향한 정조의 관념이 더한 것뿐이다.

나는 오로지 당신을 위해서만 존재한다. 당신에 대한 순정만이 나의 본질이다. 내게는 생명마저 본질일 수 없고 벗어버릴 수 있는 껍질에 지나지 않는다. 때문에 나는 '발가벗은 몸'으로도 나의 진실이 전해지지 않는다면 당신에게 보여주기 위해서 '생명의 옷'까지도 벗을 수 있는 것이다.

아무리 님에 대한 사랑의 순정과 정조가 있어도 이별의 슬픔을 지울 수는 없다. 수많은 입맞춤에 이어진 간절한 부탁에도 슬픔을 억제할 수는 없다. 이별의 슬픔은 당신의 뜻이 아니어도 어쩔 수가 없다.

슬픔은 내가 당신을 기억하고, 느끼고, 확인하는 방법이기 때문이다. '당신을 그리워하는 슬픔'이 없다면 내 속에 당신이 없다는 것이며, 그것은 당신과 이별한 나의 존재이유가 없는 것이다. 왜냐하면 나의 본질은 나의 생명에조차도 있지 않고 당신에 대한 순정에만 있는 것이기 때문이다.

당신에 대한 순정이 죄라면 그 죄에 대한 벌은 무엇인가? 그것은 관능적 아름다움이 담긴 벌이어야 한다. '풍우(風雨)의 봄 새벽의 낙화(落花)'라는 관능적 이미지의 구절이 사용되는 까닭이다. '풍우'는 '눈물'과 대응하고, '낙화'는 순정의 아름다움과 슬픔에 대응한다. 시들어 떨어진 꽃잎과 달리 봄비에 떨어진 꽃잎에는 관능적 아름다움이 있다.

사랑의 관능성은 때론 마조히즘으로까지 발전한다. 마조히즘은 순정의 극단일 것이다. '사랑의 동아줄에 휘감기는 체형'은 순정의 극단에서 오는 그러한 마조히즘적 관능의 표현이다.

순정의 사랑이 마조히즘으로 발전하고 그것이 끝이라면 그것은 병적인 현상에 지나지 않는다. 그리고 그 마조히즘이 이별이라는 절망적 상황에서 나온 것이라면 병적 현상의 심각성은 더해진다. 《님의 침묵》의 시적 전개의 탁월함은 바로 이러한 절망적 상황에 부닥친 병적 심리상태에서의 급반전(急反轉)에 있다. '혹법'(酷法)과 '자유형'(自由刑)은 바로 그러한 급반전을 불러오는 개념이다. 이는 이 시에서의 사랑이 남녀 사이의 사랑만이 아닐 수 있다는 암시이다. 법률과 형벌은 정치용어이다. 법률을 가지고 형벌을 내리는 것은 국가이다. 결국 이 시는 잃어버린 조국에 대한 열정적 사랑의 시일 수 있는 것이다.

'나의 슬픔'이 슬퍼하지 말라는 당신의 말을 어긴 죄라면, '당신의 의심'은 의심하지 말라는 나의 말을 듣지 않는 허물이다.

'나의 슬픔'은 나의 생명이지만, '당신의 의심'은 아무런 근거가 없는 데서 비롯된 부질없는 고통일 따름이다. '나의 슬픔'은 '당신의 의심'이 근거 없음을 증명하는 것이기도 하다.

당신은

당신은 나를보면 웨늘 웃기만하서요 당신의 찡그리는얼골을 좀 보고십흔데

나는 당신을보고 찡그리기는 시려요 당신은 찡그리는얼골을 보기시려하실줄을 암니다

그러나 떠러진도화가 나러서 당신의입설을 슬칠때에 나는 이마가찡그려지는줄도 모르고 울고십헛슴니다

그레서 금실로수노은 수건으로 얼골을가렷슴니다

당신은[1]

당신은 나를 보면 왜 늘 웃기만 하셔요, 당신의 찡그리는 얼굴을 좀 보고 싶은데.

나는 당신을 보고 찡그리기는 싫어요, 당신은 찡그리는 얼굴을 보기 싫어하실 줄을 압니다.

그러나 떨어진 도화(桃花)가 날아서 당신의 입술을 스칠 때에 나는 이마가 찡그려지는 줄도 모르고 울고 싶었습니다.

그래서 금실로 수놓은 수건으로 얼굴을 가렸습니다.

---

1) 만해의 님은 늘 '부처님' '조국' 등으로 해석되었다. 그러나 만해의 님은 무엇보다도 여인으로서의 님이다. 이 시는 여인의 감정에 대한 섬세한 묘사이다. 첫째 연은 남자의 말이고, 나머지 연은 여인의 말로 되어 있다.

'당신의 찡그리는 얼굴을 좀 보고 싶은데' 라는 것은 남자의 장난기어린 애정의 표시이다. 늘 예쁘게 보이고 싶어하는, 그래서 늘 웃기만하는 여인에 대한 짓궂은 희롱이다.

그러나 여인은 언제나 아름답게 보이고 싶다. 특히나 사랑하는 남자에게는 아름답게만 보이고 싶다. 까닭에 '나는 당신을 보고 찡그리기는 싫어요' 라고 말한다.

여인의 아름다움은 언제나 질투를 동반한다. 질투가 없는 여인은 또한 사랑스럽지 못한 것을 부인하기 어렵다. 지나친 질투가 여인을 추하게 만들지만, 질투가 없는 여인은 사랑스런 연인이 되기가 어렵다. 당신의 입술을 스친 '떨어진 도화(桃花)'를 질투하는 여인은 더 없이 사랑스런 여인의 모습이다. '이마가 찡그려지는 줄도 모르고 울고 싶었습니다'는 사랑스런 여인의 천진한 내면을 드러내고 있다.

울음의 천진성은 또한 순결의 관념이기도 하다. 그리고 순결의 관념은 수줍음으로 표현된다. '금실로 수놓은 수건으로 얼굴을 가렸습니다' 라는 것은 그러한 수줍음의 표현이다.

幸福

나는 당신을사랑하고 당신의행복을 사랑합니다 나는 왼세상사람이 당신을사랑하고 당신의행복을 사랑하기를 바람니다

그러나 정말로 당신을사랑하는사람이 잇다면 나는 그사람을 미워하겟슴니다 그사람을미워하는것은 당신을사랑하는마음의 한부분입니다

그럼으로 그 사람을미워하는고통도 나에게는 행복입니다

만일 왼세상사람이 당신을미워한다면 나는 그사람을 얼마나 미워하겟슴닛가

만일 왼세상사람이 당신을 사랑하지도안코 미워하지도안는다면 그것은 나의일생에 견될수업는 불행입니다

만일 왼세상사람이 당신을사랑하고자하야 나를미워한다면 나의행복은 더클수가업슴니다

그것은 모든사람의 나를미워하는 怨恨의豆滿江이 깁흘수록 나의 당신을 사랑하는 幸福의白頭山이 놉허지는 까닭입니다

행 복[1]

나는 당신을 사랑하고 당신의 행복을 사랑합니다. 나는 온 세상 사람이 당신을 사랑하고 당신의 행복을 사랑하기를 바랍니다.

그러나 정말로 당신을 사랑하는 사람이 있다면 나는 그 사람을 미워하겠습니다. 그 사람을 미워하는 것은 당신을 사랑하는 마음의 한 부분입니다.

그러므로 그 사람을 미워하는 고통도 나에게는 행복입니다.

만일 온 세상 사람이 당신을 미워한다면 나는 그 사람을 얼마나 미워하겠습니까.

만일 온 세상 사람이 당신을 사랑하지도 않고 미워하지도 않는다면 그것은 나의 일생에 견딜 수 없는 불행입니다.

만일 온 세상 사람이 당신을 사랑하고자 하여 나를 미워한다면 나의 행복은 더 클 수가 없습니다.

그것은 모든 사람의 나를 미워하는 원한의 두만강이 깊을수록 나의 당신을 사랑하는 행복의 백두산이 높아지는 까닭입니다.

---

1) 이 시는 에로스적 사랑과 질투의 관념을 매개로 하여 민족의 조국에 대한 애정이 증대하기를 바라는 마음을 그리고 있다. 에로스적 사랑이 보편적인 가치로서의 사랑과 그 뿌리가 다르지 않다는 만해의 사고방식인 것이다.

내가 당신을 사랑하는 것은 나의 마음이고 당신의 행복을 사랑하는 것은 나의 바람이다. 그런데, 온 세상이 당신을 사랑하고 당신의 행복을 사랑하기를 바라는 것은 무엇인가? 온 세상이 당신의 행복을 사랑하기를 바라는 것은 당연한 이치이나, 온 세상이 당신을 사랑하는 것을 바란다는 것을 어떻게 이해할 수 있을까? 나는 당신을 연인으로서 사랑하고, 온 세상은 당신을 이웃으로 사랑하란 말인가?

정말로 당신을 사랑하는 사람을 내가 미워한다면, 그 사랑은 분명 에로스적 사랑이리라. 배타적 사랑은 에로스적 사랑의 특징이다. 연인은 오직 자신만이 자신의 연인을 사랑하기를 원하고, 연인 또한 자신만을 사랑하기를 원한다. 누군가가 자신의 연인을 사랑한다면 미워할 수밖에 없게 된다.

당신을 사랑하는 그 사람을 미워하는 것은 질투이며 그것은 사랑의 한 부분이다. 질투가 없다면 사랑은 거짓이거나, 아니면 세속적 사랑이 아닌 초세속적 사랑일 것이다.

그러나 '그 사람을 미워하는 고통도 나에게는 행복'이란 말은 수수께끼이다. 질투의 고통이 행복이란 말인가? 〈당신은〉이란 시에서와 같은 마조히즘적 쾌락을 즐긴단 말인가? 〈당신은〉이란 시에서처럼 마조히즘적 쾌락에서 반전을 기대해야 하는가?

내가 사랑하는 사람을 세상이 미워한다면 나는 그 사람을 미워하는 것은 당연한 이치이다. 시는 여기에서 다시 숨고르기를 한다.

그러나 당신에 대한 세상의 무관심, 즉 '당신을 사랑하지도 않고 미워하지도 않는' 상황이 나의 가장 견딜 수 없는 불행이란 말은 수수께끼의 반복인 동시에 시 전체를 풀 수 있는 열쇠를 제시하고 있다. 당신은 나의 관심뿐 아니라 세상의 관심을 끌어야 하는 존재인 것이다. 그리고 그 당신은 나만의 연인은 아니다.

세상의 누군가가 아니라, '온 세상 사람'이 당신을 사랑하면 할수록 나의 행복은 더 커진다는 것은 당신이 나만의 연인이 아니라 온 세상의 연인임을 말하고 있다. 그러한 연인은 누구일까? 조국, 민족, 부처일 것이다. 온 세상이 나의 조국, 민족, 부처를 사랑한다면 나는 얼마나 기쁘겠는가? 그들이 나를 미워한다는 것은 그들이 그만큼 나의 조국, 민족, 부처를 사랑하는 것이 아니겠는가?

당신은 연인일 수도 있고, 조국일 수도 있고, 민족일 수도 있고, 부처일 수도 있다. 그러나 두만강은 대중가요에서 한민족의 한(恨)의 상징으로 자주 사용되는 말이다. 백두산은 한민족의 기상의 상징이다. '원한의 두만강'과 '행복의 백두산'은 당신이 조국임을 말하고 있다.

錯認

나려오서요 나의마음이 자릿〳〵하여요 곳나려오서요

사랑하는님이어 엇지 그러케놉고간은 나무가지위에서 춤을추서요

두손으로 나무가지를 단々히붓들고 고히〳〵나려오서요

에그 저나무닙새가 련꼿봉오리가튼 입설을 슬치겻네 어서나려오서요

「네 네 나려가고십흔마음이 잠자거나 죽은것은 아닙니다마는 나는 아시는바와가티 여러사람의님인때문이여요 향긔로운 부르심을 거스르고자하는것은 아닙니다」고 버들가지에걸닌 반달은 해쭉〳〵우스면서 이러케말하는듯 하얏습니다

나는 적은풀닙만치도 가림이업는 발게버슨 부끄럼을 두손으로 움켜쥐고 빠른거름으로 잠ㅅ자리에 드러가서 눈을감고누엇습니다

나려오지안는다는 반달이 삽분삽분거러와서 창밧게숨어서 나의눈을 엿봄니다

부끄럽든마음이 갑작히 무서워서 떨녀짐니다

착 인(錯認)

내려오셔요, 나의 마음은 자릿자릿하여요. 곧 내려오셔요.

사랑하는 님이여, 어찌 그렇게 높고 가는 나뭇가지 위에서 춤을 추셔요.

두 손으로 나뭇가지를 단단히 붙들고 고이고이 내려오셔요.

에그 저 나뭇잎새가 연꽃 봉오리 같은 입술을 스치겠네, 어서 내려오셔요.

'네, 네, 내려가고 싶은 마음이 잠자거나 죽은 것은 아닙니다마는, 나는 아시는 바와 같이 여러 사람의 님인 때문이어요. 향기로운 부르심을 거스르고자 하는 것은 아닙니다'고 버들가지에 걸린 반달은 해쭉해쭉 웃으면서 이렇게 말하는 듯하였습니다.

나는 작은 풀잎만큼도 가림이 없는 발가벗은 부끄럼을 두 손으로 움켜쥐고 빠른 걸음으로 잠자리에 들어가서 눈을 감고 누웠습니다.

내려오지 않는다던 반달이 사뿐사뿐 걸어와서 창밖에 숨어서 나의 눈을 엿봅니다.

부끄럽던 마음이 갑자기 무서워서 떨려집니다.

사랑하는 사람을 둔다는 것은 걱정과 근심의 연속이다. 큰 근심과 작은 근심이 끊이질 않는다. 어머니가 아이의 모든 행동을 염려하듯이 연인은 서로의 행동을 염려한다. 염려의 시선에서는 모든 것이 위험하기만 하다. '자릿자릿하여요'는 그러한 염려의 마음을 표현하고 있다.

염려의 시선은 종종 착각을 불러일으킨다. '높고 가는 나뭇가지 위에서 춤을 추셔요'는 그러한 착각에 대한 묘사이다. 달은 멀리 텅 빈 저편 하늘 위에서 떠가고 있음에도 불구하고, 내 눈 앞의 나뭇가지 위를 스쳐 지나는 것처럼 보인다. 님이 아무리 안전한 곳에 있어도 나는 언제나 님에 대한 염려를 버릴 수 없는 때문이다.

'단단히'와 '고이고이'라는 말 또한 염려의 정도를 드러내고 있다. '자릿자릿'이란 말과 함께 첩어로 된 이 말들은 끊임없이 계속되는 절박한 염려의 심정을 적절히 표현하고 있다.

나뭇잎새는 매우 연약한 존재로서 무엇을 해칠 수 있는 것이 아니다. 지나가는 바람에도 떨어지는 것이 나뭇잎새이다. 그러나 님은 '연꽃 봉오리 같은 입술'로 상징되면서 나뭇잎보다 연약한 존재가 된다. 이 역시 염려의 시선에서 보는 님이다.

님이 높은 곳에 있는 것은 님이 나의 님만이 아니라 '여러 사람의 님'인 때문이다. 님은 모든 이에게 비치기 위해 높은 곳에 있다. 그것은 나 또한 이미 아는 사실이다. 다만 님 생각에 그것을 잠시 잊었을 뿐이다. 님에 대한 염려의 마음은 님이 모든 이의 님이라는 사실을 잠시 잊게 만들었던 것인데, 다시금 깨닫게 된 것이다.

님에 대한 공연한 염려는 흥분된 감성에 의해 이성적 판단이 가려진 때문이다. 흥분이 가라앉고 이성을 되찾았을 때 거기에는 '발가벗은 부끄럼'이 따른다. 흥분된 순간에 노출된 본능적인 나, 유치한 나로 인한 부끄럼이다. 본능은 언제나 나를 중심으로 사고하게 만든다. 나만이 님을 사랑한다고 여긴 데에는 그러한 본능이 발동했던 것이다.

님이 모두의 님이라는 것은 나의 님이 아니라는 뜻이 아니다. 님은 모두의 님이자 또한 나의 님이다. 님이 나의 님이라고 여겼을 때 님은 도리어 멀리 있지만, 님이 나의 님만이 아니라 모두의 님임을 깨달을 때 비로소 님은 또한 나의 님이 되어 내게로 '사뿐사뿐 걸어와서' 다가온다.

여러 사람의 님이면서 나의 님인 이는 누구인가? 멀리 있으면서도 가까이 있는 님은 누구인가? 그가 누구이건 간에 그의 사랑을 받는다는 것은 엄청난 두려움이다. 왕의 마음을 얻은 시녀의 마음보다 더 큰 두려움이다. 감당할 수 없는 님인 것이다.

밤은고요하고

밤은고요하고 방은 물로시친듯합니다

이불은개인채로 엽혜노아두고 화로ㅅ불을 다듬거리고 안젓슴니다

밤은얼마나되얏는지 화로ㅅ불은꺼저서 찬재가되얏슴니다

그러나 그를사랑하는 나의마음은 오히려 식지아니하얏슴니다

닭의소리가 채 나기전에 그를맛나서 무슨말을하얏는데 숨조처 분명치안슴니다 그려

밤은 고요하고

밤은 고요하고 방은 물로 시친 듯합니다.

이불은 갠 채로 옆에 놓아두고 화롯불을 다듬거리고 앉았습니다.

밤은 얼마나 되었는지 화롯불은 꺼져서 찬 재가 되었습니다.

그러나 그를 사랑하는 나의 마음은 오히려 식지 아니하였습니다.

닭의 소리가 채 나기 전에 그를 만나서 무슨 말을 하였는데 꿈조차 분명치 않습니다 그려.

'밤은 고요하고 방은 물로 시친 듯합니다.' 이 한 행은 우리를 순식간에 시인의 적막한 고독의 세계로 끌어들인다. '밤은 고요하고' 라는 말은 깊은 고독의 심연 속으로 가라앉은 시인의 마음이 주변세계 속에 투영된 것을 보여 준다. 홀로의 고독 속에서 세상과 절연(絶緣)된 그러한 고독의 세계이다.

그러나 그 세계는 어둠 속에서 모든 활동이 정지된 세계는 아니다. 고요한 어둠 속에서도 의식은 더욱 또렷이 깨어 있다. '방은 물로 시친 듯합니다' 라는 표현에서 우리는 또렷이 깨어 있는 의식을 본다. 선가(禪家)에서 말하는 성적등지(醒寂等持)의 경지이다. '밤은 고요하고'는 선정(禪定)을 통해서 외부세계로부터의 자극에 흔들림 없이 몰입한 상태이며, '물로 시친 듯합니다'는 그러면서도 맑게 깨어 있는 상태를 말한다.

'화롯불'은 깨어 있는 의식의 또 다른 측면이다. 물로 시친 듯한 방이 선정을 통하여 정제된 의식이라면 화롯불은 아직도 정제되지 않은 의식이다. 화롯불을 다듬거리는 행위는 정제되지 않은 의식을 스스로 헤집는 행위이다.

채 정제되지 않은 의식과 씨름하며 시인은 밤을 지새운다. 찬 재가 되었다는 것은 마지막 의식의 잔재까지 소멸한 것처럼 보인다. 그러나 다음 행은 여전히 그렇지가 못함을 보여 준다. 화롯불이 꺼진 것은 도리어 정제되지 않은 나의 의식과 씨름하려는 나의 의지의 소멸처럼 보인다.

만해는 매우 정열적인 사람이다. 그는 늘 민족해방 운동과 불교의 근대화를 위해 동분서주하였다. 각종 조직을 만들고 집회에 참석하였으며, 잡지를 출판하였다. 그러나 만해의 정열적인 삶은 수행자로서의 삶을 통해 균형이 잡혔다. 만해를 줄곧 따랐던 이들에 따르면 만해는 민가를 얻어 홀로 생활하면서도 참선을 게을리 하지 않았다고 한다. 그는 한겨울에도 냉돌에서 생활하곤 하였는데, 저녁에 함께 술을 마신 후 잠이 들었다가 새벽에 깨어보면 만해는 꼿꼿한 자세로 좌선(坐禪)에 들어 있곤 하였다고 증언한다.

그만큼 만해는 누구보다도 강한 정열을 가진 사람인 동시에 또 그 정열과 싸우려는 의지 또한 강한 사람이었다. '나의 마음은 오히려 식지 아니하였습니다' 라는 것은 이러한 내적 긴장과 갈등을 표현하고 있다. 만해의 삶의 균형은 이러한 지속적 긴장과 갈등의 극복이기도 하다.

《님의 침묵》은 만해가 득도(得道)의 경지를 시로 표현한 것이라 한다. 그러나 그의 득도란 무엇인가? 선사인 만해의 득도라면 부처의 깨달음과 같은 구경(究竟)의 깨달음, 일체의 번뇌를 벗어난 깨달음을 말하는가? 《님의 침묵》의 언어는 분명 일상적 경험의 세계에서 나올 수 있는 것이 아니다. 그것은 분명 어떤 강렬한 경험적 자각에서부터 우러나오는 언어이다. 《님의 침묵》이 득도의 경지를 드러낸 시라고 한다면 그 득도란 바로 이러한 경험적 자각을 말할 것이다. 그러나 《님의 침묵》은 일체의 번뇌(煩惱)에서 벗어난 그러한 깨달음의 경지를 노래한 것은 아니다. 오히려 《님의 침묵》은 한편으로는 번뇌의 노래이다. 몽롱한 꿈속에서의 '그'와의 만남은 그러한 번뇌의 표현이다.

秘 密

秘密임닛가 秘密이라니요 나에게 무슨秘密이 잇것슴닛가[1)]

나는 당신에게대하야 秘密을지키랴고 하얏슴니다마는 秘密은 야속히도 지켜지지 아니하얏슴니다

나의 秘密은 눈물을것처서 당신의視覺으로 드러갓슴니다

나의秘密은 한숨을것처서 당신의聽覺으로 드러갓슴니다

나의秘密은 쩔니는가슴을것처서 당신의觸覺으로 드러갓슴니다

그밧긔秘密은 한쏘각붉은마음이 되야서 당신의꿈으로 드러갓슴니다

그러고 마즈막秘密은 하나잇슴니다 그러나 그秘密은 소리업는 매아리와 가터서 表現할수가 업슴니다

---

1) 원본에는 띄어쓰기가 다음과 같이 되어 있다. "무슨秘密 이있것슴닛가"

비 밀

비밀입니까, 비밀이라니요. 나에게 무슨 비밀이 있겠습니까.

나는 당신에게 대하여 비밀을 지키려고 하였습니다마는 비밀은 야속히도 지켜지지 아니하였습니다.

나의 비밀은 눈물을 거쳐서 당신의 시각(視覺)으로 들어갔습니다.

나의 비밀은 한숨을 거쳐서 당신의 청각(聽覺)으로 들어갔습니다.

나의 비밀은 떨리는 가슴을 거쳐서 당신의 촉각(觸覺)으로 들어갔습니다.

그 밖의 비밀은 한 조각 붉은 마음이 되어서 당신의 꿈으로 들어갔습니다.

그리고 마지막 비밀은 하나 있습니다. 그러나 그 비밀은 소리 없는 메아리와 같아서 표현할 수가 없습니다.

사랑은 비밀리에 시작된다. 사랑은 사랑을 느끼는 이의 마음속에서부터 시작된다. 그러나 사랑은 숨길 수 없는 비밀이다. 더구나 사랑하는 이 앞에서는 더욱 숨길 수 없다.

사랑은 숨길 수 없는 비밀이지만, 수줍은 사랑은 자신을 숨기려고 한다.

사랑은 무엇으로 표현되는가? 만해에게 사랑은 즐거움, 웃음, 기쁨, 환희, 행복이 아니다. 먼저 '눈물'과 '한숨'을 통해서 표현된다는 것이 만해의 비극적 세계관이다. 눈물과 한숨은 식민지 시대 한민족의 보편적 정서이자, 만해의 불교적 세계관이다. 물론 눈물과 한숨을 사랑의 모든 것으로 보는 것은 아니다. 불교는 비극적 세계관을 가지고 있지만, 그 비극을 극복할 수 있는 길을 제시하고 있다. 그러나 분명한 것은 비극의 극복은 비극에 대한 인식에서부터 시작된다는 점이다. 비극에 대한 인식 없이 비극의 극복이란 있을 수 없는 것이다.

당신의 '시각', '청각', '촉각'을 통해서 당신을 사랑한다는 나의 비밀이 들어갔다는 표현은 '당신의 눈을 통해', '당신의 귀를 통해', '당신의 온몸으로' 들어갔다는 표현보다도 덜 시적인 것처럼 보인다. '시각', '청각', '촉각'이란 말은 감성을 자아내는 시적 용어라기보다는 논리성과 명증성을 강조하는 철학적 용어이다. 인간이 사물을 인식하는 메커니즘에 대한 섬세한 분석을 하고 있는 불교적 사유양식의 표현이다. 그러나 이처럼 논리성과 명증성이 두드러지는 용어를 사용함으로써 나의 비밀은 더욱더 분명하게 비밀이 아닌 것으로 되었다는 것을 보여준다.

'그 밖의 비밀'은 시각, 청각, 촉각으로 들어가고 남은 비밀이다. 그 남은 비밀은 '한 조각 붉은 마음'이다. 시각, 청각, 촉각을 통해 들어가는 것이 나의 행위를 통해서 드러난 당신에 대한 사랑이라면, '당신의 꿈으로' 들어가는 나의 마음은 나의 사랑 자체이다.

당신을 사랑하는 마음조차 당신의 꿈속으로 들어갔다고 해서 나의 모든 사랑의 비밀이 당신 앞에 다 드러난 것은 아니다. 그럴 수가 있다면 당신에 대한 그리움도, 아쉬움도 없을 것이며, 당신에 대한 나의 사랑이 시가 되지도 않았을 것이다. 눈물과 한숨으로도, 떨리는 가슴과 한 조각 붉은 마음으로도 다 표현할 수 없는 사랑의 비밀이 남아 있다.

궁극의 진리와 마찬가지로 사랑의 진실은 말로 표현할 수 없다. 말로 다 표현할 수 있는 사랑이라면 그것은 진실한 사랑이 아닐 것이다. '마지막 비밀'은 바로 말로 다 할 수 없는 사랑이다. 그것은 숨기려 해서 비밀이 된 것이 아니라, 표현할 수 없어서 비밀이 된 것이다. 말로 표현할 수 없는 가르침이 '비밀의 가르침'이듯이 말로 다 표현할 수 없는 사랑이 비밀한 사랑이다. 그 사랑은 분명 메아리가 울리듯 내 마음 속에서 나와 당신의 마음속으로 울리어 가지만 소리가 없다.

사랑의存在

사랑을 「사랑」이라고하면 발써 사랑은아닙니다

사랑을 이름지을만한 말이나글이 어데잇습닛가

微笑에눌녀서 괴로은듯한 薔薇빗입설인들 그것을 슬칠수가잇습닛가

눈물의뒤에 숨어서 슯음의黑闇面을 反射하는 가을물ㅅ결의눈인들 그것을 비칠수가잇습닛가

그림자업는구름을 것처서 매아리업는絶壁을 것처서 마음이갈ㅅ수업는바다를 것처서 存在? 存在입니다

그나라는 國境이업습니다 壽命은 時間이아닙니다

사랑의存在는 님의눈과 님의마음도 알지못합니다

사랑의秘密은 다만 님의手巾에繡놋는 바늘과 님의심으신 꼿나무와 님의 잠과 詩人의想像과 그들만이 암니다

사랑의 존재[1)]

사랑을 '사랑'이라고 하면 벌써 사랑은 아닙니다.

사랑을 이름 지을 만한 글이 어디 있습니까.

미소에 눌려서 괴로운 듯한 장밋빛 입술인들 그것을 스칠 수가 있습니까.

눈물의 뒤에 숨어서 슬픔의 흑암면(黑闇面)을 반사하는 가을 물결의 눈인들 그것을 비출 수가 있습니까.[2)]

그림자 없는 구름을 거쳐서 메아리 없는 절벽을 거쳐서 마음이 갈 수 없는 바다를 거쳐서 존재? 존재입니다.

그 나라는 국경이 없습니다. 수명은 시간이 아닙니다.

사랑의 존재는 님의 눈과 님의 마음도 알지 못합니다.

사랑의 비밀은 다만 님의 수건에 수(繡)놓는 바늘과 님의 심으신 꽃나무와 님의 잠과 시인의 상상과 그들만이 압니다.

---

1) 이 시는 앞의 〈비밀〉의 연작시처럼 보인다. 두 시 모두 상식의 세계 혹은 일상적 경험의 세계로서는 파악될 수 없는 사랑의 존재에 대해서 말하고 있다. 두 시 사이에는 물론 차이도 존재한다. 〈비밀〉에서는 사랑에 대한 인식의 문제, 즉 사랑

한다는 사실을 숨길 수 없음과, 그러면서도 완전히 사랑을 드러낼 수 없음을 말한 반면에, 여기서는 사랑에 대한 인식의 문제뿐 아니라 존재방식에 대해서도 이야기하고 있다.

'존재'라는 말은 이 시의 핵심인데 매우 이해하기 까다로운 개념이다. 일상적 언어 용법에서 보면 존재란 말은 '실제로 있음', '본질' 등의 말을 떠올리게 한다. 때문에 시의 제목인 '사랑의 존재'는 마치 '사랑의 본질'이란 말처럼 오해되기 쉽다. 그럴 경우 이 시는 형이상학적 존재를 가정하게 되고, 이는 만해의 사유 바탕이 되는 불교의 무아(無我) 관념과 모순되게 된다. 더욱이 시의 첫 연은 마치 사랑의 본질이 존재하며 그 본질에 다가갈 수 없는 듯이 말하고 있어서 그러한 오해는 더욱 깊어진다. 그러나 시의 마지막 행은 사랑의 존재가 불변의 본질로서의 존재자가 아니라 구체적인 행위로 일어남으로서의 존재임을 말하고 있다. 사랑의 이데아가 있는 것이 아니라 사랑의 행위가 있는 것이다.

2) 사랑이라는 어휘는 무엇보다도 에로티시즘과 연결되어 있다. 만해는 이러한 사실을 잘 안다. 사랑의 노래이자 이별의 노래인 《님의 침묵》에는 그래서 관능적 아름다움을 연상시켜 내는 어휘들이 풍부하다. 이것은 또한 《님의 침묵》이 대중적으로 애송되는 요인이기도 하다. '장밋빛 입술'도 그러한 관능적 아름다움을 연상시켜내는 어휘 가운데 하나이다. 그러나 《님의 침묵》이 관능적 아름다움을 예찬하는 데 머문 시들이라면 결코 우리들에게 지금과 같은 감동을 선사하지도 않았을 것이며, 난해함을 던져 주지도 않았을 것이다. 관능적 아름다움은 《님의 침묵》의 여러 측면 가운데 하나이자 다른 측면으로의 매개물이다. 관능적 아름다움이 《님의 침묵》의 깊이의 바닥일 수는 없는 것이다. 같은 이치로 '장밋빛 입술'은 사랑의 관능적 아름다움을 보여주지만, 이것이 결코 비밀한 사랑의 본질은 아니다. 《님의 침묵》에는 관능적 아름다움의 세속성을 극복하게 하는 균형추가 있다. 그것은 바로 비극성이다. 이 비극성을 통해서 관능적 아름다움은 세속성을 벗고서 보편적 사랑을 포함한 사랑의 상징으로 전환한다. '눈물의 뒤', '슬픔의 흑암면', '가을 물결의 눈'은 '장밋빛 입술'에 관능적 아름다움 이상의 상징성을 부여해 주는 비극성을 지닌 어휘들이다.

> '도'(道)라고 이름 붙여진 도(道)는 진정한 도(道)가 아니다. '이름' 붙여진 이름은 늘 불러질 수 있는 이름이 아니다(道可道 非可道, 名可名 非常名).
>
> –《도덕경》

도(道)란 누구의 도(道)도 아니며, 어떠한 도(道)도 아니다. 도(道)란 선(善)도 아니며 악(惡)도 아니다. 도(道)란 무엇이라고 정의될 수 있는 것이 아니며, '도'라고 정의될 수 있는 것도 아니다. 도는 모든 존재, 모든 원리를 포괄하는 것, 어떠한 이름으로도 지시할 수 없는 것에 대한 편의적인 명칭이다. 그러므로 도(道)를 '도'(道)라 하면 이미 도(道) 아닌 것이게 된다. 도(道)를 '도'(道)라고 하면 진정한 도(道)가 아니라고 하는 것과 마찬가지로 "사랑을 '사랑'이라고 하면 벌써 사랑은 아닙니다"라고 말하게 되는 것이다. 사랑을 '사랑'이라고 하면 그 사랑은 단지 조건 지어진 사랑이 된다. 그 사랑은 내가 알고 있는 사랑, 범속한 경험 속의 사랑이 된다. 그 사랑은 일체의 한계를 뛰어넘는 사랑이 될 수 없다.

일체의 한계를 뛰어넘는 사랑을 어떻게 이름 지을 수 있겠는가? 그 어떤 언어로도 이름 지을 수 없고, 그 어떤 글로도 표현할 수가 없다. 일체의 한계를 뛰어넘는 사랑에는 언어나 글로써 표현할 수 없는 비밀이 있다.

사랑은 '사랑'만이 아닌 까닭에 '사랑'의 열락(悅樂)과 '사랑'의 상징을 통해서도 사랑 자체에 다가갈 수 없다. '장밋빛 입술'은 우리가 흔히 '사랑'이라고 일컫는 에로티시즘의 상징이며, 장밋빛 입술이 '미소에 눌려서 괴로운 듯한' 모습은 에로티시즘적 열락에 도취되어 있음을 말하는

데, 에로티시즘의 열락만으로는 사랑 자체에 도달할 수 없기에 '스칠 수가 있습니까' 라고 말한다. 스칠 수조차 없는데 어떻게 다다를 수 있겠는가?

사랑의 열락이 사랑 자체에 도달할 수 없다면, 사랑의 슬픔은 사랑 자체에 도달할 수 있는가? '장밋빛 입술'이 에로티시즘의 상징이라면 '가을 물결의 눈'은 애수(哀愁)의 상징이다. 애수(哀愁)의 '愁'는 곧 가을의 마음이며, '가을 물결의 눈'은 시름의 눈물에 젖은 눈이 아니던가. 그러나 눈물 뒤에 숨은 눈, 눈물에 뒤덮인 채 사랑의 슬픔에서 오는 어두운 빛을 띤 눈으로도 사랑 자체를 드러낼 수는 없다.

왜 사랑 자체는 '사랑'의 열락을 통해서도 도달할 수가 없고, '사랑'의 슬픔으로도 도달할 수 없는가? 그것은 사랑은 존재이기 때문이다. 감성(感性)과 오성(悟性)으로 도달할 수 없는 세계이기 때문이다. '구름,' '절벽,' '바다'는 모두 거대한 장벽들이다. 구름은 광야 위 구름으로서 한없이 펼쳐진 가로지를 수 없는 광야를 가리키고, 절벽은 넘을 수 없는 험준한 산을, 바다는 건널 수 없는 바다를 말한다. 사랑 자체, 사랑의 존재는 모든 존재하는 것들 너머에 있는 까닭에 '사랑'의 열락을 통해서도 '사랑'의 슬픔으로도 사랑에 도달할 수 없다. '그림자 없는 구름', '메아리 없는 절벽', '마음이 갈 수 없는 바다'는 물리적 세계가 아니라 의식의 세계이면서도 의식이 도달할 수 없는 세계이다. 아무런 형체도 없고, 육안으로 볼 수도 없고, 심지어는 마음으로도 파악할 수 없는 세계이다. 우리가 진리에 도달할 수 없는 것은 현실 속에서의 장애물 때문이 아니라, 우리 의식의 한계 때문이다. 우리가 사랑의 존재에 도달할 수 없는 것도 마찬가지이다. 사랑의 존재에 도달할 수 없는 것은 사랑의 대상과의 물리적 거리 때문이 아니다. 우리 의식의 한계 때문이다.

'그 나라는 국경이 없습니다' 라는 말에서의 국경은 국가의 경계가 아니라 모든 공간적 경계의 상징이다. 그 공간적 경계의 공간은 또한 '그림자 없는 구름,' '메아리 없는 절벽,' '마음이 갈 수 없는 바다'로 이루어진 공간이므로 물리적 공간이 아니라 의식 속의 공간, 즉 정신적 경계이다. 경계가 없는 공간, 말하자면 무공간의 공간이기 때문에 거기에 도달함도 없고 거리로부터 벗어남도 없는 공간이다. 바로 존재의 공간이다. '존재의 공간'은 존재가 속한 공간이 아니라 존재에 속한 공간이다. 원래 존재가 공간 속에 들어 있는 것이 아니라 공간이 존재에 속해 있는 것이다. 존재는 모든 구체성과 형식성의 근저에 있다. 까닭에 공간이 존재에 속해 있던 시간 또한 존재에 속해 있다. 존재를 상정하지 않고는 시간도 상정할 수 없다. 존재는 시간을 넘어서기에 '수명(壽命)은 시간이 아닙니다' 라고 말한다. 존재는 시간과 공간의 제약을 받는 것이 아니라, 시간과 공간을 넘어선다. 이것은 의식의 세계에서도 마찬가지이다.

우리는 '사랑'을 하지만 사랑 자체, '사랑의 존재'를 알지는 못한다. 사랑의 존재는 '가을 물결의 눈'도 비출 수가 없으며, '마음이 갈 수 없는' 바다 저편의 존재이다. 까닭에 '님의 눈과 님의 마음도 알지 못합니다' 라고 하는 것이다. '님'만이 님이 아니듯이 '사랑'만이 사랑이 아니다. '기룬 것은 다 님'이듯 모든 존재가 사랑이다.

존재는 존재 자체로서 드러나지는 않는다. 그러나 존재는 모든 개별적 사건을 통해 자신을 드러낸다. 사랑의 존재도 마찬가지이다. 사랑의 존재는 모든 사랑의 행위 속에 자신을 드러낸다. '님의 수건에 수(繡)놓는 바늘,' '님의 심으신 꽃나무,' '님의 잠,' '시인의 상상' 속에 사랑의 존재는 자신을 드러낸다. 까닭에 이들은 '사랑의 비밀'을 안다.

꿈과근심

밤근심이 하 길기에
꿈도길줄 아럿더니
님을보러 가는길에
반도못가서 깨엇고나

새벽꿈이 하 쩌르기에
근심도 짜를줄 아럿더니
근심에서 근심으로
끗간데를 모르것다

만일 님에게도
꿈과근심이 잇거든
차라리
근심이 꿈되고 꿈이 근심되여라

꿈과 근심

밤 근심이 하 길기에
꿈도 길 줄 알았더니
님을 보러 가는 길에
반도 못가서 깨었구나.

새벽꿈이 하 짧기에
근심도 짧을 줄 알았더니
근심에서 근심으로
끝 간 데를 모르겠다.

만일 님에게도
꿈과 근심이 있거든
차라리
근심이 꿈 되고 꿈이 근심되어라.

원하는 것은 언제나 멀리 있고, 원하지 않는 것은 늘 가까이 있는 법이다. 기다림의 시간은 길고, 함께 있는 시간은 짧게 여겨지는 법이다. 이별한 님에 대한 그리움과 근심은 나를 잠 못 이루게 한다. 님 생각은 꿈으로도 이어져 나는 꿈속에서 님을 찾아가지만, 소망은 꿈속에서조차 이루어지지 않는다.

님 생각에 대한 근심은 꿈으로 이어지고, 꿈에서 다시 낮으로 이어진다. 만남에의 희망은 꿈속에서조차 짧고, 근심은 근심에서 근심으로, 밤에서 낮으로 끝없이 이어진다.

님을 그리워하는 애틋한 마음은 님도 역시 나와 같이 근심의 밤낮을 보내지 않을까 하는 생각을 갖게 한다. '근심이 꿈 되고 꿈이 근심되어라.' 그러한 애틋한 마음을 담은 순진한 마음의 표현이다.

葡萄酒

가을바람과 아츰볏에 마치맛게익은 향긔로운포도를 싸서 술을비젓슴니다 그술고이는향긔는 가을하늘을 물드림니다
님이어 그술을 련닙잔에 가득히부어서 님에게 드리것슴니다
님이어 썰리는손을것처서 타오르는입설을 취기서요

님이어 그술은 한밤을지나면 눈물이됨니다
아아 한밤을지나면 포도주가 눈물이되지마는 쏘한밤을지나면 나의 눈물이 다른포도주가됨니다 오오 님이어

포도주[1)]

가을바람과 아침볕에 마침맞게 익은 향기로운 포도를 따서 술을 빚었습니다. 그 술 고이는 향기는 가을하늘을 물들입니다.

님이여, 그 술을 연잎 잔에 가득히 부어서 님에게 드리겠습니다.

님이여, 떨리는 손을 거쳐서 타오르는 입술을 축이셔요.

님이여, 그 술은 한 밤을 지나면 눈물이 됩니다.

아아, 한 밤을 지나면 포도주가 눈물이 되지마는 또 한 밤을 지나면 나의 눈물이 다른 포도주가 됩니다. 오오, 님이여.

---

1) 주제 면에서는 《님의 침묵》의 일관된 흐름과 일치하지만 소재 면에서 조금 생경한 시이다. 소재만 놓고 보면 양복을 입은 만해의 사진을 처음 보았을 때의 느낌 같은 것이 든다. 포도주는 서양문화의 한 상징이라고 할 수 있는데, 만해가 어떤 계기로 포도주를 소재로 삼았는지 궁금한 일이다. 만해는 술을 좋아했으며, 그에 관한 일화들도 있지만 특별히 포도주와 관련된 이야기는 보이지 않는다. 근대화에 대한 그의 일반적 관심과 당시 소개되기 시작한 번역된 서양문학의 영향으로 볼 수 있을 것이다.

'가을바람', '아침 볕', '향기로운 포도', '술 고이는 향기'는 풍요로운 느낌을 준다. 그런데, 포도로 만든 '술 고이는 향기'는 순전히 만해의 관념적 착상으로 보인다. 포도주의 숙성과정이 막걸리의 숙성과정과 같을 것이라는 생각에서 쓴 것으로 보인다. 술동이에 막걸리가 익듯이 포도주가 익고, 그 향기가 사방으로 퍼져나가는 것처럼 상상한 듯하다.

연잎에 포도주를 부어 드리는 님은 누구인가? '연잎'은 그 님이 부처님이나, 관세음보살일 수 있을 것이라고 여기게 한다. 하지만 우리는 부처님이나 관세음보살에게 포도주를 드린다는 것을 생각하기 어렵다.

그러나 만해의 불교는 계율(戒律)의 불교가 아니다. 만해의 불교는 계율을 넘어서는 불교다. 계율에 의해 구분된 성(聖)과 속(俗)의 경계를 부정하는 불교이다. 성과 속의 융합을 추구하는 불교이다. 포도를 따서 담근 술을 연잎 잔에 가득히 부어서 님에게 드리는 행위에는 만해의 그러한 사고방식이 반영되어 있다. 그 님이 누구이든 간에 그 님은 성속(聖俗)의 경계를 초월한 님이다.

시에서는 님이 어떠한 존재인지 거의 드러나지 않고 있다. 다만 '타오르는 입술을 축이셔요' 라는 표현만이 님을 묘사하고 있다. '타오르는 입술'은 님이 어떤 상황에 있음을 말하는가? 아마도 어떤 갈망의 상태에 있음을 말하는 것처럼 보인다. '목마름' 혹은 '갈증' 같은 어휘 대신 '타오르는 입술' 이란 말을 사용한 것은 붉은 포도주와 함께 어울리는 시각적 효과를 노린 듯하다.

포도주가 한 밤을 지나면 눈물이 되고, 또 한 밤을 지나면 눈물이 다른 포도주가 된다는 것은 '타고 남은 재가 다시 기름이 됩니다'와 같은 사고의 발상이다. 윤회(輪廻)의 세계이다. 그 윤회는 생사의 윤회처럼 속박인 것만은 아니며, 질적인 전환을 예비하고 있는 윤회이다.

술이 눈물이 된다는 것은 그 술에 님에 대한 나의 그리움의 슬픔이 베어 있다는 말일 것이다. 눈물이 포도주가 된다는 것은 슬픔이 님에게 드리는 포도주로 승화되고 있음을 말한다. 그러나 그 승화는 완전한 승화는 아니다. 또다시 한 밤을 지나면 눈물이 될 것이기 때문이다.

誹謗

세상은 誹謗도만코 猜忌도만습니다

당신에게 誹謗과猜忌가 잇슬지라도 關心치마서요

誹謗을조아하는사람들은 太陽에 黑點이잇는것도 다행으로 생각함니다

당신에게대하야는 誹謗할것이업는 그것을 誹謗할는지 모르것습니다

조는獅子를 죽은羊이라고 할지언정 당신이 試錬을밧기위하야 盜賊에게 捕虜가되얏다고 그것을 卑怯[1]이라고할수는 업습니다

달빗을 갈꼿으로알고 흰모래위에서 갈마기를이웃하야 잠자는 기력이를 음란하다고할지언정 正直한당신이 狡滑한誘惑에 속혀서 靑樓에 드러갓다고 당신을 持操가업다고할수는 업습니다

당신에게 誹謗과猜忌가 잇슬지라도 關心치마서요

1) 원본에는 '刦'로 표기되어 있음.

비 방

세상은 비방도 많고 시기도 많습니다.

당신에게 비방과 시기가 있을지라도 관심치 마셔요.

비방을 좋아하는 사람들은 태양에 흑점이 있는 것도 다행으로 생각합니다.

당신에게 대하여는 비방할 것이 없는 그것을 비방할는지 모르겠습니다.

조는 사자를 죽은 양(羊)이라고 할지언정, 당신이 시련을 받기 위하여 도적에게 포로가 되었다고 그것을 비겁이라고 할 수는 없습니다.

달빛을 갈꽃으로 알고 흰 모래 위에서 갈매기를 이웃하여 잠자는 기러기를 음란하다고 할지언정 정직한 당신이 교활한 유혹에 속아서 청루(青樓)에 들어갔다고 당신을 지조가 없다고 할 수는 없습니다.

당신에게 비방과 시기가 있을지라도 관심치 마셔요.

만해는 남들로부터 비판받는 사람이라기보다는 비판하는 사람이었다. 그는 자신에게도 엄격하였고, 타인에게도 엄격하였다. 그러한 엄격함으로 인해 그는 일제시기 민족적 지조(志操)의 상징이 되었다. 그러나 그는 그의 사랑인 민족 자체에 대해서는 한없이 너그러울 수밖에 없었다. 그에게서 민족은 어떠한 비방과 시기도 있을 수 없는 대상이었다.

조는 사자를 양처럼 여길 수는 없다. 조는 사자는 언제고 깨어날 수 있으며 용맹성을 발휘할 수 있기 때문이다. 마찬가지로 한민족이 도적 일본의 포로가 되었다고 해서 비겁하다 할 수는 없다는 것이 만해의 믿음이다. 그의 믿음에 다르면 한민족이 일본의 포로가 된 것은 비겁해서가 아니라 스스로를 강화하기 위한 시련의 과정일 뿐이다. 그것은 역사와 민족에 대한 만해의 믿음이다.

기러기와 갈매기는 모두 물새이다. 때문에 강 하구(河口)에서는 기러기와 갈매기가 서로 이웃하며 살기도 한다. 그러나 기러기는 오리과 조류로서 주로 강가에서 사는 가을 철새이며, 갈매기는 바닷새로서 주로 겨울을 한반도에서 겨울을 나는 새이다. 또 기러기는 수풀 진 땅 위에 집을 짓는 데 비해 갈매기는 주로 절벽 위 바위틈에 둥지를 튼다. '달빛을 갈꽃으로 알고' 라는 것은 수풀 진 땅 위에 집을 짓는 기러기의 이러한 습성을 염두에 둔 말이리라. 어쨌거나 둘은 생태가 전혀 다른 새로서 함께하는 것은 매우 우연한 경우뿐이다. 마찬가지로 당신이 설령 '청루에 들어갔다고' 하더라도 그것은 당신의 생리가 아니다. 갈매기와 이웃하는 것이 기러기의 원래 생태가 아니듯 청루에 들어간 것은 당신의 생리가 아니다. 당신은 다만 유혹에 속았을 따름이니 지조 잃은 것이 아니다.

조선이 국권을 상실한 것은 조선인들이 적에게 맞설 용기가 부족하고, 외세의 유혹에 넘어가지 않는 지조가 부족한 때문인데, 만해는 이러한 잃어버린 민족적 자존심에 대해 변명하고 싶었던 것이리라.

만해 역시 조선이 국권을 상실한 것에 대해 비판적 의식이 없었을 리는 없다. 그러나 만해가 원한 것은 그러한 비판에서 오는 패배주의를 극복하고 국권을 되찾을 수 있는 자존심과 적극적 의식이었다.

「?」

희미한조름이 활발한 님의발자최소리에 놀나깨여 무거은눈섭을 이기지 못하면서 창을열고 내다보앗습니다

동풍에몰니는 소낙비는 산모롱이를 지나가고 뜰압희 파초닙위에 비ㅅ소리의 남은音波가 그늬를뜀니다

感情과理智가 마조치는 刹那에 人面의惡魔와 獸心의天使가 보이랴다 사러짐니다

흔드러깨는 님의노래가락에 첫잠든 어린잔나비의 애처로은꿈이 쏫써러지는소리에 깨엇습니다

죽은밤을지키는 외로운등잔ㅅ불의 구슬쏫이 제무게를 이기지 못하야 고요히써러짐니다

미친불에 타오르는 불상한靈은 絶望의北極에서 新世界를探險합니다

沙漠의쏫이어 금음밤의滿月이어 님의얼골이어

피랴는 薔薇花는 아니라도 갈지안한白玉인 純潔한나의닙설은 微笑에沐浴감는 그입설에 채닷지못하얏습니다

움지기지안는 달빗에 놀니운 창에는 저의털을가다듬는 고양이의 그림자가 오르락나리락합니다

아아 佛이냐 魔냐 人生이 ᄯᅴᄭᅳᆯ이냐 ᄭᅮᆷ이 黃金이냐
적은새여 바람에흔들리[1]는 약한가지에서 잠자는 적은새여

---

1) 원본에는 '리' 자가 탈락되어 있음.

'?' 2)

희미한 졸음이 활발한 님의 발자취 소리에 놀라 깨어 무거운 눈썹을 이기지 못하면서 창을 열고 내다보았습니다.

동풍에 몰리는 소낙비는 산모롱이를 지나가고, 뜰 앞의 파초 잎 위에 빗소리의 남은 음파(音波)가 그네를 뜁니다.

감정과 이지(理智)가 마주치는 찰나에 인면(人面)의 악마와 수심(獸心)의 천사가 보이려다 사라집니다.

흔들어 빼는 님의 노랫가락에 첫 잠든 어린 잔나비의 애처로운 꿈이 꽃 떨어지는 소리에 깨었습니다.

죽은 밤을 지키는 외로운 등잔불의 구슬꽃이 제 무게를 이기지 못하여 고요히 떨어집니다.

미친 불에 타오르는 불쌍한 영(靈)은 절망의 북극에서 신세계를 탐험합니다.

사막의 꽃이여, 그믐밤의 만월이여, 님의 얼굴이여.

피려는 장미화는 아니라도 갈지 않은 백옥인 순결한 나의 입술은 미소에 목욕감는 그 입술에 채 닿지 못하였습니다.

움직이지 않는 달빛에 눌리운 창에는 저의 털을 가다듬는 고양이의 그림자가 오르락내리락합니다.

아아, 불(佛)이냐 마(魔)냐, 인생이 티끌이냐, 꿈이 황금이냐.
작은 새여, 바람에 흔들리는 약한 가지에서 잠자는 작은 새여.

2) 이 시는 깨달음의 과정에서 올 수 있는 혼돈과 어두움, 그리고 번뇌의 표현이다. 시의 제목 '?'는 혼돈과 어두움의 상징처럼 보이기도 한다.

《님의 침묵》은 분명 만해의 증도가(證道歌)이다. 그러나 그 증도가는 고요한 적멸(寂滅)의 노래는 아니다. 도(道)의 본체는 고요하지만 그것은 또한 천변만화한다. 《님의 침묵》은 깨달음의 경지의 노래일 뿐 아니라 깨달음의 과정의 노래이기도 하다. 혼돈과 어두움, 번뇌와 갈등이 있고, 절망과 한숨이 있다.

'님의 발자취'는 언제나 나의 곁을 맴돈다. 님의 발자취는 삼라만상에 다 존재한다. 달에도 있고, 별에도 있고, 산에도 있고, 숲과 나무에도 있고, 지나가는 바람에도 있다. 그러나 님의 발자취가 언제나 발견되는 것은 아니다. 님의 발자취는 특별한 순간에, 그것을 찾고자 하는 염원이 내 마음속에 가득할 때만 발견되곤 한다. 그 순간은 또한 번뇌의 절정의 순간이기도 하다. 번뇌는 무명에서만 오는 것은 아니며, 무명을 벗어나려는 의지를 통해서도 온다. 두 번뇌는 전혀 다른 방향에서 오는 번뇌이지만 번뇌이기는 마찬가지이다. '희미한 졸음'과 '무거운 눈썹'은 걷히지 않은 무명의 덮개처럼 보인다.

소낙비가 산모롱이를 지나는 시각적 효과와 파초 잎을 두드리는 청각적 효과는 육체적 청량감뿐 아니라 정신적 청량감을 준다. '무거운 눈썹'으로 상징되는 번뇌로부터 일시적으로 벗어나는 것을 표현하고 있다.

감정과 이지(理智), 인면(人面)과 수심(獸心), 악마와 천사는 세계의 대립적 측면들이다. 그런데 이것을 대립으로 보는 것은 우리의 의식 속의 구분일 뿐 양자의 구분과 대립이 실재하는 것은 아니다. '감정과 이지가 마주치는 찰나'란 바로 이러한 세계에 대한 대립적 인식이 부정되는 순간을 말한다. 만해는 번뇌의 극점에서 양자에 대한 대립적 인식이 부정되는 것을 경험하지만, 그 부정은 여전히 완전한 부정으로 나아가지는 못하고 양자의 혼합으로 나타난다. 인면도 아니고 수심도 아니어야 하며, 악마도 아니고 천사도 아니어야 하는데, 인면이면서 수심이고, 악마이면서 천사가 되어 나타난 것이다. 이것은 여전히 혼란된 상태이며, 지속될 수 없는 상태이다. 까닭에 '보이려다 사라집니다'라고 하는 것이다.

님의 발자취가 사라지고, 보일 듯하던 진리의 모습이 사라졌을 때 나타나는 현실은 더욱 애달픈 모습이다. '흔들어 빼는 님의 노랫가락'은 무슨 소리를 표현한 것이라 단정할 수는 없으나, 길게 울부짖는 산짐승의 소리처럼 보인다. 그 소리는 갓 태어난 잔나비의 잠을 깨운다. '애처로운 꿈'은 애처로운 삶의 모습이다.

님의 발자취가 삼라만상에 다 있다면, 울부짖는 산짐승의 소리가 곧 님의 노랫가락이다. 그러나 그 소리에 연약한 어린 잔나비는 애처로운 모습으로 놀라 깬다. 어린 생명이란 꽃잎이 떨어지는 소리에도 놀랄 만치 연약한 존재인 것이다. 그리고 그 어린 잔나비는 시인 자신이다.

'활발한 님의 발자취'와 '흔들어 빼는 님의 노랫가락'에 깬 것은 무명의 졸음이지만, 무명에서 깬 자아가 이른 곳은 고요한 평화가 있는 깨달음의 세계가 아니다. 무명에서 깨어난 자아가 우선 마주치게 되는 것은 이지와 감정, 선과 악, 염(染)과 정(淨)의 혼합이며, 혼돈의 세계이다. 절대적 깨달음은 곧장 오지 않는 것이다.

혼돈된 의식 속에서도 자아는 고요한 내면을 찾으려고 노력하지만 그러한 노력은 쉽사리 완전한 성공을 얻지 못한다. '죽은 밤'은 그러한 사색(思索)의 시공간(時空間)이다. '외로운 등잔불의 구슬꽃'은 어두운 밤 등잔의 불꽃이 구슬처럼 영롱한 것을 비유한 말로서, 고요한 내면의 일 단면을 상징하고 있다. 그러나 그 내면의 빛은 지속적으로 빛나지 못한다. '제 무게를 이기지 못하여 고요히 떨어집니다'는 그러한 한계를 말하고 있다.

'미친 불에 타오르는 불쌍한 영(靈)'은 극도의 혼돈 속에 빠진 의식을 말한다. 온갖 번뇌와 망상, 정념으로 이글거리는 불꽃처럼 요동치는 의식이다. 그러한 의식은 아무런 희망과 방향성도 찾지 못하고 방황할 수밖에 없다. 불꽃처럼 이글거리지만 아무런 생명도 따스함도 없는 차가운 죽음의 세계 속에 있는 것과 마찬가지이다. '절망의 북극'은 바로 그러한 차가운 죽음의 세계를 가리킨다. '신세계의 탐험'은 어떠한 목표지점을 가진 원정이 아니다. 목표를 갖지 못한 방황을 말한다.

절망과 죽음의 세계 속에서 방황하는 의식은 님을 찾는다. 님은 모순의 세계 속에서의 희망, 모순 자체를 감싸는 존재이다. 사막이라고 해서 꽃이 없는 것은 아니지만, '사막의 꽃'과 '그믐밤의 만월'은 서로 모순되는, 그래서 현실세계에서는 존재하지 않는 것들이다. '사막의 꽃', '그믐밤의 만월'은 모순을 감싸고 혼돈 그 자체를 받아들이는 존재를 말한다. '님의 얼굴'은 바로 이러한 모순적 통일의 상징이다.

나는 모순을 감싸는 님과의 하나 됨을 통해서 모든 혼돈과 방황을 극복하기를 염원하지만, 나는 님을 만나지 못하고 있다. '미소에 목욕 감는 그 입술에 채 닿지 못하였습니다'는 하나 됨을 갈구하지만 만나지 못하는 애틋한 마음을 묘사하고 있다. 나는 장미화처럼 매력적인 존재는 아니지만, 님만을 향한 순결한 정신을 가지고 있다.

미소는 불·보살의 핵심 이미지이다. 불상과 보살상에서 우리의 이목을 가장 끄는 부분이 이 미소이다. 모든 불상과 보살상은 신비로운 미소를 머금고 있다. 불상과 보살상의 얼굴과, 팔, 다리, 몸, 그리고 옷에 이르는 모든 부드러운 곡선들은 모두 입가의 미소를 향해 흐르고 있고, 입가의 미소로부터 흘러나간다.

애틋한 것은 나의 마음일 뿐이다. 세계는 애틋한 나의 마음, 혼돈된 나의 의식에 무심할 따름이다. '움직이지 않는 달빛'은 그러한 무심함을 차갑게 드러낸다. 달빛이 주는 차가운 느낌은 그러한 무심함을 은유적으로 표현하고 있다. 그 달빛이 움직임마저 없다는 것은 쉼 없이 생멸하는 나의 의식과 완전한 대조를 이루고 있음을 말한다. 그 '달빛에 눌리운 창'은 무심한 세계의 무게에 짓눌려지는 자의식을 보여 준다. '털을 가다듬는 고양이의 그림자가 오르락내리락합니다'는 한가한 모습을 통해서 세계의 무심함을 드러내고 있다.

불(佛)과 마(魔), 티끌과 황금은 정반대의 것들이다. 불(佛)은 자비와 지혜와 광명이고, 마(魔)는 무자비와 무명과 어둠이다. 티끌은 미풍에도 날리어가는 덧없는 존재이고, 황금은 영원히 변치 않는 불멸의 상징이다. 상식의 세계에서는 불(佛)은 마(魔)와 다르고, 티끌은 황금과 다르다. 양자는 서로 혼돈될 수 없다. 그럼에도 불구하고 '아아, 불(佛)이냐 마(魔)냐 인생이 티끌이냐 꿈이 황금이냐' 라고 하는 것은 이것과 저것, 저것과 이것, 선과 악, 깨끗함과 더러움을 구분하는 세계에서 벗어나서 세계를 보고 있음을 말한다. 그러나 그렇다고 해서 구분된 세계를 벗어나서 비구분의 세계, 하나 됨의 세계에 이른 것은 아니다. 하나 됨의 세계가 아니라 이것과 저것이 헷갈리는 세계, 혼돈된 세계에 있는 것이다.

님의손ㅅ길

님의사랑은 鋼鐵을녹이는불보다도 뜨거은데 님의손ㅅ길은 너머차서 限度가업습니다
나는 이세상에서 서늘한것도보고 찬것도보앗습니다 그러나 님의손ㅅ길가티찬것은 볼수가업습니다

국화핀 서리아츰에 떠러진닙새를 울니고오는 가을바람도 님의손ㅅ길보다는 차지못합니다
달이적고 별에쌜나는 겨을밤에 어름위에 싸인눈도 님의손ㅅ길보다는 차지못합니다
甘露와가티淸凉한 禪師의說法도 님의손ㅅ길보다는 차지못합니다

나의적은가슴에 타오르는불쏫은 님의손ㅅ길이아니고는 끄는수가업습니다
님의손ㅅ길의溫度를 測量할만한 寒暖計는 나의가슴밧게는 아모데도 업습니다
님의사랑은 불보다도 뜨거워서 근심山을 태우고 恨바다를 말니는데 님의손ㅅ길은 너머도차서 限度가업습니다

님의 손길

님의 사랑은 강철을 녹이는 불보다도 뜨거운데 님의 손길은 너무 차서 한도가 없습니다.
나는 이 세상에서 서늘한 것도 보고 찬 것도 보았습니다. 그러나 님의 손길같이 찬 것은 볼 수가 없습니다.

국화 핀 서리 아침에 떨어진 잎새를 울리고 오는 가을바람도 님의 손길보다는 차지 못합니다.
달이 작고 별에 뿔나는 겨울밤에 얼음 위에 쌓인 눈도 님의 손길보다는 차지 못합니다.
감로와 같이 청량한 선사의 설법도 님의 손길보다는 차지 못합니다.

나의 작은 가슴에 타오르는 불꽃은 님의 손길이 아니고는 끄는 수가 없습니다.
님의 손길의 온도를 측량할 만한 한란계는 나의 가슴밖에는 아무 데도 없습니다.
님의 사랑은 불보다도 뜨거워서 근심 산(山)을 태우고 한(恨) 바다를 말리는데 님의 손길은 너무도 차서 한도가 없습니다.

'마음이 따뜻하면 손도 따뜻하다'는 것이 상식의 언어다. 뜨거운 사랑을 가진 이가 차가운 손을 가졌다는 것은 비상식적이며 모순된 언어다. 《님의 침묵》의 시들은 온통 모순적 어법으로 가득 차 있다. 그러한 모순적 어법은 독자의 상상력을 자극한다. '님의 사랑은 강철을 녹이는 불보다도 뜨거운데, 님의 손길은 너무 차서 한도(限度)가 없습니다'는 모순된 언어로 독자에게 의문을 던지고 상상력을 자극한다.

님의 손길이 차갑다는 것은 수은주로 측량된 것이 아니라 주관적 느낌으로서의 차가움이다. 그런 점에서는 가을바람처럼 차가운 것도 없다. 가을바람이 차가운 것은 그것이 뜨거운 태양과 함께 왕성한 활동을 하던 생명체들을 움츠러들게 하기 때문이다. 서리 내린 아침 가을바람에 뒹구는 낙엽은 삶의 무상감을 느끼게 하고, 그래서 바람은 더욱 차게 느껴진다. 그런 가을바람보다 님의 손길이 더 차다는 것은 무슨 말일까? 그것은 님의 무심함과 냉정함을 말하는 것일까?

겨울이 되면 달의 고도가 높아져서 작게 보이며, 별은 더욱 초롱초롱하게 빛난다. '별에 뿔나는 겨울밤'은 초롱초롱한 별빛을 묘사하고 있다. 얼음 위에 쌓인 눈은 달빛과 별빛에 반사되어 더욱 차가운 느낌을 주게 된다.

세속을 떠난 선사의 설법은 청량하다. 그러나 그 설법이 차가운 손길과 비교되는 것은 무슨 의미인가? 조금의 염오심(染汚心)도 허락하지 않는 준엄한 기상이 실린 설법을 이야기하는 것인가? 아니면 맑고 깨끗하여 세속의 번뇌에 찌든 마음을 맑게 한다는 뜻인가? 어쨌거나 여기서는 차가운 님의 손길이 가지는 의미의 이중성(二重性)이 드러난다. 긍정적인 의미일 수도 있고, 부정적인 의미일 수도 있다. 님의 손길은 나의 뜨거운 가슴을 식혀줄 수 있기에 차가운 것일 수도 있고, 님의 손길은 나의 뜨거운 가슴을 몰라주는 냉정한 손이기에 차가운 것일 수도 있다.

님의 손길만이 나의 가슴에 타오르는 불꽃을 끌 수가 있다는 것은 차가운 손의 긍정적 의미이다. 님의 손길은 님과의 직접적 만남을 말하며, 그 만남을 통하여 님의 사랑을 갈구하는 데서 오는 내 가슴속의 뜨거운 불꽃이 가라앉게 된다는 의미이다. 사랑으로 인한 가슴속의 불꽃은 사랑의 성취를 통해서만 끌 수가 있다. 다른 무엇으로도 끌 수가 없다.

님의 손길이 차가운 것은 객관적인 차가움이 때문이 아니다. 님의 손길의 차가움은 님을 사랑하는 나와의 관계 속에 있는 차가움이다. 나에게서 님의 손이 차가운 것이다. 님의 손이 나를 찾지 않기 때문에 그 손이 무한히 차갑게 느껴지는 것이고, 님의 손이 닿으면 금세 내 가슴의 불꽃이 사그라질 것 같기에 차게 느껴지는 것이다. 나의 가슴을 떠나서는 손길은 차가울 것도 없고 뜨거울 것도 없다.

근심은 무겁게 우리를 짓누르고, 한(恨)은 우리를 슬픔에 깊이 빠져들게 한다. 짓누르는 무게를 표현하기 위해 근심은 산(山)에 비유되고, 빠져드는 깊이를 표현하기 위해 한(恨)은 바다에 비유되고 있다.

海棠花

당신은 해당화픠기전에 오신다고하얏슴니다 봄은벌써 느젓슴니다
봄이오기전에는 어서오기를 바랏더니 봄이오고보니 너머일즉왓나 두려함니다

철모르는아해들은 뒤ㅅ동산에 해당화가픠엿다고 다투어말하기로 듯고도 못드른체 하얏더니
야속한 봄바람은 나는꼿을부러서 경대위에노임니다 그려
시름업이 꼿을주어서 입설에대히고「너는언제픠엿늬」하고 무럿슴니다
꼿은 말도업시 나의눈물에비처서 둘도되고 셋도됨니다

해당화

당신은 해당화 피기 전에 오신다고 하였습니다. 봄은 벌써 늦었습니다.
봄이 오기 전에는 어서 오기를 바랐더니 봄이 오고 보니 너무 일찍 왔나 두려워합니다.

철모르는 아이들은 뒷동산에 해당화가 피었다고 다투어 말하기로 듣고도 못 들은 체하였더니
야속한 봄바람은 나는 꽃을 불어서 경대 위에 놓입니다 그려.
시름없이 꽃을 주워서 입술에 대고 '너는 언제 피었니' 하고 물었습니다.
꽃도 말도 없이 나의 눈물에 비쳐서 둘도 되고 셋도 됩니다.

해당화는 전통 노랫가락에 자주 등장하는 꽃이다. 한반도 전역에서 자라고, 또 군락을 이루며 피는 그 분홍빛 아름다움이 선명한 인상을 주는 까닭일 것이다. 해당화는 오뉴월 사이에 피므로 해당화가 피기 전에 온다고 하였다는 것은 봄이 다 가기 전에 오겠다는 말이다. 봄에 온다는 것은 함께 봄의 정취를 즐기자는 뜻이며, 그것은 당신과 내가 연인이라는 말이다. '봄은 벌써 늦었습니다'란 온다는 시기가 다 지나가고 있음에도 님은 오지 않았음을 말한다. 단정적 어투는 비감한 현실을 직설적으로 토해 내는《님의 침묵》에 일관된 시인의 전형적 태도이다.

만나고 싶은 사람을 기다릴 때는 시간이 더디 가는 법이다. '봄이 오기 전에는 어서 오기를 바랐더니'란 것은 그러한 기다리는 이의 마음을 담고 있다. 그러나 약속한 시간이 지나도 기다리던 사람이 오지 않으면 마음속에 초조감이 일게 마련이다. 봄이 늦었음에도 당신이 오지 않은 것은 봄이 일찍 온 때문이 아니라 당신이 오지 못할 연유가 있는 때문이다. 그러나 그러한 연유가 있을 것을 바라지 않는 나는 괜히 때맞추어 온 봄에 문제가 있는 것처럼 느낀다.

그리움이 있는 사람을 울리는 것은 악의적인 말보다는 무심한 말이다. 해당화 피기 전에 오겠다는 님을 기다리는 나의 마음을 아이들이 알 리가 없다. 님을 기다리는 나는 님은 오지 않았는데 해당화는 피어버린 것이 아닌가 두려운데, 봄을 맞은 무심한 아이들은 마냥 즐거이 해당화 핀 소식을 전한다. 그 소식을 확인하고 싶지 않은 것은 당연하다.

그러나 무심한 것은 아이들만이 아니다. 동심(童心)보다 더 무심한 것은 자연의 마음이다. 해당화가 피었다는 아이들의 말을 외면하는 나의 마음은 생각지도 않고 봄바람은 해당화 꽃잎을 경대(鏡臺)에 불어 놓는다. 더 이상 외면하지 말라는 듯이. 꽃과 경대와 여인은 아름다운 장면이며, 님을 그리워하는 여인이기에 그 아름다움은 애틋함이다.

'시름없이'는 근심, 걱정 등으로 기운이 없는 모습을 말한다. 다투어 꽃소식을 전하는 아이들과 달리, 오지 않는 님에 대한 근심으로 가득 찬 나는 끝내 외면할 수 없는 거울 앞의 꽃잎을 주워들고 물어본다.

님은 오지 않았는데 꽃은 피었다는 사실, 받아들이고 싶지 않은 사실은 끝내 받아들여야만 했고, 참았던 눈물은 불쑥 흐르고 만다.

당신을보앗습니다

당신이가신뒤로 나는 당신을이즐수가 업습니다
까닭은 당신을위하나니보다 나를위함이 만습니다

나는 갈고심을쌍이 업슴으로 秋收가업습니다
저녁거리가업서서 조나감자를꾸러 이웃집에 갓더니 主人은 「거지는 人格이업다 人格이업는사람은 生命이업다 너를도아주는것은 罪惡이다」고 말하얏습니다
그말을듯고 도러나올때에 쏘더지는눈물속에서 당신을보앗습니다

나는 집도업고 다른까닭을겸하야 民籍이업습니[1]다
「民籍업는者는 人權이업다 人權이업는너에게 무슨貞操냐」하고 凌辱하랴는將軍이 잇섯습니다
그를抗拒한뒤에 남에게대한激憤이 스스로의슯음으로化하는刹那에 당신을보앗습니다
아아 왼갓 倫理, 道德, 法律은 칼과黃金을祭祀지내는 烟氣인줄을 아럿습니다
永遠의사랑을 바들ㅅ가 人間歷史의첫페지에 잉크칠을할ㅅ가 술을말실ㅅ가 망서릴때에 당신을보앗습니다

---

1) 원본에는 '이'로 표기되어 있음.

당신을 보았습니다

당신이 가신 뒤로 나는 당신을 잊을 수가 없습니다.
까닭은 당신을 위하느니보다 나를 위함이 많습니다.

나는 갈고 심을 땅이 없으므로 추수가 없습니다.
저녁거리가 없어서 조나 감자를 꾸러 이웃집에 갔더니 주인은 '거지는 인격이 없다. 인격이 없는 사람은 생명이 없다. 너를 도와주는 것은 죄악이다'고 말하였습니다.
그 말을 듣고 돌아 나올 때에 쏟아지는 눈물 속에서 당신을 보았습니다.

나는 집도 없고 다른 까닭을 겸하여 민적(民籍)이 없습니다.
'민적 없는 자는 인권이 없다. 인권이 없는 너에게 무슨 정조냐' 하고 능욕하려는 장군이 있었습니다.
그를 항거한 뒤에 남에게 대한 격분이 스스로의 슬픔으로 화하는 찰나에 당신을 보았습니다.
아아, 온갖 윤리, 도덕, 법률은 칼과 황금을 제사 지내는 연기인 줄을 알았습니다.
영원의 사랑을 받을까, 인간역사의 첫 페이지에 잉크칠을 할까, 술을 마실까 망설일 때에 당신을 보았습니다.

그리움은 이별에서 시작된다. 이별이 없으면 그리움도 없게 된다. 늘 함께 있는 동안, 우리는 함께 있는 그가 누구인지 내게 어떤 의미가 있는지 모른다. 그는 단지 나의 주변환경의 일부일 뿐이다. 이별이 있고서야 비로소 우리는 떠나간 이의 의미를 알고, 내 삶 속의 소중함과 비중을 알게 된다.

떠나간 이에 대해서는 염려와 그리움이 함께한다. 염려는 떠나간 이를 위함이요, 그리움은 나 자신을 위함이다. 하지만 떠나간 이에 대한 염려 역시 나 자신의 그리움에서 비롯되는 것이 인간의 심리이다. 까닭에 떠나간 이를 잊을 수가 없는 것은 그를 위함보다 나를 위함이 많은 것이다.

추수(秋收)가 없다는 것은 배고픈 겨울을 나야 한다는 것을 의미한다. 그러나 보다 더 절실한 문제는 추수가 없는 까닭이다. 갈고 심을 땅이 없다는 것은 한 해의 추수가 없는 것이 아니라, 앞으로의 추수도 없다는 것을 의미한다.

조와 감자는 구황(救荒)작물이다. 구황작물을 꾸러 간다는 것은 더없이 궁핍한 삶을 말한다. 또 조나 감자는 북간도의 대표적 작물이라는 점에서 조국을 잃고 만주 땅에서 사는 조선인의 처지를 묘사하고 있음을 알 수 있다. 이웃집은 또 이웃민족에 대응된다고 볼 수 있다. 나라 잃고 남의 민족의 땅에 빌붙어 사는 사람들이 온전한 대접을 받을 리가 없다. 나는 그들을 '이웃'으로 보지만 그들은 나를 거추장스러운 '거지'로 본다. 나는 '꾸러'가지만 그들은 '구걸'하러 온 것으로 본다. 조국을 잃은 자에게는 최후의 자존심마저 허용되지 않는 것이다. 인간으로서의 대우는 물론이고 생명으로서의 대우조차 받지 못하는 현실인 것이다.

가난보다 더 큰 서러움은 인격의 부정이다. 그리고 서러움은 사랑하는, 그러나 곁에 있지 않는 이에 대한 그리움을 불러일으킨다.

땅이 삶의 뿌리라면 집은 삶의 현재이다. 땅을 가진 전통시대의 삶이 뿌리가 있는 삶이었다면, 땅은 없고 집만 있는 오늘날 도시인들의 삶은 뿌리 없는 생활을 사는 삶이다. 땅이 없는 이는 삶의 뿌리가 뽑힌 자들이며, 집이 없는 이는 작금의 삶조차 없는 이이다. 그런데 시인은 '나는 집도 없고 다른 까닭을 겸하여 민적(民籍)이 없습니다'라고 말하고 있다. 나라 잃은 사람들의 삶은 뿌리도 없고 현재의 삶도 없는 것이다. 나라 없는 사람들에게 민적이 있다면 그것은 민적이 아니라 노예문서에 불과할 것이다. 까닭에 만해는 일생 민적을 가지지 않았다.

근대의 정치 이상(理想)은 천부인권(天賦人權)을 말한다. 그러나 현실의 인권은 하늘로부터 주어지지 않는다. 정치권력의 뒷받침이 있어야 인권이 있다. 주권을 잃은 식민지 사람들에게 인권이 있을 리가 없다. 인권이 없으면 정조 또한 유린당할 수밖에 없다. 정조는 개인적 윤리의 형식을 띠고 있지만, 실제는 그렇지가 않다. 가난하고 힘없는 이들일수록 정조를 지키기가 어렵다. 정조는 힘에 의해 유린당하는 것이기 때문이다. 장군은 바로 정조를 유린하는 힘의 상징이다.

정조를 유린당할 때 외적으로는 유린하는 자에 대한 분노가 찾아오지만, 내적으로는 유린당하는 처지의 무력함에 대한 슬픔이 함께 오기 마련이다. 왕비가 시해되었을 때도, 일제에 주권을 잃었을 때도, 조선인은 일제에 대한 분노와 무력한 조선의 처지에 대한 슬픔을 함께 겪었다. '격분이 스스로의 슬픔으로 화하는 찰나'는 또한 본능적 저항이 자기반성으로 변하는 순간을 말한다. 그 찰나에 보는 당신은 나를 슬프게 하는 이이자, 동시에 나를 슬픔으로부터 벗어나게 할 수 있는 유일한 이이다.

윤리, 도덕, 법률은 선과 가치를 상징하고, 칼과 황금은 악과 현실을 상징한다. 선이 악을 누른다면 윤리, 도덕, 법률은 칼과 황금에 우선한다. 그러나 전도(顚倒)된 세계에서는 악이 선을 지배한다. 선은 악을 꾸며주는 장식물에 불과하다. 윤리, 도덕, 법률이 칼과 황금을 제사 지내는 연기라는 것은 윤리, 도덕, 법률이 칼과 황금을 위해 자신들을 희생하고 소멸된다는 것을 말한다. 이웃집 주인이 인격을 거론하며 나를 거지취급 하는 데서 윤리는 황금을 제사 지내는 연기가 되었으며, 민적이 없는 탓에 장군에 의해 인권이 부정되고 능욕당하는 데서 도덕과 법률은 칼을 제사 지내는 연기로 화하였다.

인격이 부정되고 정조가 유린당하는 현실을 만났을 때, 선과 가치가 악과 현실을 꾸미는 장식품에 불과한 것을 깨달았을 때 내가 택할 수 있는 것은 무엇인가? 죽음과, 역사의 부정과, 자아(自我)의 부정이다. 영원의 사랑은 죽음을, 인간역사의 첫 페이지에 잉크칠을 하는 것은 역사의 원천적 부정을, 술을 마시는 것은 자아의 부정을 의미한다. 망설임의 와중에서 당신을 보는 것은 여전히 당신이 나의 마지막 희망임을 말하고 있다.

비

비는 가장큰權威를가지고 가장조흔機會를줍니다
비는 해를가리고 하늘을가리고 세상사람의눈을 가립니다
그러나 비는 번개와무지개를 가리지안습니다

나는 번개가되야 무지개를타고 당신에게가서 사랑의팔에 감기고자합니다
비오는날 가만히가서 당신의沈黙을 가저온대도 당신의主人은 알수가업습니다

만일 당신이 비오는날에 오신다면 나는 蓮닙으로 윗옷을지어서 보내것습니다
당신이 비오는날에 蓮닙옷을입고오시면 이세상에는 알사람이 업습니다
당신이 비ㅅ가온대로 가만히오서서 나의눈물을 가저가신대도 永遠한秘密이 될것입니다
비는 가장큰權威를가지고 가장조흔機會를줍니다

비

비는 가장 큰 권위를 가지고 가장 좋은 기회를 줍니다.
비는 해를 가리고 세상 사람의 눈을 가립니다.
그러나 비는 번개와 무지개를 가리지 않습니다.

나는 번개가 되어 무지개를 타고 당신에게 가서 사랑의 팔에 감기고자 합니다.
비 오는 날 가만히 가서 당신의 침묵을 가지고 온대도 당신의 주인은 알 수가 없습니다.

만일 당신이 비 오는 날에 오신다면 나는 연(蓮)잎으로 웃옷을 지어서 보내겠습니다.
당신이 비 오는 날에 연잎 옷을 입고 오시면 이 세상에는 알 사람이 없습니다.
당신이 비 가운데로 가만히 오셔서 나의 눈물을 가져가신대도 영원한 비밀이 될 것입니다.
비는 가장 큰 권위를 가지고 가장 좋은 기회를 줍니다.

굵은 빗줄기는 모든 것을 가리고 세상을 침묵시킨다. 비는 모든 존재의 움직임과 언어와 지각까지도 중지시킨다. 세찬 비가 오면 우리는 아무것도 보지 못하고 듣지 못한다. 다만 세차게 쏟아지는 빗줄기와 그 빗줄기가 대지를 두드리는 소리만을 듣는다. 그런 의미에서 비는 가장 큰 권위를 가지고 있다. 그러나 그 속에서 가장 좋은 기회를 찾는 것은 희망에 대한 시인의 열망 때문일 것이다.

비오는 날에는 해도 없고 하늘도 보이지 않는다. 사람도 보이지 않는다. 은밀한 사랑을 품은 이에게는 자신의 사랑을 확인할 수 있는 더없이 좋은 기회이다.

비는 모든 것을 가리고 침묵시키지만 번개를 동반하고, 무지개를 동반하는 것은 아니다. 무지개는 비가 그친 연후에야 나타난다. 비가 무지개를 가리지 않는다는 것은 희망이 현실을 초월하는 시인의 심리상태를 보여 준다.

번개는 당신을 빨리 만나겠다는 욕망을 보여주고 있고, 무지개는 그러한 욕망을 싣고 아득한 공간을 가로질러 나르는 아름다운 마차이다. 번개가 된다면야 굳이 무지개를 탈 까닭이 어디 있겠는가? 그러나 욕망의 세계는 합리의 세계가 아니다. 욕망은 단지 원하는 모든 것을 모두 불러 모을 따름이다. 당신에게 빨리 가고 싶은 욕망과 만남을 아름답게 하고 싶은 욕망으로 나는 번개가 되어 무지개를 타고 싶은 것이다.

그렇게 날아간 나는 당신의 사랑의 팔에 감긴다. 팔에 감긴다는 것은 마치 짝을 이루어 추는 춤의 마무리 동작을 연상시킨다. 내가 당신에

안기는 것과 당신이 나를 안는 것을 동시에 묘사하고 있다. 그것은 분명 더없이 육감적인 표현이다.

번개가 되어 무지개를 타고 가서 당신의 팔에 감기는 것은 더없이 매혹적인 장면이지만 여기에는 또한 당신과 나 사이에 얼마나 먼 거리가 놓여 있으며, 그로 인하여 내 마음이 또 얼마나 간절해지는가가 표현되고 있다. 당신과 나 사이에는 번개가 되어야 갈 수 있는 거리가 놓여 있고, 무지개만이 연결할 수 있는 단절이 있다.

비가 오면 모든 것이 침묵한다. 모든 것이 고요한 가운데 가만히 가서 당신의 침묵을 가져온다면 누가 알겠는가? 《님의 침묵》 전편에 걸쳐서 님은 항상 침묵한다. 님의 침묵은 님의 존재(存在)와 부재(不在)를 모두를 표현한다. 님은 존재하지만 나와의 직접적인 대면에서는 부재한다. 부재 속에서의 현존인 것이다. 번개가 되어 무지개를 타고 가서 님의 팔에 안기어도 님의 사랑을 확인할 수는 없다. 님은 님의 주인이 있기 때문이다. 나는 다만 님의 주인 몰래 님의 침묵만을 가져 올 수 있다.

나만이 당신을 찾아갈 수 있는 것은 아니다. 당신이 나를 찾아올 수도 있다. 내가 당신을 찾아가건 당신이 나를 찾아오건 비오는 날에는 온 세상 몰래, 모든 사람 몰래 당신과 내가 만날 수 있으리라. 비오는 날 나는 번개를 보면서 무지개를 타고 당신을 찾아가는 나를 상상하고, 연잎에 떨어지는 빗방울을 보면서 나를 찾아오는 당신을 상상한다.

연잎으로 당신의 윗옷을 지어 보낸다는 것은, 왔으면 하는 당신에 대한 나의 정성어린 배려의 마음이다. 연잎 옷이 좋은 까닭은 그것이 당신이 비에 젖지 않게 함이 아니다. 연잎 속에 감추어지면 남들이 당신이 오는 것을 모르기 때문이다.

내가 원하는 것은 당신의 사랑을 자랑하고자 함도 아니요, 당신과 영원히 함께하고자 함도 아니다. 흐르는 눈물 속에 있는 당신에 대한 그리움을 그치고 싶을 따름이다.

비는 무슨 권위를 가졌으며 무슨 기회를 내게 주었을까? 내가 님을 찾아가고 님이 나를 찾아오는 상상을 허락하는 기회를 준 권위를 가졌다.

服從

남들은 自由를사랑한다지마는 나는服從을조아하야요
自由를모르는것은 아니지만 당신에게는 服從만하고십허요
服從하고십흔데 服從하는것은 아름다은自由보다도 달금합니다 그것이 나의幸福입니다

그러나 당신이 나더러 다른사람을服從하라면 그것만은 服從할수가 업슴니다
다른사람을 服從하랴면 당신에게 服從할수가업는 까닭입니다

복 종

남들은 자유를 사랑한다지마는 나는 복종을 좋아하여요.

자유를 모르는 것은 아니지만 당신에게는 복종만 하고 싶어요.

복종하고 싶은데 복종하는 것은 아름다운 자유보다도 달콤합니다. 그것이 나의 행복입니다.

그러나 당신이 나더러 다른 사람을 복종하라면 그것만은 복종할 수가 없습니다.

다른 사람을 복종하려면 당신에게 복종할 수가 없는 까닭입니다.

자유는 근대 정치이념의 핵심이다. 만해는 누구보다도 정치이념으로서의 자유의 중요성을 자각하고 있었다. 만해는 자유주의가 또한 불교사상의 핵심이라고 여겼다. 그는 말한다.

> 근세의 자유주의(自由主義)와 세계주의(世界主義)가 사실은 평등한 이 진리[불교]에서 나온 것이라 할 수 있다.

그러나 식민지 한국 젊은이들에게 허용된 것은 정치적 자유가 아니라 연애의 자유였다. 당시 문인들이나 젊은이들의 자유연애에 대한 과도한 집착은 그러한 현실에의 매몰(埋沒)이었다. 만해가 자유에 대한 사랑이 아니라 복종을 선택하는 것은 당대 현실에 대한 비판이라고 할 수 있을 것이다. 자유란 지조나 신뢰의 부정이 아니다. 당신에게 복종한다는 것은 지조와 신뢰에 대한 강한 표현이다. 민족에 대한 지조와 신뢰, 전통에 대한 지조와 신뢰, 사랑에 대한 지조와 신뢰, 만해는 이런 것들을 지키고 싶었으리라.

만해는 누구보다도 복종을 싫어하고 자유를 추구한 사람이다. 그는 스무 살이 안 된 나이로 집을 나갔으며, 불교의 인습을 송두리째 부정하고, 일제에 끝내 복종하지 않았다. 만해는 진정 자유를 아는 사람이다. 그러기에 그는 복종하고 싶어 한다. 진정한 자유는 지향점(指向點) 없는 자유가 아니다. 진정한 자유는 지향점이 있는 자유다. 만해의 자유는 처음부터 지향점이 있는 자유였다. 민족과 조국, 그리고 불교의 깨달음이 만해의 자유의 지향점이다. '당신에게는 복종만 하고 싶어요' 라는 것은 당신이 내 자유의 지향점이며, 나는 그 지향점에 도달하고 싶다는 말에 다름 아니다. 만해의 이러한 생각은 앞서 〈자유정조〉에서도 확인된 바이다.

자유와 복종은 대립어가 아니다. 공(空)의 논리 속에서 절대적인 대립어는 존재하지 않는다. 유(有)와 무(無)가 상호 전화(轉化)하듯이 자유와 복종도 상호 전화한다. 복종하고 싶은데 복종하는 것은 더 이상 복종이 아니라 자유의 선택이다. 복종이 곧 자유인 것이다. 아름다운 자유는 두 가지로 해석될 수 있다. 자유의 아름다움일 수도 있고, 방향을 잃지 않은 자유일 수도 있을 것이다. 그러나 어떤 것이든 만해처럼 가야할 길이 있는 이에게서 자유는 목적지는 아니다. 가야할 길이 있는 이에게는 거기에 도달하는 것이 행복이다.

목적지가 있고, 가야할 길이 있는 것이 행복이라고 해서 어디나 갈 수는 없다. 나는 내가 가고자 하는 곳을 갈 따름이다. 누군가가 정한 곳을 가야 한다면 그것은 복종이다. 강요된 이념, 강요된 국가, 강요된 사랑에 대한 복종은 나의 자유를 부정하는 것이다.

나에게는 지향점이 있으며, 그 지향점을 바꿀 것을 요구한다면 따를 수 없다. 그것은 자유가 아니라 신념의 부재이기 때문이다.

참어주서요

나는 당신을 리별하지아니할수가 업슴니다 님이여 나의리별을 참어주서요
당신은 고개를넘어갈때에 나를도러보지마서요 나의몸은 한적은모래속으로 드러가랴함니다

님이여 리별을참을수가업거든 나의죽엄을 참어주서요
나의生命의배는 부끄럼의 땀의바다에서 스스로爆沈하랴함니다 님이여 님의입김으로 그것을부러서 속히잠기게 하야주서요 그러고 그것을 우서주서요

님이여 나의죽엄을 참을수가업거든 나를사랑하지마러주서요 그리하고 나로하야금 당신을사랑할수가업도록 하야주서요
나의몸은 터럭하나도 빼지아니한채로 당신의품에 사러지겄슴니다
님이여 당신과내가 사랑의속에서 하나가되는것을 참어주서요 그리하야 당신은 나를사랑하지말고 나로하야금 당신을사랑할수가업도록 하야주서요 오오 님이여

참아주셔요

나는 당신을 이별하지 아니할 수가 없습니다. 님이여, 나의 이별을 참아주셔요.

당신은 고개를 넘어갈 때에 나를 돌아보지 마셔요. 나의 몸은 한 작은 모래 속으로 들어가려 합니다.

님이여, 이별을 참을 수가 없거든 나의 죽음을 참아주셔요.

나의 생명의 배는 부끄럼의 땀의 바다에서 스스로 폭침(爆沈)하려 합니다. 님이여, 님의 입김으로 그것을 불어서 속히 잠기게 하여주셔요. 그리고 그것을 웃어주셔요.

님이여, 나의 죽음을 참을 수가 없거든 나를 사랑하지 말아주셔요. 그리하고 나로 하여금 당신을 사랑할 수가 없도록 하여주셔요.

나의 몸은 터럭 하나도 빼지 아니한 채로 당신의 품에 사라지겠습니다.

님이여, 당신과 내가 사랑의 속에서 하나가 되는 것을 참아주셔요. 그리하여 당신은 나를 사랑하지 말고 나로 하여금 당신을 사랑할 수가 없도록 하여주셔요. 오오, 님이여.

《님의 침묵》은 떠나간 님에 대한 노래이다. 내가 님을 떠난 것이 아니라 님이 나를 떠난 데 대한 아쉬움과 만남에의 기약에 대한 노래이다. 그러나 오직 이 시에서 만큼은 내가 님을 떠나고 있다. 줄곧 떠나간 님과의 만남을 열망하던 내가 님을 이별하는 까닭은 무엇인가? 나는 진정 님을 이별하겠다는 것인가? 시의 시작은 분명 그러하다. 내가 님을 이별할 수밖에 없음을 말한다.

그러나 시의 둘째 행에서 고개를 넘어 떠나가는 사람은 내가 아니라 님이다. 떠나가는 것은 님인데 왜 내가 이별한다는 것인가? 이것은 역설이다. 나는 님을 이별할 수 없다는 것에 대한 역설이다. 떠나가는 님의 변명에 대한 역설을 사용한 항변이다. 당신이 지금 나를 떠나면 다시는 나를 볼 수 없을 것이라는 애절한 협박이다. '한 작은 모래 속으로' 들어간 나를 당신은 영원히 찾을 수 없게 된다는 협박이다.

당신이 나의 이별을 말로써 만류하고 떠나간다면, 나는 차라리 죽음을 택할 것이다. 나의 주검을 원치 않는다면 당신은 나를 떠나지 말아야 한다.

무슨 변명을 하더라도 이별은 명백히 사랑의 거절이며, 거절당한 사랑만큼 부끄러운 일은 없다. '부끄럼의 땀의 바다'는 거절당한 사랑이 주는 아픔의 깊이와 넓이를 말한다. 나의 생명의 배가 거기에 폭침(爆沈)한다는 것은 사랑의 좌절과 함께 나의 존재의미가 사라졌음을 선언하는 것이다.

내가 사는 이유는 당신에게 있으므로, 나의 삶과 죽음은 오로지 당신에게 달려 있다. 사랑의 좌절의 바다에 폭침(爆沈)하는 나를 당신이 입김으로 불어서 속히 잠기게 해야 하는 까닭은 당신이 내 삶의 운명을 쥐고 있으므로 그것을 확인해야 하기 때문이다. 그리고 그러한 당신의 행위는 당신 스스로의 판단이므로 웃어야 하지 않느냐는 항변이다.

나의 사랑은 목숨을 건 사랑이다. 목숨을 건 사랑이 아니면 그 사랑은 나에게 아무런 의미도 없다. 당신이 나를 사랑한다면 당신은 당신에 대한 사랑의 좌절로 내가 죽음을 택할 수 있다는 것을 알아야 한다.

사랑이란 둘이면서 하나가 되는 것이다. 몸과 마음이 둘이면서도 하나가 되는 것이다. 당신과 내가 하나인 만큼 당신을 떠난 나는 어디에도 없고, 어느 만큼도 없다.

내가 님을 사랑하지 않는 것, 님이 나를 사랑하지 않는 것은 완전한 사랑을 말한다. 완전한 사랑은 사랑하지 않아도 되는 사랑을 거쳐 사랑할 필요가 없게 된 사랑, 당신과 내가 하나가 된 사랑이다. 완전한 깨달음에 이른 이가 더 이상 수행을 의식할 필요가 없듯이 완전한 사랑을 이룬 이는 더 이상 사랑의 확인을 필요치 않아야 한다.

어늬것이참이냐

엷은紗의帳幕이 적은바람에 휘둘녀서 處女의꿈을 휩싸듯이 자최도업는 당신의사랑은 나의靑春을 휘감슴니다

발딱거리는 어린피는 고요하고맑은 天國의音樂에 춤을추고 헐떡이는 적은靈은 소리업시써러지는 天花의그늘에 잠이듬니다

간은봄비가 드린버들에 둘녀서 푸른연긔가되듯이 씃도업는 당신의 情실이 나의잠을 얼금니다

바람을싸러가랴는 써른꿈은 이불안에서 몸부림치고 강건너사람을부르는 밧분잠꼬대는 목안에서 그늬를뜀니다

비낀달빗이 이슬에저진 쏫숩플을 싸락이처럼부시듯이 당신의 써난恨은 드는칼이되야서 나의애를 도막々々 끈어노앗슴니다

문밧긔 시내물은 물ㅅ결을보태랴고 나의눈물을바드면서 흐르지안슴니다

봄 산의 미친바람은 쏫써러트리는힘을 더하랴고 나의한숨을 기다리고 섯슴니다

어느 것이 참이냐

엷은 사(紗)의 장막이 작은 바람에 휘둘려서 처녀의 꿈을 휩싸듯이 자취도 없는 당신의 사랑은 나의 청춘을 휘감습니다.
발딱거리는 어린 피는 고요하고 맑은 천국의 음악에 춤을 추고 헐떡이는 작은 영(靈)은 소리 없이 떨어지는 천화(天花)의 그늘에 잠이 듭니다.

가는 봄비가 드린 버들에 둘려서 푸른 연기가 되듯이 끝도 없는 당신의 정(情)실이 나의 잠을 얽습니다.
바람을 따라가려는 짧은 꿈은 이불 안에서 몸부림치고, 강 건너 사람을 부르는 바쁜 잠꼬대는 목 안에서 그네를 뜁니다.

비낀 달빛이 이슬에 젖은 꽃수풀을 싸라기처럼 부시듯이 당신의 떠난 한은 드는 칼이 되어서 나의 애를 도막도막 끊어놓았습니다.

문밖의 시냇물은 물결을 보태려고 나의 눈물을 받으면서 흐르지 않습니다.
봄 산의 미친 바람은 꽃 떨어뜨리는 힘을 더하려고 나의 한숨을 기다리고 섰습니다.

에로티시즘과 깨달음의 일관된 통일은 《님의 침묵》이 가지는 역동성(力動性)이다. 시의 첫 행은 양자의 통일을 잘 보여준다. 엷은 사(紗)의 장막에 휘둘리는 처녀의 꿈은 웨딩드레스를 입고자 하는 처녀의 소망이며, 자취도 없는 당신의 사랑은 젊은 시인의 삶을 사로잡고 있는 아직은 분명히 포착할 수 없는 깨달음의 세계이다. 처녀가 스스로 에로스에의 정열에 지배당하듯이, 젊은 수도자에게도 깨달음을 향한 현재의 도정(道程)은 삼매(三昧)의 경지가 아니라 자신을 지배하는 또 하나의 욕망의 경계선상이다. 그래서 시인은 '휩싸듯이'라 하고 있다.

처녀의 소망과 청춘의 욕망 속에는 순수의 세계가 있다. '어린 피'와 '적은 영(靈)'은 처녀의 소망과 청춘의 욕망의 순수한 원형질(原形質)이다. 그 원형질에도 번뇌의 싹이 없는 것은 아니다. 모든 생명은 그 자체가 이미 번뇌의 결과임에랴. '발딱거림'과 '헐떡임'은 번뇌의 움직임이다.

천국의 음악과 천화(天花)의 그늘은 본래적 깨달음의 세계이다. 꽃과 음악 그리고 춤이 있는 아름다운 봄 풍경 속에서 또 생명이 약동하고 있지만, 그것은 축복만은 아니다. 생에는 이미 번뇌가 잠들어 있다.

촉촉한 봄비가 따뜻해진 대지의 열을 받으면 물안개가 되어 피어오른다. 그 물안개가 푸른빛을 띤 버드나무 잎 사이로 솟아오르면 푸른 연기가 된다. 더없이 신비롭고 아름다운 봄의 들녘. 그러나 아름다움은 애틋한 사람의 마음을 더욱 힘들게 한다. 안개로 뒤덮인 대지는 신비로운 공간이 되고, 그 공간 속에서 내 의식은 몽롱해지고, 당신에 대한 나의 정(情)은 근원을 알 수 없는 연원을 갖게 된다. 당신에 대한 나의 정

(情)은 무의식의 세계 속에서도 나를 얽어매고 있다.

젊은 꿈은 오래되어 나의 온몸과 온 정신 속에 스며든 욕망이다. 그 욕망의 주체는 욕망에서 벗어난 바람 같은 자유로움을 꿈꾼다. 그러나 자유는 쉽게 얻어지지 않는다. 욕망은 두터운 업장(業障)이 되어 영혼의 자유를 질식시키고 있다. '이불'은 업장에 대한 비유이다. '이불 안에서 몸부림'치듯이 영혼은 욕망의 업장 속에서 헐떡인다.

바람이 자유를 상징하듯, '강 건너'는 해탈의 세계를 상징한다. '강 건너 사람을 부르는 바쁜 잠꼬대'는 해탈에 대한 열망이자 미망(迷妄)이다. 욕망으로부터 벗어나는 것은 간절하고도 급한 일이지만, 간절함과 급함은 또한 미망이요 잠꼬대이다. 잠꼬대가 입안에서 맴돌고 제 소리를 못 내듯 해탈에의 성급한 열망은 제자리걸음만 하게 만든다.

밤을 지새우고 새벽이슬이 내리도록 청춘의 번뇌는 거칠 줄을 모른다. 달빛에 비친 봄 이슬은 영롱한 보석처럼 아름다울 터이며, 이슬 젖은 꽃 수풀은 또 얼마나 아름다울 것인가? 꽃 수풀에 달린 이슬에 반사된 달빛은 허공에 뿌려진 보석처럼 반짝인다. 그러나 세상 모든 것에 내재한 양면성이 있다. 새벽이슬에 반사된 차가운 달빛은 그러나 번뜩이는 칼날을 닮았다. 달빛이 이슬에 반사되어 보석가루처럼 부서지듯이 사랑을 갈구하는 나의 애간장은 이별의 슬픔의 칼에 도막도막 끊기고 만다. 행복한 이에게는 모든 것이 아름다움이지만, 외로운 이에게는 모든 것이 슬픔이다. 봄 시내의 맑은 물조차도 외로운 이의 슬픔을 자아낸다.

봄바람에 흩날리는 꽃비는 젊은 연인의 마음을 설레게 하는 아름다움이다. 그 바람이 미친 바람인 까닭은 나의 마음이 번뇌의 광기(狂氣)에 사로잡힌 때문이다. 미친 바람은 없다. 바람은 그저 무심한 바람일 따름이다. 미친 것은 바람이 아니라 나의 마음이다.

情天恨海

가을하늘이 놉다기로
情하늘을 싸를소냐
봄바다가 깁다기로
恨바다만 못하리라

놉고놉흔 情하늘이
시른것은 아니지만
손이 나저서
오르지 못하고
깁고깁흔 恨바다가
병될것은 업지마는
다리가 쩔너서
건느지 못한다

손이 자래서 오를수만 잇스면
情하늘은 놉흘수록 아름답고
다리가 기러서 건늘수만 잇스면
恨바다는 깁흘수록 묘하니라

만일 情하늘이 무너지고 恨바다가 마른다면
차라리 情天에 ᄯᅥ러지고 恨海에 ᄲᅡ지리라

아々 情하늘이 놉흔줄만 아럿더니
님의이마보다는 낫다
아々 恨바다가 깁흔줄만 아럿더니
님의무릅보다는 엿다

손이야 낫든지 다리야 ᄶᅥ르든지
情하늘에 오르고 恨바다를 건느랴면
님에게만 안기리라

정천한해(情天恨海)

가을하늘이 높다기로
정(情) 하늘을 따를쏘냐.
봄바다가 깊다기로
한(恨) 바다만 못하리라.

높고 높은 정 하늘이
싫은 것은 아니지만,
손이 낮아서
오르지 못하고,
깊고 깊은 한 바다가
병 될 것은 없지마는,
다리가 짧아서
건너지 못한다.

손이 자라서 오를 수만 있다면
정 하늘은 높을수록 아름답고,
다리가 길어서 건널 수만 있다면
한 바다는 깊을수록 묘하니라.

만일 정 하늘이 무너지고 한 바다가 마른다면
차라리 정천(情天)에 떨어지고 한해(恨海)에 빠지리라.

아아, 정 하늘이 높은 줄만 알았더니
님의 이마보다는 낮다.
아아, 한 바다가 깊은 줄 알았더니
님의 무릎보다는 얕다.

손이야 낮든지 다리야 짧든지
정 하늘에 오르고 한 바다를 건너려면
님에게만 안기리라.

상투성(常套性) 속에서 심오함을 발견하고, 심오함을 통속의 언어로 표현해 내는 것, 그것은 분명 시인의 역할이다. 시인은 전형적인 통속적 어휘를 통해서 그 어휘 속의 새로운 의미를 발견해 낸다. 정(情)과 한(恨), 하늘과 바다는 너무나도 통속적인 어휘의 나열처럼 보인다. 그러나 정(情) 하늘과 한(恨) 바다는 정과 한의 인과를 보여 주는 탁월한 해석이다. 정(情)은 내 아닌 것에 대한 사랑이기에 하늘에 비유되고, 한(恨)은 나를 슬픔에 잠기게 하기에 바다에 비유되고 있다.

첫「키쓰」

마서요 제발마서요
보면서 못보는체마서요
마서요 제발마서요
입설을다물고 눈으로말하지마서요
마서요 제발마서요
뜨거은사랑에 우스면서 차듸찬잔부끄럼에 울지마서요
마서요 제발마서요
世界의꼿을 혼저따면서 亢奮에넘처서 떨지마서요
마서요 제발마서요
微笑는 나의運命의가슴에서 춤을춥니다 새삼스럽게 스스러워
마서요

첫 '키스'

마셔요, 제발 마셔요.

보면서 못 보는 체 마셔요.

마셔요, 제발 마셔요.

입술을 다물고 눈으로 말하지 마셔요.

마셔요, 제발 마셔요.

뜨거운 사랑에 웃으면서 차디찬 잔부끄럼에 울지 마셔요.

마셔요, 제발 마셔요.

세계의 꽃을 혼자 따면서 항분(亢奮)에 넘쳐서 떨지 마셔요.

마셔요, 제발 마셔요.

미소는 나의 운명의 가슴에서 춤을 춥니다. 새삼스럽게 스스러워 마셔요.

첫 키스는 사랑에 대한 극적이면서도 수줍은 확인이다. 확인된 사랑임에도 아직은 아니라고 수줍음은 말한다. '보면서 못 보는 체'하는 것은 그러한 주저와 수줍음이다. 주저와 수줍음을 넘을 때 첫 키스는 완전한 사랑이 될 것이다.

수줍은 연인은 사랑하노라고 입으로 말하지 않는다. 눈은 사랑을 숨기지 못하지만, 입으로는 말하지 않는다. 마침내 입으로 사랑을 말할 때, 그 말이 헛되더라도 사랑은 맹세가 될 것이다.

첫 키스의 희열이 뜨거운 사랑의 결과라면, 차디찬 잔부끄럼은 첫 키스의 불필요한 부산물이다. 불필요한 부산물을 버리면 첫 키스는 순수한 희열(喜悅)이 될 것이다.

첫 키스는 황홀하다. 온갖 지상의 아름다움을 다 가진 것처럼 황홀한 경험이다. 그러나 수줍음은 황홀함이 없었던 양하려 한다. 항분(亢奮)은 그러한 수줍은 부인(否認)의 태도이다. 수줍은 부인을 버리면 황홀함에 몰입할 수 있을 것이다.

첫 키스는 새로운 세계를 열고 새로운 운명을 예고한다. 그것은 흥분된 세계이고 설레는 운명이다. 스스러움 없이 그 운명에 춤출 때 첫 키스는 완성된다.

禪師의說法

나는 禪師의說法을 드럿습니다

「너는 사랑의쇠사실에 묵겨서 苦痛을밧지말고 사랑의줄을끈어라 그러면 너의마음이 질거우리라」고 禪師는 큰소리로 말하얏습니다

그禪師는 어지간히 어리석습니다

사랑의줄에 묵기운것이 압흐기는 압흐지만 사랑의줄을끈으면 죽는것보다도 더압흔줄을 모르는말입니다

사랑의束縛은 단々히 얼거매는것이 푸러주는것입니다

그럼으로 大解脫은 束縛에서 엇는것입니다

님이어 나를얽은 님의사랑의줄이 약할가버서 나의 님을사랑하는줄을 곱드렷습니다

선사(禪師)의 설법

나는 선사의 설법을 들었습니다.

'너는 사랑의 쇠사슬에 묶여서 고통을 받지 말고 사랑의 줄을 끊어라. 그러면 너의 마음이 즐거우리라'고 선사는 큰 소리로 말하였습니다.

그 선사는 어지간히 어리석습니다.

사랑의 줄에 묶기운 것이 아프기는 아프지만 사랑의 줄을 끊으면 죽는 것보다도 더 아픈 줄을 모르는 말입니다.

사랑의 속박은 단단히 얽어매는 것이 풀어주는 것입니다.

그러므로 대해탈(大解脫)은 속박에서 얻는 것입니다.

님이여, 나를 얽은 님의 사랑의 줄이 약할까 봐서 나의 님을 사랑하는 줄을 곱들였습니다.

시는 시적 운율과는 무관한 직설적 산문체로 시작한다. 그러나 선언적 산문체는 대중연설자가 장중한 연설을 시작하기에 앞서 청중을 자기에게 귀 기울이게 하는 수법과 같은 것이다.

인연생고(因緣生苦), 불교는 생(生)을 괴로움으로 보고, 인연을 괴로움의 원인으로 본다. 인생의 많은 괴로움은 얽히고설킨 인연에서 비롯된다. 혈연이 없다면 가족의 죽음을 괴로워할 까닭이 어디 있겠는가? 연인이 아니라면 이별이 왜 괴로움이겠는가? 조국이 아니라면 나라 잃은 슬픔이 어디 있겠는가? 자신의 몸이 아니라면 흉한 얼굴이 왜 싫겠는가?

가족, 연인, 조국, 자신을 연결시키는 연(緣)이 없다면 괴로움은 없을 것이다. 연은 자신을 엮는 사랑의 끈이자 괴로움의 쇠사슬이다. 괴로움에서 벗어나는 것은 연을 끊는 것, 사랑의 쇠사슬을 끊는 것이다. 그것은 선사의 가르침이기 이전에 부처의 가르침이다.

그러나 부처와 조사(祖師)를 부정하는 것, 그것이 또한 불교이고 선불교다. '그 선사는 어지간히 어리석습니다'라는 말은 선(禪)을 부정함으로써 선(禪)을 살리는 어법이다. 불교는 언어의 실체성을 부정한다. 어떠한 언어적 진리도 그 자체로서 완전한 진리일 수는 없다. 모든 언어적 표현은 방편적 진리일 뿐이다.

인연생고(因緣生苦)란 말도 하나의 방편적 진리이며, 일체 중생에 대한 대비심(大悲心)이란 말도 하나의 방편적 진리이다. 전자는 인연을 끊을 것을 주장하지만, 후자는 인연을 맺을 것을 주장한다. 어느 쪽도 완전한 진리가 아니며, 어느 것도 거짓이 아니다. 어떤 상황에서 어떻게 말하고 이해하느냐에 따라 진리와 거짓이 성립한다.

인연의 속박은 고통이다. 그러면 인연을 버리는 것은 해탈인가? 선사의 설법은 그렇게 말한다. 인연을 버리면 내 마음이 자유로우리라 한다. 그러나 선사의 말은 얼마만 한 체험적 진실을 담고 있는가. '사랑의 줄을 끊어라'라는 선사의 말은 현실을 외면하는 관념(觀念)의 유희(遊戲)에 불과한 것이 아닐까. 체험적 진실은 사랑의 줄을 끊는 고통은 죽음보다 더한 고통임을 말한다. 체험의 진실에서 볼 때 현실을 외면하는 선사의 정신은 병든 정신이다. 현실에서 유리된 산사의 생활은 승려들을 공허한 관념의 세계로 떠돌게 한다.

사랑의 속박으로부터 벗어나는 길은 사랑으로부터 도망가는 데 있지 않다. 사랑의 속박으로부터 벗어나는 길은 사랑 자체를 완전히 하는 데 있다. 사랑하는 이들이 사랑을 두려워하지 않고 사랑에 정면으로 다가갈 때 사랑의 속박에서 벗어날 수 있다. 사랑하는 이들이 타자를 타자로서 받아들이면서도 서로를 자기 자신으로 사랑할 때, 사랑은 완벽해지고 사랑의 속박은 풀어진다. 그러므로 사랑하는 이들은 사랑의 속박을 단단히 얽어매어 서로가 하나가 되어야 한다.

대해탈(大解脫)은 속박에서 얻는 것이다. 대해탈은 무엇인가로부터 벗어나는 것이 아니다. 대해탈은 이것에서 벗어나 저것에 속박되는 것이 아니라 일체로부터 벗어나는 것이며, 일체로부터 벗어나는 길은 일체와 하나가 되는 것이다. 사랑의 연줄을 끊는다고 해탈이 오지는 않는다. 일체와 하나가 되지 않는 한 하나의 연줄을 끊으면 또 하나의 연줄에 얽매일 수밖에 없다.

대해탈의 진실은 진정한 자신의 마음을 아는 데 있다. 나의 마음은 님을 향하고 있으며, 님을 떠날 수가 없다는 것을 안다. '사랑의 줄을 끊으라'는 선사의 설법이 있지만, 나는 나를 얽고 있는 님과의 인연을 끊지 않는다. 나는 도리어 님에 대한 사랑의 의지를 더욱 굳건히 한다.

그를보내며

그는간다 그가가고십허서 가는것도 아니오 내가보내고십허서 보내는것도 아니지만 그는간다

그의 붉은입설 흰니 간은눈ㅅ섭이 어엽분줄만 아럿더니 구름가튼 뒤ㅅ머리 실버들가튼허리 구슬가튼발숨치가 보다도 아름답습니다

거름이 거름보다 머러지더니 보이랴다말고 말랴다보인다

사람이머러질수록 마음은가까워지고 마음이가까워질수록 사람은머러진다

보이는듯한것이 그의 흔드는수건인가 하얏더니 갈마기보다도 적은 쪼각구름이난다

그를 보내며[1)]

그는 간다. 그가 가고 싶어서 가는 것이 아니요, 내가 보내고 싶어서 보내는 것도 아니지만 그는 간다.
그의 붉은 입술, 흰 이, 가는 눈썹이 어여쁜 줄만 알았더니 구름 같은 뒷머리, 실버들 같은 허리, 구슬 같은 발꿈치가 보다도 아름답습니다.

걸음이 걸음보다 멀어지더니 보이려다 말고 말려다 보인다.
사람이 멀어질수록 마음은 가까워지고 마음이 가까워질수록 사람은 멀어진다.
보이는 듯한 것이 그의 흔드는 수건인가 하였더니 갈매기보다도 작은 조각구름이 난다.

---

1) 이 시는 화자가 남성이라는 점에서 《님의 침묵》 가운데서 이채로운 시이다. 《님의 침묵》은 '님'에 조국, 부처, 진리, 민족 등의 이미지를 부여하기 위해서 '님'을 주로 남성으로 묘사하고, 화자를 여성으로 설정하고 있다. 그러나 이 시에서의 '나'의 상대는 '그'이고 여성이다.

모든 이별은 원치 않는 이별이다. 떠나는 이에게나 보내는 이에게나 이별은 원치 않는 이별이다. 그래서 이별은 애틋하고, 연인과의 이별은 더욱 애틋하다.

이별의 순간에 연인의 모습은 더욱 선명하게 다가온다. '붉은 입술', '흰 이', '가는 눈썹'은 미인에 대한 전형적인 묘사이자, 떠나는 연인이 가지고 있는 강렬한 이미지에 대한 묘사이다. '구름 같은 뒷머리', '실버들 같은 허리', '구슬 같은 발꿈치' 또한 미인에 대한 전형적인 묘사이자, 떠나는 연인에 대한 애틋한 이미지에 대한 묘사이다. 만남을 상징하는 앞모습과 이별을 상징하는 뒷모습이 대칭을 이루고 있다. 앞모습의 빨강과 하얀 원색의 색채가 가미된 세밀한 묘사와, '구름', '실버들'이 가지고 있는 비고정적 이미지 또한 대칭을 이루고 있다.

이별하는 이는 보내야 한다는 것을 알면서도 쉬이 보내지를 못한다. 떠나는 이를 따라 문밖을 나서고, 동구 밖을 나선다. 그래도 아쉬움은 남아 이별에 이별을 거듭하고서도 뒷모습을 따르며 가다가 멈추기를 거듭 되풀이한다. '걸음이 걸음보다 멀어지더니'에서 앞의 걸음은 떠나는 이를, 뒤의 걸음은 보내는 이의 걸음을 가리킨다.

'보이려다 말고 말려다 보인다'는 것은 언덕에 서서 떠나가는 이가 굽이굽이 난 길을 돌고 돌아가며 멀어지는 것을 지켜보는 마음을 그리고 있다.

눈에 보이지 않으면 마음에서도 사라지는 것이 대개의 인간관계다. 그러나 사랑하는 사람은 멀리 있을수록 마음속에 더욱 사무친다. 눈앞에 있을 때는 몰랐던 모습조차 떠올리게 된다. 그러기에 '구름 같은 뒷머리, 실버들 같은 허리, 구슬 같은 발꿈치가 보다도 아름답습니다'라고 한 것이리라.

金剛山

萬二千峰! 無恙하냐 金剛山아
너는 너의님이 어데서무엇을하는지 아너냐
너의님은 너때문에 가슴에서타오르는 불쏫에 왼갓 宗教, 哲學, 名譽, 財産 그외에도 잇스면잇는대로 태여버리는줄을 너는 모를니라

너는 쏫에붉은것이 너냐
너는 입헤푸른것이 너냐
너는 丹楓에醉한것이 너냐
너는 白雪에깨인것이 너냐

나는 너의沈黙을 잘안다
너는 철모르는아해들에게 종작업는讚美를바드면서 싯분우슴을참고 고요히잇는줄을 나는잘안다

그러나 너는 天堂이나 地獄이나 하나만가지고 잇으렴으나
쑴업는잠처럼 깨끗하고 單純하란말이다
나도 써른갈궁이로 江건너의쏫을 꺽는다고 큰말하는 미친사람은 아니다 그레서 沈着하고單純하랴고한다
나는 너의입김에 불녀오는 쪼각구름에 「키쓰」한다

萬二千峰! 無恙하냐 金剛山아
너는 너의님이 어데서무엇을하는지 모르지

금강산

만이천봉! 무양(無恙)하냐 금강산아.

너는 너의 님이 어디서 무엇을 하는지 아느냐.

너의 님은 너 때문에 가슴에서 타오르는 불꽃에 온갖 종교, 철학, 명예, 재산 그 외에도 있으면 있는 대로 태워버리는 줄을 너는 모르리라.

너는 꽃에 붉은 것이 너냐.
너는 잎에 푸른 것이 너냐.
너는 단풍에 취한 것이 너냐.
너는 백설(白雪)에 깨인 것이 너냐.

나는 너의 침묵을 잘 안다.

너는 철모르는 아이들에게 종작없는 찬미를 받으면서 시쁜 웃음을 참고 고요히 있는 줄을 나는 잘 안다.

그러나 너는 천당이나 지옥이나 하나만 가지고 있으려무나.

꿈 없는 잠처럼 깨끗하고 단순하란 말이다.

나도 짧은 갈고리로 강 건너의 꽃을 꺾는다고 큰말하는 미친 사람은 아니다. 그래서 침착하고 단순하려고 한다.

나는 너의 입김에 불려오는 조각구름에 키스한다.

만이천봉! 무양(無恙)하냐 금강산아.

너는 너의 님이 어디서 무엇을 하는지 모르지.

금강산(金剛山)은 단순하지 않다. 온갖 봉우리와 기암들의 금강산은 단순할 수 없다. 금강산은 변화무상하다. 금강산은 무양(無恙)할 수 없는 산처럼 보인다. 어느 봉우리, 어느 바위에선가 무슨 일이 있을 것만 같다. 그것은 굴곡만은 시인의 삶을 닮았다.

천변만화(千變萬化)의 금강산, 자신의 삶을 닮은 금강산에 시인은 너의 님이 무엇을 하는지 아느냐고 묻는다. 금강산의 님은 무엇을 하는가? 금강산의 님은 누구인가? 조선인가? 아니면 대우주인가?

그 님이 온갖 종교 · 철학 · 명예 · 재산, 그리고 다른 모든 것을 태워버린다면, 그 님은 시인 자신이다. 거대한 새로운 문명 속에서 무너져버린 정신적 전통, 잃어버린 조국과 함께 사라져버린 출세의 길, 그 속에 불가피하게 주어진 가난의 길, 그것이 시인에게 주어진 삶이다. 그러나 시인이 겪는 삶의 고통을 아는 이는 없고, 누구의 탓으로 돌릴 수도 없다. 그래서 시인은 산에게라도 책임을 돌리고 산을 향한 독백을 통하여 자신의 삶에 대한 위무(慰撫)를 구하고 싶어 한다.

계절 따라 산은 변한다. 봄에는 붉은 꽃으로, 여름에는 푸른 잎으로, 가을에는 화려한 단풍으로, 겨울에는 흰 눈으로 산 빛은 변한다.

온갖 형상을 가지고 있고 온갖 변화를 하는 산이지만 산은 말이 없다. 그 말 없음은 선사의 침묵을 닮았다.

사람들은 산의 천변만화가 아름답다 하지만 그것은 종작없는 찬미(讚美)다. 시인은 산의 천변만화가 자신의 변화무상한 삶과 같은 것임을 안다. 변화무상한 삶에서 오는 고뇌로 가득 찬 시인의 삶을 속 모르는 이들이 예찬한다면 시인은 '시쁜 웃음'을 지을 수밖에. 속없는 세상은 변화무상한 삶의 화려한 외관을 부러워할지 모르나, 시인이 추구하는 것은 삶의 궁극적 단순성이다.

선(禪)은 사고의 단순성을 추구한다. 선(禪)은 현상세계의 변화무상에 현혹되지 않고, 있는 그대로를 보려 한다. 선(禪)은 있는 그대로의 것은 오염되지 않은 순수한 마음이며 그것은 극히 단순한 것이라고 본다. 그 단순함에는 어떠한 구분도 없다. 선과 악도 없고, 깨끗함과 더러움도 없다. 성스러움과 속됨도 없다. '천당'과 '지옥'은 구분의 시적 상징이다. '천당'은 선, 깨끗함, 성스러움의 세계이고, '지옥'은 악, 더러움, 속됨의 세계이다.

'하나만 가지고 있으려무나'는 구분 가운데 하나를 취하라는 말이 아니다. 불교는 양단에 떨어지는 것을 경계한다. '하나만 가지고 있으려무나'는 세계를 구분지어보는 사고 자체에 대한 부정이다. '지옥'이든 '천당'이든 하나만 가진다면 그것은 지옥도 아니고 천당도 아니게 된다. 천당이 없으면 지옥이 없고, 지옥이 없으면 천당이 없다.

꿈도 없는 잠은 참선 수행의 깊은 경지이다. 초기 요가이론에서부터 꿈도 없는 잠의 상태는 명상(瞑想)의 최고단계로 간주되어 왔다. 꿈도 없는 잠은 깨끗하고 단순하다. 거기에는 아무런 번뇌, 갈등, 욕망이 없다. '꿈 없는 잠처럼 깨끗하고 단순하란 말이다' 라는 것은 시인 스스로를 향한 독백이다. 분주한 세상 일, 번뇌 많은 생각거리들 속에서도 시인은 사고의 단순함을 유지하고 싶어 한다.

'짧은 갈고리로 강 건너의 꽃을 꺾는다고 큰 말하는 미친 사람'은 강 건너로 상징되는 이상(理想)세계의 것을 추구하는 혁명가이거나 이상가이다. 혁명가나 이상가의 말은 클 수밖에 없다. 그들의 말은 현실을 벗어나는 원대한 이상이기 때문이다. 현실주의자들에게는 비현실적이고 허튼 소리를 하는 미친 사람처럼 간주되지만 그들은 이상을 추구한다. 만해는 바로 그러한 혁명가요 이상가이다. 그의 전기는 그가 때로 미친 사람처럼 보였다는 것을 기술하고 있다. 그러나 그는 혁명가요 이상가이기 이전에 선사(禪師)이다. '침착'과 '단순함'을 추구하는 선사(禪師)가 만해의 본분이다.

변화무상함 속에서도 말 없는 산, 그 산으로부터 날아오는 조각구름에의 키스는 산의 그러한 모습과 자신과의 동질성에 대한 확인이다. 산의 님은 시인 자신이다. 그가 님인 까닭은 그가 산의 주인이어서가 아니다. 산은 시인 자신의 대역이며, 님은 자기 삶의 주인이다. 시인은 자신의 삶에 대해 산을 매개로 해서 묻는다.

님의얼골

님의얼골을 「어엽부다」고[1] 하는말은 適當한말이아닙니다
어엽부다는말은 人間사람의얼골에 대한말이오 님은 人間의것이라고 할수가 업슬만치 어엽분까닭입니다

自然은 엇지하야 그러케어엽분님을 人間으로보낸는지 아모리 생각하야도 알수가업습니다
알것습니다 自然의가온대에는 님의짝이될만한무엇이 업는까닭입니다

님의입설가튼 蓮꼿이 어데잇서요 님의살빗가튼 白玉이 어데잇서요
봄湖水에서 님의눈ㅅ결가튼 잔물ㅅ결을 보앗습닛가 아츰볏에서 님의微笑가튼 芳香을 드럿습닛가
天國의音樂은 님의노래의反響입니다 아름다은별들은 님의눈빗의化現입니다

아々 나는 님의그림자여요
님은 님의그림자밧게는 비길만한것이 업습니다
님의얼골을 어엽부다고하는말은 適當한말이아닙니다

1) 원본에는 '「어엽부 다고'로 되어 있음.

님의 얼굴

님의 얼굴을 '어여쁘다'고 하는 말은 적당한 말이 아닙니다.
어여쁘다는 말은 인간 사람의 얼굴에 대한 말이요, 님은 인간의 것이라고 할 수가 없을 만치 어여쁜 까닭입니다.

자연은 어찌하여 그렇게 어여쁜 님을 인간으로 보냈는지 아무리 생각하여도 알 수가 없습니다.
알겠습니다. 자연의 가운데에는 님의 짝이 될 만한 무엇이 없는 까닭입니다.

님의 입술 같은 연꽃이 어디 있어요, 님의 살빛 같은 백옥(白玉)이 어디 있어요.
봄 호수에서 님의 눈결 같은 잔물결을 보았습니까. 아침볕에서 님의 미소 같은 방향(芳香)을 들었습니까.
천국의 음악은 님의 노래의 반향입니다. 아름다운 별들은 님의 눈빛의 화현(化現)입니다.

아아, 나는 님의 그림자여요.
님은 님의 그림자밖에는 비길 만한 것이 없습니다.
님의 얼굴을 어여쁘다고 하는 말은 적당한 말이 아닙니다.

얼굴은 그 사람의 전체이다. 얼굴은 그 사람의 모든 것을 말한다. 얼굴을 그린다는 것은 그 사람의 내면세계까지도 그리는 것을 말한다. 님의 얼굴은 님의 참모습이고 온 모습이다. 그 님의 얼굴은 어여쁘지만 '어여쁘다' 라는 말로 표현할 수 있는 것이 아니다. 님의 얼굴은 어떠한 말로도 표현할 수가 없다.

인간의 말은 인간의 세계만을 표현할 수 있다. '어여쁘다'는 말도 사람의 얼굴에만 어울리는 말이다. 님은 인간의 것이 아니어서 인간의 말로 표현할 수가 없다. 님은 곧 진리이기 때문이다. 진리는 말로 표현할 수 없다. 진리는 수행과 명상을 통해서 도달할 수 있는, 언어의 세계를 초월한 세계라는 것이 불교인들의 생각이고, 만해의 생각이다.

진리의 세계는 신비로운 세계이다. 그것은 분명 존재하지만 이성적 사고로 이해할 수 없는 세계이다. '그렇게 어여쁜 님'은 진리의 신비로움에 대한 문학적 표현이고, '아무리 생각하여도 알 수가 없습니다'는 이성적 추리로 파악할 수 없음을 말한다.

진리의 세계와 현상세계는 차이가 있다. 진리는 현상세계에 드러나지만 현상세계의 어떠한 존재도 진리의 세계와 짝할 수가 없다.

입술과 살빛은 인체 가운데서 가장 에로틱한 부분이다.《님의 침묵》은 가장 에로틱한 곳에서 진리의 모습을 발견해 낸다. 진리는 에로스와 융합되어 있다. 님은 진리의 이름이자 에로스의 이름이다. 입술과 살빛은 에로틱한 흥분을 불러일으키는 단어이며, 연꽃과 백옥은 진리를 암시하는 단어들이다.

님의 아름다움에 대한 묘사는 작은 자연물을 통한 비유에서 점차 확대되어 대자연과 우주공간으로 확대된다. '호수'와 '아침 별'은 님의 아름다움을 비교해 볼 수 있는 대자연과 우주공간이다. 님의 아름다움, 진리는 이러한 자연세계에서도 나타나지만 자연의 아름다움을 벗어나고, 우주공간에서도 나타나지만 우주공간을 벗어난다. 또 님의 아름다움은 눈으로 볼 수 있고 귀로도 볼 수 있지만, 제대로 볼 수도 없고 제대로 들을 수도 없다.

님의 아름다움은 물리적 우주를 넘어 신(神)적 우주를 통해서 비로소 제 모습이 드러난다. '천국의 음악'과 '아름다운 별'은 그러한 신적 우주이다. 그러나 이 역시 진리 자체는 아니며, 진리의 반영이다. 법신불(法身佛)이 화신불(化身佛)을 통해서 드러나듯이 진리가 신적 우주를 통해 드러난 것이다.

님은 나의 지향점이다. 나는 진리를 향해 나아간다. 그러나 나는 진리의 그림자만을 닮았을 뿐이다.

감성적 지각의 세계에는 진리가 없다. 다만 진리의 그림자만이 있을 따름이다.

진리는 언어의 세계에 포착되지 않는다. 진리에 대한 어떠한 표현도 진리를 말하기에 적당하지 않다.

심은버들

뜰압헤 버들을심어
님의말을 매랏드니
님은 가실때에
버들을꺽어 말채칙을 하얏슴니다

버들마다 채칙이되야서
님을따르는 나의말도 채칠까하얏드니
남은가지 千萬絲는
해마다 해마다 보낸恨을 잡어맴니다

심은 버들

뜰 앞에 버들을 심어
님의 말을 매렸더니
님은 가실 때에
버들을 꺾어 말채찍을 하였습니다.

버들마다 채찍이 되어서
님을 따르는 나의 말도 채칠까 하였더니
남은 가지 천만사(千萬絲)는
해마다 해마다 보낸 한(恨)을 잡아맵니다.

세상사는 흔히 기대에 어긋난다. 아니 기대에 반한다. 님을 붙들려는 일들이 도리어 님이 떠나는 것을 재촉한다.

樂園은가시덤풀에서

죽은줄아럿든 매화나무가지에 구슬가튼꼿방울을 매처주는 쇠잔한눈위에 가만히오는 봄긔운은 아름답기도합니다

그러나 그밧게 다른하늘에서오는 알수업는향긔는, 모든꼿의 죽엄을 가지고다니는 쇠잔한눈이 주는줄을 아심닛가

구름은가늘고 시내물은엿고 가을산은 비엇는데 파리한바위새이에 실컷 붉은단풍은 곱기도합니다

그러나 단[1]풍은 노래도부르고 우름도웁니다 그러한「自然의人生」은, 가을바람의쉼을짜러 사러지고 記憶에만남어잇는 지난여름의 무르녹은 綠陰이 주는줄을 아심닛가

一莖草가 丈六金身이되고 丈六金身이 一莖草가됩니다

天地는 한보금자리오 萬有는 가튼小鳥입니다

나는 自然의거울에 人生을비처보앗슴니다

苦痛의가시덤풀뒤에 歡喜의樂園을 建設하기위하야 님을써난나는 아아 幸福입니다

낙원은 가시덤불에서

죽은 줄 알았던 매화나무 가지에 구슬 같은 꽃망울을 맺혀주는 쇠잔한 눈 위에 가만히 오는 봄기운은 아름답기도 합니다.

그러나 그 밖의 다른 하늘에서 오는 알 수 없는 향기는 모든 꽃의 죽음을 가지고 다니는 쇠잔한 눈이 주는 줄을 아십니까.

구름은 가늘고 시냇물은 얕고 가을산은 비었는데 파리한 바위 사이에 실컷 붉은 단풍은 곱기도 합니다.

그러나 단풍은 노래도 부르고 울음도 웁니다. 그러한 '자연의 인생'은 가을바람의 꿈을 따라 사라지고 기억에만 남아있는 지난 여름의 무르녹은 녹음이 주는 줄을 아십니까.

일경초(一莖草)[2]가 장육금신(丈六金身)이 되고 장육금신이 일경초가 됩니다.

천지는 한 보금자리요, 만유(萬有)는 같은 소조(小鳥)입니다.

나는 자연의 거울에 인생을 비춰보았습니다.

고통의 가시덤불 뒤에 환희의 낙원을 건설하기 위하여 님을 떠난 나는 아아 행복입니다.

1) 원본에는 '당'으로 되어 있음.

2) 《유심》(唯心) 2호 권두언 〈일경초(一莖草)의 생명(生命)〉은 다음과 같이 말한다. "제 아무리 악마라도 엇지 막으랴 焦土 가운데서도 金石을 뚫을 듯한 참 생명을 가졌던 그 풀의 勃然? 사랑스럽다 鬼의 도끼로도 魔의 이빨로도 어쩌지 못할 一莖艸의 生命."

매화는 봄의 전령사이다. 매화는 아직도 매서운 추위가 남아 있는 이월에 벌써 꽃을 피운다. 아직도 눈 쌓인 차가운 기운 속에 피기에 매화의 아름다움은 더욱 빛난다. 그리고 매화는 봄기운을 알리기에 더욱 아름답다.

사람들은 겨울을 싫어하고 봄을 좋아한다. 추운 겨울이 없고 따뜻하고 생명이 넘치는 봄만 있었으면 한다. 하지만 계절의 법칙은 겨울을 통해서 봄을 허락한다. 쇠잔한 눈으로 상징되는 겨울은 모든 꽃을 지게 하지만, 그것은 또한 새로운 생명을 준비시키는 과정이기도 하다. 우리는 눈 위에 피는 매화만을 보지만 차가운 대기 속에도 생명의 기운은 들어 있다.

가을은 아름답지만 쓸쓸한 계절이다. 맑은 하늘에 얇은 사(紗)처럼 걸린 구름은 소멸(消滅)의 이미지를 준다. 가을의 쓸쓸함을 자아내는 것은 엷은 구름만이 아니다. 장마로 넘쳐나던 시내는 마르고, 산의 녹음(綠陰)도 엷어진다. 모든 것이 엷어지고 쇠잔해지는 가운데서 붉게 타오르는 바위 속 단풍 빛은 천고의 세월을 견디어 온 바위마저 파리하게 보이게 한다.

단풍의 붉은빛이 아름답다면 단풍잎에 부는 가을바람 소리는 아름다운 노래일 것이다. 푸른 생명을 다한 단풍이 쓸쓸하다면 거기에 부는 가을바람은 쓸쓸한 울음일 것이다. 인생에 생로병사가 있듯이 자연에도 생로병사가 있다. 계절의 변화는 '자연의 인생'의 인생이다. 그 인생 또한 윤회와 연기의 법칙을 따른다. 지난여름의 녹음은 가을바람을 따라 사라지고 우리들의 기억 속에만 있지만, 가을의 단풍은 지난여름의 녹음으로부터 온 것이다.

일경초(一莖草)가 장육금신(丈六金身)이 되고 장육금신이 일경초가 된다는 말은 원오극근(元悟克勤, 1063~1135)이 깨달은 경지의 자유자재함을 표현하기 위해 사용한 말이다. 만해는 여기에 생명과 윤회의 의미를 덧붙이고 있다. 연약한 한 줄기 풀은 결코 연약하지 않다. 한 줄기 풀은 때로 바위틈에서 살아난다. 한 줄기 풀이 장육금신 부처님의 몸이 되는 까닭이다. 한 줄기 풀은 미미한 중생이지만 그 중생이 곧 부처님이기도 하다.

천지간의 모든 것은 생멸변화(生滅變化)를 겪는다. 계절을 따라 꽃이 피고 지고, 녹음이 엷어져서 단풍이 든다. 온갖 존재는 성함과 쇠함, 삶과 죽음을 겪는 것이 한 마리 작은 새의 그것과 다름이 없다. 인간의 삶도 다른 만유(萬有)와 다를 것이 없다. 그러기에 자연은 곧 인생의 거울이다.

'꽃의 죽음을 가지고 다니는 쇠잔한 눈'이 없이 매화나무 가지에 꽃망울이 맺힐 수 없다. 고통의 과거가 없이는 환희의 현재가 없다. 까닭에 고통의 가시덤불 뒤에 환희의 낙원을 건설한다. 님을 떠나는 고통 없이 님을 다시 만나는 기쁨을 기대할 수는 없다. 님을 떠난 내가 행복한 것은 떠남은 만남의 원인이기 때문이다.

참말인가요

그것이참말인가요 님이어 속임업시 말슴하야주서요

당신을 나에게셔 빼아서간 사람들이 당신을보고 「그대는 님이업다」고 하얏다지요

그래서 당신은 남모르는곳에서 울다가 남이보면 우름을 우슴으로 변한다지오

사람의 우는것은 견될수가업는것인데 울기조처 마음대로못하고 우슴으로변하는것은 죽엄의맛보다도 더쓴것입니다

그러면 나는 그것을변명하지안코는 견될수가업슴니다

나의生命의꼿가지를 잇는대로꺽거서 花環을만드러 당신의목에걸고 「이것이 님의님이라」고 소리처말하것슴니다

그것이참말인가요 님이어 속임업시 말슴하야주서요

당신을 나에게서 빼아서간 사람들이 당신을보고 「그대의 님은 우리가 구하야준다」고 하얏다지오

그래서 당신은 「獨身生活을하것다」고 하얏다지오

그러면 나는 그들에게 분풀이를하지안코는 견될수가업슴니다

만치안한 나의피를 더운눈물에 석거서 피에목마른 그들의칼에쌔리고 「이것이 님의님이라」고 우름석거서 말하것슴니다

참말인가요

그것이 참말인가요. 님이여, 속임 없이 말씀하여 주셔요.

당신을 나에게서 빼앗아 간 사람들이 당신을 보고 '그대는 님이 없다'고 하였다지요.

그래서 당신은 남모르는 곳에서 울다가 남이 보면 울음을 웃음으로 변한다지요.

사람의 우는 것은 견딜 수가 없는 것인데 울기조차 마음대로 못하고 웃음으로 변하는 것은 죽음의 맛보다도 더 쓴 것입니다.

그러면 나는 그것을 변명하지 않고는 견딜 수가 없습니다.

나의 생명의 꽃가지를 있는 대로 꺾어서 화환을 만들어 당신의 목에 걸고 이것이 님의 님이라고 소리쳐 말하겠습니다.

그것이 참말인가요. 님이여, 속임 없이 말씀하여 주셔요.

당신이 나에게서 빼앗아 간 사람들이 당신을 보고 '그대의 님은 우리가 구하여 준다'고 하였다지요.

그래서 당신은 '독신생활을 하겠다'고 하였다지요.

그러면 나는 그들에게 분풀이를 하지 않고는 견딜 수가 없습니다.

많지 않은 나의 피를 더운 눈물에 섞어서 피에 목마른 그들의 칼에 뿌리고 '이것이 님의 님이라'고 울음 섞어서 말하겠습니다.

기쁜 일이건 슬픈 일이건, 사랑은 사랑하는 이의 모든 것을 함께하고자 한다. 그것이 사랑이고 함께함이다. '속임 없이 말씀하여 주셔요'는 모든 것을 함께하고자 하는 마음의 표현이다.

정복자는 약탈자보다 잔인하다. 약탈자는 빼앗아 가는 것으로 만족하지만 정복자는 군림(君臨)하고 유린(蹂躪)한다. 정복자는 자신을 정당화하기 위하여 피정복자의 인격을 부정하고, 존재 의미를 부정한다. '그대는 님이 없다'는 것은 내가 존재해야 할 이유를 부정하는 말이다. '님'은 바로 내가 존재해야 하는 의미이기 때문이다.

그대는 조선이며, 그대의 님은 조선인이다. 일제는 조선을 정복했다. 일제는 조선의 국권을 찬탈했으며 나아가서 조선인의 의식 속에서 조선인이란 생각을 없애려 하였다. 정복의 완성은 그 나라 사람들에게서 그 나라를 빼앗는 것에서 이루어지지 않으며, 정복의 완성은 그 나라로부터 그 나라 사람을 빼앗는 데서 완성되기 때문이다. 조선이라는 나라에 더 이상 조선인이 없어지는 데서 일제의 조선 정복은 완성되는 것이다.

국민을 잃은 나라는 더 이상 존재의미가 없다. 그 나라는 아무런 자존심도 가질 수 없게 된다. 남모르는 곳에서 우는 것은 상처받은 자존심에 대한 슬픔이다. 남이 보면 울음을 멈추는 것은 마지막 자존심이다.

연극의 관객만이 비극(悲劇)을 보고서 눈물을 흘리며 카타르시스를 경험하는 것은 아니다. 현실 속에서의 비극의 주인공 역시 울음을 통해서 슬픔의 고통을 해소한다. 울음은 고통의 표현이지만 그 자체는 고통을 덜어준다. 그런데 슬픔 속에서도 울 수 없다면 슬픔의 고통은 배가(倍加) 된다.

님이 울기조차 할 수 없어서 견딜 수가 없다면, 나는 님의 슬픔이 나로 인한 것이기에 견딜 수가 없다.

님의 슬픔은 님에게도 님을 사랑하는 이가 있을 때 사라진다. 생명의 꽃가지를 있는 대로 꺾는다면 더 이상의 님에 대한 사랑의 징표는 없다. 그것은 또한 일제에 대한 결사항전 의지의 표명이기도 하다. 조국을 위한 결사항전은 영예로운 투쟁이기에 나의 죽음은 장엄한 화환(花環)이 되고, 나는 조국의 국민이라고 외친다.

정복자는 자신이 정복자이자 보호자임을 선언한다. 그것은 피정복자를 정신적으로 무력화시키는 기만적이면서도 가장 효율적인 수단이다. 일제(日帝)는 조선을 청나라와 서양으로부터 보호해 준다는 구실로 병합을 선언하였다. 식민지 시대의 많은 지식인들은 이러한 기만에 의거하여 스스로를 기만하며 내선일체(內鮮一體)를 부르짖게 된다. 이광수가 그랬고, 최남선이 그랬고, 윤치호가 그랬다.

정복자가 보호자를 자처할 때, 피정복자가 스스로를 기만하며 정복자를 보호자라 믿으려 할 때, 기만당하지 않는 피정복자에게 남은 것은 마음속의 조국이다. 많은 사람들에게서 조국이 버려져도 조국은 내 가슴속에서라도 남아 있다. 당신의 '독신생활'은 국민에게서 버림받아도 조국은 사라지지 말아야 한다는 바람이자 의지이다.

님을 빼어간 정복자에 대해 내가 할 수 있는 항거(抗拒)는 무엇인가?

그 항거는 물리적 항거가 아니라 정신적 항거이며, 객관적 항거가 아니라 주관적 항거이다. 정복자를 물리치기 위한 항거가 아니라 나 자신을 위한 항거이다. 까닭에 '분풀이'가 곧 항거이다. 분풀이는 견딜 수 없는 나 자신을 위한 항거이다. 적을 물리치는 것이 아니라, 나 자신 속의 분한 마음을 없애기 위한 항거이다.

나 자신을 위한 항거요 카타르시스적 항거이지만, 그것은 또한 생명을 건 항거이다. '많지 않은 나의 피'는 항거의 의지에 반비례하는 나의 현실이다. 할 수만 있다면 더 많은 피로써 항거하고픈 나의 의지에 비해 나 홀로 할 수 있는 것은 너무나 적다. 정복자를 물리칠 수 있는 힘은 없고, 나 자신의 분한 마음을 해소하기 위한 항거의 의지밖에 없다. '더운 눈물'은 격정을 말한다. 의지에 더하여 격정으로써 정복자에게 항거하겠다는 것이다. '피에 목마른 그들의 칼'은 정복자의 본질이다. '그대의 님은 우리가 구하여 준다'는 정복자의 위선(僞善) 뒤에 있는 악의 본질이다.

ᄭᅩᆺ이먼저아러

옛집을ᄯᅥ나서 다른시골에 봄을맛낫슴니다
ᄭᅮᆷ은 잇다금 봄바람을ᄯᅡ러서 아득한옛터에 이름니다
지팽이는 푸르고푸른 풀빗에 무처서 그림자와 서로ᄯᅡ름니다

길가에서 이름도모르는ᄭᅩᆺ을 보고서 행혀 근심을이질ㅅ가하고 안젓슴니다
ᄭᅩᆺ송이에는 아츰이슬이 아즉마르지아니한가 하얏더니 아々 나의눈물이 ᄯᅥ러진줄이야 ᄭᅩᆺ이먼저아럿슴니다

꽃이 먼저 알아

옛집을 떠나서 다른 시골에 봄을 만났습니다.
꿈은 이따금 봄바람을 따라서 아득한 옛터에 이릅니다.
지팡이는 푸르고 푸른 풀빛에 묻혀서 그림자와 서로 따릅니다.

길가에서 이름도 모르는 꽃을 보고서 행여 근심을 잊을까 하고 앉았습니다.
꽃송이에는 아침이슬이 아직 마르지 아니한가 하였더니, 아아 나의 눈물이 떨어진 줄이야 꽃이 먼저 알았습니다.

옛집은 과거이다. 아름다운 과거이며, 대체될 수 없는 추억이다. 그러기에 또 다른 시골로도 옛집은 대체되지 않으며, 옛집 아닌 모든 곳은 타향일 수밖에 없다.

시인의 옛집은 이제는 찾아갈 수 없는 집이다. 옛집은 오직 꿈길을 통해서만 찾아갈 수 있는 집이다. 그것도 이따금씩 찾아갈 수 있는 집이다. '아득한 옛터'는 시인의 옛집은 이미 허물어져 사라져 버렸음을 말하고 있다.

꿈길에서나 갈 수 있는 '아득한 옛터'가 된 옛집은 정겨운 공간이 아니라 서러운 공간이다. 그곳에서는 봄날의 푸른 풀빛조차 비애감(悲哀感)을 자아낸다. '푸르고 푸른 풀빛'은 비애의 색조이다. 그 속에서 지팡이는 더 이상 주인을 인도하지 못한다. 그림자와 서로 따르는 지팡이는 비애의 공간에서 어쩔 줄 모르고 서성이고 있는 주인을 환유(換喩)한다.

꿈길에서의 슬픔은 현실에서의 슬픔으로 이어진다. 꿈길에서의 푸른 불빛이 서러움의 비애의 색조이듯 현실에서의 길가의 꽃도 근심을 들어주진 못한다.

꽃은 다만 슬픔을 더할 뿐이다.

讚頌

님이어 당신은 百番이나鍛鍊한金결임니다
뽕나무뿌리가 珊瑚가되도록 天國의사랑을 바듭소서
님이어 사랑이어 아츰볏의 첫거름이어

님이어 당신은 義가무거읍고 黃金이가벼은것을 잘아심니다
거지의 거친밧헤 福의씨를 뿌리옵소서
님이어 사랑이어 옛梧桐의 습은소리여

님이어 당신은 봄과光明과平和를 조아하심니다
弱者의가슴에 눈물을뿌리는 慈悲의菩薩이 되옵소서
님이어 사랑이어 어름바다에 봄바람이어

찬 송

님이여, 당신은 백 번이나 단련한 금(金)결입니다.
뽕나무 뿌리가 산호가 되도록 천국의 사랑을 받읍소서.
님이여, 사랑이여, 아침볕의 첫걸음이여.

님이여, 당신은 의가 무겁고 황금이 가벼운 것을 잘 아십니다.
거지의 거친 밭에 복의 씨를 뿌리옵소서.
님이여, 사랑이여, 옛 오동의 숨은 소리여.

님이여 당신은 봄과 광명과 평화를 좋아하십니다.
약자의 가슴에 눈물을 뿌리는 자비의 보살이 되옵소서.
님이여, 사랑이여, 얼음바다에 봄바람이여.

《님의 침묵》의 님은 떠나가 버린 님, 그래서 나의 부름에 응답이 없는 님이다. 까닭에 '님의 침묵'이다. 《님의 침묵》은 노래이지만 님의 노래가 아니라 침묵하는 님을 향한 나의 노래이다. 님은 침묵하기에 님의 모습조차 잘 드러나지 않는다. 이 점에서 이 시는 예외적이다. 님은 여전히 침묵하지만 님의 모습은 그 어느 시에서보다 분명하다. 뿐만 아니라 긍정적이다.

님이 '백 번이나 단련한 금(金)'이라면 그 님은 시련을 겪은 님이며, 그러면서도 변치 않고 순수함을 지니고 있는 님이다. 그는 순수 정신을 가진 투사이다.

시련 속에서도 순수를 지닌 님은 천국의 사랑을 받아야 한다. 지상의 덧없는 사랑이 아니라 천국의 영원한 사랑을 받아야 한다.

'뽕나무 뿌리가 산호가 되도록'은 상전벽해(桑田碧海)의 반어법이다. 덧없는 세상사에 대한 표현을 뒤집은 것이다. '뽕나무 뿌리'는 뽕나무 밭 속에 있는 것이고 '산호'는 푸른 바다 속에 있는 것이다. 상전은 벽해가 될 수 있어도 뽕나무 뿌리는 영원히 산호가 될 수 없다.

순수 정신의 투사인 님은 새로운 역사를 여는 이이다. 아침볕의 첫걸음은 새로운 역사의 출발에 대한 상징이다. 또 그것은 '백 번이나 단련한 금(金)결'인 님 자신의 빛이기도 하다.

투사인 님은 '의'(義)를 생명으로 한다.

'거지의 거친 밭에 복(福)의 씨를 뿌리옵소서'는 님이 누구의 님이며, 어떤 님인가를 보다 구체적으로 암시하고 있다. 님은 거지의 님이다.

그 거지는 〈당신을 보았습니다〉에서 알 수 있듯이 나라 잃은 민족이다. 까닭에 님은 나라 잃은 민족에게 희망을 주는 민족의 지도자이다. '씨'는 앞으로 싹을 틔우고 꽃을 피우는 것이기에 희망을 가리키고 있다.

민족의 지도자인 님은 잃어버리기 이전의 나라에서부터 온다. 님은 이처럼 과거로부터 오기에 '옛 오동의 숨은 소리'가 된다. 님의 사랑은 오동나무의 한가운데서 울려나오는 소리처럼, 님의 가슴 한가운데서 울려나온다.

님은 세상을 버리고 떠나가는 존재가 아니라, 세상을 긍정하고 참여하는 존재이다. 그러기에 님이 '봄', '광명', '평화'를 좋아하는 것은 이미 예견되었다. '복의 씨'를 뿌리기에 '봄'이 예견되었으며, '아침별의 첫걸음'에서 '광명'이 예견되었으며, 당신은 '의'가 무거운 것을 아는 데서 '평화'가 예견되었다.

만해의 보살은 시대와 역사 속에서의 보살이다. 보살은 삼세를 초월하여 일체 중생의 고통을 어루만지는데, 만해의 보살은 역사적 현실 속에서의 자비를 실천한다. 만해의 중생은 불특정의 다수의 생명체가 아니라 사회적 '약자'(弱者)이다. 만해의 보살은 조국을 잃고 '거지'가 된 민족을 위해 투쟁하는 민족의 지도자인 것이다.

님은 얼어붙은 이민족의 총칼로 얼어붙은 땅을 녹이는 희망의 봄바람이다.

論介의愛人이되야서 그의廟에

날과밤으로 흐르고흐르는 南江은 가지안슴니다

바람과비에 우두커니섯는 矗石樓는 살가튼光陰을따러서 다름질침니다

論介여 나에게 우름과우슴을 同時에주는 사랑하는論介여

그대는 朝鮮의무덤가온대 피엿든 조흔꽃의하나이다 그레서 그향긔는 썩지안는다

나는 詩人으로 그대의愛人이되얏노라

그대는어데잇너뇨 죽지안한그대가 이세상에는업고나

나는 黃金의칼에베혀진 꽃과가티 향긔롭고 애처로은 그대의 當年을 回想한다

술향긔에목마친 고요한노래는 獄에무친 썩은칼을 울녓다

춤추는소매를 안고도는 무서은찬바람은 鬼神나라의꽃습풀을 거처서 떠러지는해를 얼녓다

간얄핀 그대의마음은 비록沈着하얏지만 떨니는것보다도 더욱 무서웟다

아름답[1]고無毒한 그대의눈은 비록우섯지만 우는것보다도 더 욱슯엇다

붉은듯하다가 푸르고 푸른듯하다가 희여지며 가늘게떨니는 그대의 입설은 우슴의朝雲이냐 우름의暮雨이냐 새벽달의秘密이냐 이슬꽃의象徵이냐

쌔비가튼 그대의손에 썩기우지못한 落花臺의남은쏫은 부끄럼에醉하야 얼골이붉엇다

玉가튼 그대의발쑴치에 밟히운 江언덕의 묵은이끼는 驕矜에넘처서 푸른紗籠으로 自己의題名을 가리엇다

아々 나는 그대도업는 빈무덤가튼집을 그대의집이라고 부름니다

만일 이름쑨이나마 그대의집도업스면 그대의 이름을 불너볼機會가업는 까닭임니다

나는 쏫을사랑함니다 마는 그대의집에 픠어잇는쏫을 썩글수는 업슴니다

그대의집에 픠어잇는쏫을 썩그랴면 나의창자가 먼저썩거지는까닭임니다

나는 쏫을사랑함니다 마는 그대의집에 쏫을심을수는 업슴니다

그대의집에 쏫을심으랴면 나의가슴에 가시가 먼저심어지는까닭임니다

容恕하여요 論介여 金石가튼 굿은언약을 저바린것은 그대가아니오 나임니다

容恕하여요 論介여 쓸々하고호젓한 잠ㅅ자리에 외로히누어서끼친恨에 울고잇는것은 내가아니오 그대임니다

나의가슴에 「사랑」의글ㅅ자를 黃金으로색여서 그대의祠堂에 紀念碑를세운들 그대에게 무슨위로가 되오릿가

나의노래에 「눈물」의曲調를 烙印으로찍어서 그대의祠堂에 祭

鐘을울닌대도 나에게 무슨贖罪가 되오릿가

나는 다만 그대의遺言대로 그대에게다 하지못한사랑을 永遠히 다른女子에게 주지아니할뿐입니다 그것은 그대의얼골과가티 이즐수가업는 盟誓입니다

容恕하여요 論介여 그대가容恕하면 나의罪는 神에게 懺悔를 아니한대도 사러지것슴니다

千秋에 죽지안는 論介여
하루도 살ㅅ수업는 論介여
그대를사랑하는 나의마음이 얼마나 질거으며 얼마나 슯흐것는가
나의 우슴이제워서 눈물이되고 눈물이제워서 우슴이됨니다
容恕하여요 사랑하는 오々 論介여

1) 원본에는 '담'으로 되어 있음.

논개의 애인이 되어서 그의 묘에

낮과 밤으로 흐르고 흐르는 남강은 가지 않습니다.

바람과 비에 우두커니 섰는 촉석루는 살 같은 광음을 따라서 달음질칩니다.

논개여, 나에게 울음과 웃음을 동시에 주는 사랑하는 논개여.

그대는 조선의 무덤 가운데 피었던 좋은 꽃의 하나이다. 그래서 그 향기는 썩지 않는다.

나는 시인으로 그대의 애인이 되었노라.

그대는 어디 있느뇨. 죽지 않은 그대가 이 세상에는 없구나.

나는 황금의 칼에 베어진 꽃과 같이 향기롭고 애처로운 그대의 당년을 회상한다.

술 향기에 목 마친 고요한 노래는 옥(獄)에 묻힌 썩은 칼을 울렸다.

춤추는 소매를 안고 도는 무서운 찬바람은 귀신나라의 꽃수풀을 거쳐서 떨어지는 해를 얼렸다.

가냘픈 그대의 마음은 비록 침착하였지만 떨리는 것보다도 더욱 무서웠다.

아름답고 무독(無毒)한 그대의 눈은 비록 웃었지만 우는 것보다도 더욱 슬펐다.

붉은 듯하다가 푸르고 푸른 듯하다가 희어지며 가늘게 떨리는 그대의 입술은 웃음의 조운(朝雲)이냐, 울음의 모우(暮雨)이냐,

새벽달의 비밀이냐, 이슬꽃의 상징이냐.

삐비 같은 그대의 손에 꺾이지 못한 낙화대(落花臺)의 남은 꽃은 부끄럼에 취하여 얼굴이 붉었다.

옥 같은 그대의 발꿈치에 밟힌 강 언덕의 묵은 이끼는 교긍(驕矜)에 넘쳐서 푸른 사롱(紗籠)으로 자기의 제명(題名)을 가리었다.

아아 나는 그대도 없는 빈 무덤 같은 집을 그대의 집이라고 부릅니다.

만일 이름뿐이나마 그대의 집도 없으면 그대의 이름을 불러볼 기회가 없는 까닭입니다.

나는 꽃을 사랑합니다마는 그대의 집에 피어있는 꽃을 꺾을 수는 없습니다.

그대의 집에 피어있는 꽃을 꺾으려면 나의 창자가 먼저 꺾어지는 까닭입니다.

나는 꽃을 사랑합니다마는 그대의 집에 꽃을 심을 수는 없습니다.

그대의 집에 꽃을 심으려면 나의 가슴에 가시가 먼저 심어지는 까닭입니다.

용서하여요 논개여, 금석 같은 굳은 언약을 저버린 것은 그대가 아니요, 나입니다.

용서하여요 논개여, 쓸쓸하고 호젓한 잠자리에 외로이 누워서 끼친 한(恨)에 울고 있는 것은 내가 아니요, 그대입니다.

나의 가슴에 '사랑'의 글자를 황금으로 새겨서 그대의 사당에 기념비를 세운들 그대에게 무슨 위로가 되오리까.

나의 노래에 '눈물'의 곡조를 낙인으로 찍어서 그대의 사당에 제종(祭鐘)을 울린대도 나에게 무슨 속죄가 되오리까.

나는 다만 그대의 유언대로 그대에게 다하지 못한 사랑을 영원히 다른 여자에게 주지 아니할 뿐입니다. 그것은 그대의 얼굴과 같이 잊을 수가 없는 맹세입니다.

용서하여요 논개여, 그대가 용서하면 나의 죄는 신에게 참회를 아니한대도 사라지겠습니다.

천추(千秋)에 죽지 않는 논개여.

하루도 살 수 없는 논개여.

그대를 사랑하는 나의 마음이 얼마나 즐거우며 얼마나 슬프겠는가.

나의 웃음이 겨워서 눈물이 되고 눈물이 겨워서 웃음이 됩니다.

용서하여요, 사랑하는 오오 논개여.

존재는 공(空)하며 거기에는 변함도 없고 변하지 않음도 없다. 변함과 변하지 않음은 존재에 달려있는 것이 아니라 우리들의 관점에 달려 있다. 강물은 쉼 없이 밤낮으로 흐르지만 강은 어디로도 가지 않는다. 강물의 흐름을 보면 강은 물결과 함께 쉼 없이 움직이지만, 강 그 자체를 보면 강은 언제나 그 자리에 있다.

남강(南江)의 촉석루(矗石樓)는 언제나 그 자리에 있는 것처럼 보이지만, 세월을 따라 쉼 없이 변한다. 세월을 따라 비바람을 겪으며 기와가 부서지고, 기둥이 허물어져 간다. 밤낮으로 흐르지만 언제나 그 자리에 있는 남강과 언제나 그 자리에 있는 것처럼 보이지만 광음(光陰)을 따라 낡아가는 촉석루는 유구한 자연과 무상한 역사의 대조를 이루고 있다.

촉석루의 주인 논개의 삶은 비극이자 희망이다. 꽃다운 죽음은 비극이지만 적장(敵將)을 죽인 의기(義氣)는 식민지 민족의 희망이다. 그러기에 논개는 울음과 웃음을 동시에 준다.

주권을 잃고 식민지가 된 조선, 그 조선은 분명 '무덤' 속에 누워 있는 조선이다. 무덤은 역사를 간직하고 있으며 그 역사에는 긍정이 있고 부정이 있다. 논개는 조선 역사의 긍정적 유산이며, 역사의 무덤 가운데 핀 좋은 꽃의 하나이다. 그 꽃을 시인은 아름다운 꽃이라 하지 않고 '좋은 꽃'이라 하고 있다. 의로운 삶에서 나오는 썩지 않은 향기를 지닌 꽃이기 때문이다.

시인은 조선 역사의 좋은 꽃, 아름다운 여인을 사랑한다. 그것은 아름다운 여인에 대한 사랑이자 민족에 대한 사랑이다. 이렇게 시인의 마음속에서 에로스와 역사, 가치는 하나가 된다.

그러나 에로스도, 역사도, 가치도, 민족도 모두가 이 세상에 있지가 않다. 그것들은 가지 않는 남강처럼 존재하면서도 광음을 따라 내달리는 촉석루처럼 어디론가 사라져버렸다. 그러기에 에로스, 역사, 가치, 민족을 한 몸에 가지고 있는 그대는 죽지 않는 존재이지만 이 세상에는 없다.

논개의 죽음은 더없이 아름답고도 애처로운 죽음이다. 열아홉의 나이는 죽기에는 얼마나 안타까운 나이인가? 황금의 칼로 벤다고 해서 베어진 꽃이 되살아나지 않듯이 의로운 죽음이라고 해서 지상에서의 생명을 되찾을 수는 없다. 꽃을 황금의 칼로 베는 것은 다만 그 아름다운 향기를 기리기 위해서이며, 의로운 죽음을 예찬하는 것은 다만 그 의로움을 길이 기억하기 위해서이다.

죽음의 술자리, 꽃다운 삶을 뒤로 하려는 마지막 그 술자리의 '향기'는 어떤 것일까? 그 향기가 어떠하든 간에 술과 함께 부르는 그 노래는 더없이 장엄할 것이다. 적장(敵將)과의 죽음을 앞둔 논개의 마지막 노래의 장엄함은 분명 안일한 권력자들에 의해 무시된 무장들의 심금을 울리고도 남음이 있다.

적장을 안고 돌아가는 죽음의 춤사위는 '무서운 찬바람'을 낸다. 꽃다운 나이의 여인과 전장의 장수를 귀신의 세계로 데려갈 바람은 무섭고도 찰 수밖에 없다. 불타오르는 지는 해를 얼게 할만치 찬바람이다.

소녀는 분명 죽음의 공포를 느낄 것이다. 의로움의 기개는 소녀를 침착하게 하였지만, 가냘픈 소녀에게서 죽음은 여전히 무서운 공포이다. 수많은 죽음을 목격한 전장의 노장에게도 죽음은 무서운 것이며, 더 이상 이 세상에서 향유할 젊음이 없는 늙은이에게도 죽음은 무서운 것인데, 꽃다운 소녀에게 어찌 죽음이 무서운 것이 아니겠는가?

논개는 죽음이 두렵지 않기 때문에 죽을 수 있었던 것이 아니다. 논개는 죽음이 슬프지 않기 때문에 죽음을 택한 것이 아니다. 죽음이 의로운 것이기에 죽음을 택했을 따름이다. 죽음을 감춘 선한 눈은 그래서 더욱 슬프다.

그 미소 띤 입술은 두 가지 의식이 교차하고 있는 논개의 심정을 드러내고 있다. 적장을 죽인다는 흥분의 붉은빛을 띠다가는 젊은 삶을 마감하는 비장한 푸른빛으로 변하고 끝내는 무서운 흰빛으로 변한다. 입술의 떨림은 승리의 웃음의 떨림처럼 비치기도 하고 슬픔의 울음의 떨림처럼 비치기도 한다.

'아침 안개'와 '저녁 비'는 모두 차가운 습기를 지니고 있지만, '아침 안개'는 고요하고 평화로운 분위기를 전하는 데 비해 '저녁 비'는 을씨년스러운 분위기를 전한다. '새벽달'과 '이슬꽃'은 맑고 투명한 이미지를 지니지만, 새벽달은 신비로운 세계에 닿아 있는 데 비해 아침 이슬은 이내 소멸될 운명을 상징하고 있다.

죽음을 앞둔 꽃다운 처녀 논개의 두 가지 의식은 자연세계로 확대된다. 젊은 논개의 삶이 꺾일 때 낙화대의 꽃은 꺾이지 않은 자신이 부끄럽고, 논개의 발에 밟힌 이끼는 그 푸른빛을 더하며 자신을 자랑스러워한다.

역사를 위해 목숨을 바친 이는 그 생명을 역사와 함께한다. 까닭에 논개의 삶도 영원하다. 그러나 그녀의 육신의 생명은 이미 떠난 지 오래이다. 논개를 사랑하는 시인의 마음이 즐거운 것은 그녀가 역사와 함께 살아 있는 까닭이며, 그러면서도 마음이 슬픈 것은 육신의 그녀를 볼 수 없는 까닭이다. 까닭에 시인의 가슴속에서 슬픔과 기쁨, 기쁨과 슬픔이 교차한다.

後悔

당신이게실때에 알뜰한사랑을 못하얏슴니다

사랑보다 밋음이만코 질거음보다 조심이더하얏슴니다

게다가 나의性格이冷淡하고 더구나 가난에쪼겨서 병드러누은 당신에게 도로혀 疏[1]闊하얏슴니다

그럼으로 당신이가신뒤에 떠난근심보다 뉘우치는눈물이 만슴니다

1) 원본에는 '䟽'로 되어 있음.

후 회

당신이 계실 때에 알뜰한 사랑을 못하였습니다.

사랑보다 믿음이 많고 즐거움보다 조심이 더하였습니다.

게다가 나의 성격이 냉담하고 더구나 가난에 쫓겨서 병들어 누운 당신에게 도리어 소활(疏闊)하였습니다.

그러므로 당신이 가신 뒤에 떠난 근심보다 뉘우치는 눈물이 많습니다.

표현하지 못한 사랑은 후회를 낳는다.

사랑하는까닭

내가 당신을사랑하는것은 까닭이업는것이 아닙니다
다른사람들은 나의 紅顔만을 사랑하지마는 당신은 나의白髮도 사랑하는까닭입니다

내가 당신을긔루어하는것은 까닭이업는것이 아닙니다
다른사람들은 나의微笑만을 사랑하지마는 당신은 나의눈물도 사랑하는까닭입니다

내가 당신을기다리는것은 까닭이업는것이 아닙니다
다른사람들은 나의健康만을 사랑하지마는 당신은 나의죽엄도 사랑하는 까닭입니다

사랑하는 까닭

내가 당신을 사랑하는 것은 까닭이 없는 것이 아닙니다.
다른 사람들은 나의 홍안만을 사랑하지마는 당신은 나의 백발도 사랑하는 까닭입니다.

내가 당신을 기루어하는 것은 까닭이 없는 것이 아닙니다.
다른 사람들은 나의 미소만을 사랑하지마는 당신은 나의 눈물도 사랑하는 까닭입니다.

내가 당신을 기다리는 것은 까닭이 없는 것이 아닙니다.
다른 사람들은 나의 건강만을 사랑하지마는 당신은 나의 죽음도 사랑하는 까닭입니다.

사랑은 그 사람의 모든 것을 사랑하는 것이다.

당신의편지

당신의편지가 왓다기에 꽃밧매든호믜를노코 떼여보앗습니다
그편지는 글ㅅ시는 가늘고 글줄은 만하나 사연은 간단합니다
만일 님이쓰신편지이면 글은 써르지라도 사연은 길터인데

당신의편지가 왓다기에 바느질그릇을 치어노코 떼여보앗습니다
그편지는 나에게 잘잇너냐고만 뭇고 언제오신다는말은 조금도업습니다
만일 님이쓰신편지이면 나의일은 뭇지안터래도 언제오신다는말을 먼저 썻슬터인데

당신의편지가 왓다기에 약을다리다말고 떼여보앗습니다
그편지는 당신의住所는 다른나라의軍艦입니다
만일 님이쓰신편지이면 남의軍艦에잇는것이 事實이라할지라도 편지에는 軍艦에서써낫다고 하얏슬터인데

당신의 편지

당신의 편지가 왔다기에 꽃밭 매던 호미를 놓고 떼어보았습니다.
그 편지는 글씨는 가늘고 글줄은 많으나 사연은 간단합니다.
만일 님이 쓰신 편지이면 글은 짧을지라도 사연은 길 터인데.

당신의 편지가 왔다기에 바느질 그릇을 치워놓고 떼어보았습니다.
그 편지는 나에게 잘 있느냐고만 묻고 언제 오신다는 말은 조금도 없습니다.
만일 님이 쓰신 편지이면 나의 일은 묻지 않더라도 언제 오신다는 말을 먼저 썼을 터인데.

당신의 편지가 왔다기에 약을 달이다 말고 떼어보았습니다.
그 편지는 당신의 주소는 다른 나라의 군함입니다.
만일 님이 쓰신 편지이면 남의 군함(軍艦)에 있는 것이 사실이라 할지라도 편지에는 군함에서 떠났다고 하였을 터인데.

편지는 소식을 전한다. 세상의 소식을 전하고, 님의 소식을 전한다. 그러기에 누군가를 기다리는 사람에게는 편지보다 반가운 것이 없다. 꽃밭을 매고 있다는 것은 기다리는 이가 님임을 말한다. 꽃밭은 사랑하는 님에 대한 아름다운 마음을 상징하고 있다.

기다리는 이에게는 언제나 기다림만이 기다리고 있다. 기다림은 길고 소식은 공허하다. '글씨는 가늘고 글줄은 많으나'란 것은 그러한 지루한 기다림의 시간을 말하고 있다. '사연은 간단함'은 소식의 공허함을 말하고 있다. 유심히 내가 기다리던 소식, 님이 오시겠다는 소식을 찾아보았으나 그러한 내용은 없었던 것이다.

사실이 기대와 어긋날 때 우리의 의식은 사실을 부정하려 한다. 시험결과가 기대보다 낮으면 채점이 잘못되었다고 여기며, 약속시간에 기다리던 사람이 나타나지 않으면 시계가 잘못되었다고 생각한다. 기다리던 사람의 편지에 기다리던 소식이 없자 잘못된 편지인가 여기게 된다.

바느질은 외로운 여인을 상징한다. 늦은 밤 빈 방에 말없이 홀로 하는 조용한 바느질은 기다림의 정조 그 자체이다.

바느질하며 기다리던 님에게서 온 편지이기에 떼어보지만 편지는 소식은 전하지 않고 공허한 물음만 있다. 님과의 이별의 상태에서 내 삶은 님을 기다리는 일밖에 없건만 님은 온다는 소식은 없고 '잘 있느냐'는 공허한 물음뿐이다.

기다림은 사람을 상하게 한다. 기다리는 이는 한숨과 불면의 나날을 보내며 몸은 점차 쇠약하게 된다. '약을 달이다'는 기다림에 지쳐 몸이상한 모습을 그리고 있다.

전해오는 소식이 공허하더라도, 님이 있는 곳을 알면 궁금함을 덜 수 있을 터이다. 언제라도 찾아가면 된다는 것은 기다리는 사람이 가질 수 있는 가장 큰 안도이다. '다른 나라의 군함'은 찾아갈 수 없는 곳이다. '다른 나라'는 공간적 거리감을 '군함'은 남녀의 정분이 허락되지 않음을 나타내고 있다.

거짓리별

당신과나와 리별한때가 언제인지 아십닛가
가령 우리가 조흘때로말하는것과가티 거짓리별이라할지라도 나의입설이 당신의입설에 다치못하는것은 事實입니다
이거짓리별은 언제나 우리에게서 써날것인가요
한해두해 가는것이 얼마아니된다고 할수가업습니다
시드러가는 두볼의桃花가 無情한봄바람에 몃번이나슬처서 落花가될가요
灰色이되여가는 두귀밋의 푸른구름이 쪼이는가을볏에 얼마나 바래서 白雪이될가요

머리는 희여가도 마음은 붉어감니다
피는 식어가도 눈물은 더워감니다
사랑의언덕엔 사태가나도 希望의바다엔 물ㅅ결이뛰노러요

이른바 거짓리별이 언제든지 우리에게서 써날줄만은 아러요
그러나 한손으로 리별을가지고가는 날(日)은 쏘한손으로 죽엄을가지고 와요

거짓 이별

당신과 나와 이별한 때가 언제인지 아십니까.

가령 우리가 좋을 대로 말하는 것과 같이 거짓 이별이라 할지라도 나의 입술이 당신의 입술에 닿지 못하는 것은 사실입니다.

이 거짓 이별은 언제 우리에게서 떠날 것인가요.

한 해 두 해 가는 것이 얼마 아니 된다고 할 수가 없습니다.

시들어가는 두 볼의 도화(桃花)가 무정한 봄바람에 몇 번이나 스쳐서 낙화가 될까요.

회색이 되어가는 두 귀밑의 푸른 구름이 쬐는 가을볕에 얼마나 바래서 백설(白雪)이 될까요.

머리는 희어가도 마음은 붉어갑니다.

피는 식어가도 눈물은 더워갑니다.

사랑의 언덕엔 사태가 나도 희망의 바다엔 물결이 뛰놀아요.

이른바 거짓 이별이 언제든지 우리에게서 떠날 줄만은 알아요.

그러나 한 손으로 이별을 가지고 가는 날(日)은 또 한 손으로 죽음을 가지고 와요.

언어가 현실을 부정하지는 못한다. 그럼에도 불구하고 우리는 원하지 않는 현실을 만나면 언어로 현실을 부정하는 것으로써 위안을 얻고자 한다. 이별의 아픔은 부정하고픈 현실이다. 이별이 짧으면 이별은 부정될 수 있을 것이다. 그러나 아무리 부정하여도 긴 이별은 이별의 현실이다. '당신과 나와 이별한 때가 언제인지 아십니까'는 아득히 길어진, 그래서 이별의 기억조차 불분명해진 기나긴 이별의 시간이다.

이별은 원하지 않은 것이기에 '우리가 좋을 대로' '거짓 이별'이라 하였다. 하지만 당신과 내가 만날 수 없다면 '거짓 이별'은 냉엄한 현실의 이별이 된다. 당신에게 키스할 수 없다면 그것은 이별이 아니고 무엇이겠는가?

이별한 남녀에게서 늙음은 더욱 안타깝다. 기다림의 세월 속에 아름다운 얼굴은 윤기를 잃고, 귀밑머리는 희어간다.

현실이 배신하면 배신할수록 현실을 부정하려는 의지는 굳어간다. 젊음이 사라질수록 젊음에 대한 집착은 더해지는 법이다. 희어가는 머리와 붉어가는 마음은 늙어가는 육체의 현실과 육체의 현실을 부정하는 의식의 태도에 대한 선명한 색조의 대비이다.

식어가는 피와 더워가는 눈물은 소진되어 가는 젊음과 격해지는 감정의 대조이다.

현실은 무너져 내리지만 희망은 더욱 격렬해진다.

기나긴 이별 속에 젊음은 사라지고 남아 있는 것은 언젠가는 거짓 이별이 떠나리라는 기약 없는 희망이다. 그러나 세월이 가면 이별도 끝이 나겠지만, 생명 또한 세월과 함께 떠나가게 되는 현실은 어쩔 것인가?

숨이라면

사랑의束縛이 숨이라면
出世의解脫도 숨입니다
우슴과눈물이 숨이라면
無心의光明도 숨입니다
一切萬法이 숨이라면
사랑의숨에서 不滅을엇것습니다

꿈이라면

사랑의 속박이 꿈이라면
출세의 해탈도 꿈입니다.
웃음과 눈물이 꿈이라면
무심(無心)의 광명도 꿈입니다.
일체만법(一切萬法)이 꿈이라면
사랑의 꿈에서 불멸을 얻겠습니다.

사랑은 때론 집착이며 속박이다. 자신에 대한 사랑은 생에 대한 집착을 낳고 의식은 그 집착에 속박된다. 연인에 대한 사랑은 연인에 대한 집착을 낳고 연인에 속박되게 된다. 우리가 사랑하는 것은 자신과 연인만이 아니다. 우리는 이웃을 사랑하고, 의인(義人)은 핍박받는 사람들을 사랑하고, 부처는 중생을 사랑한다. 자신을 넘어선 이러한 대상들에 대한 사랑도 집착을 낳고 속박을 낳는 것은 마찬가지다. 까닭에 모든 사랑의 속박을 끊으라고 선사는 말한다. 사랑은 한낱 꿈에 불과하다고 말한다. 사랑의 속박을 끊는 길은 출세간(出世間)이며, 출세간은 해탈로 이어진다고 선사는 말한다. 그러면 해탈은 헛된 꿈이 아닌가? 사랑의 속박이 꿈이라면 출세의 해탈도 꿈인 것은 마찬가지이다. 모든 것이 꿈인데 해탈만이 꿈이 아닐 수 없지 않은가?

사랑은 웃음과 눈물을 낳는다. 만남의 기쁨이 있고 헤어짐의 슬픔이 있다. 아름다운 연인의 얼굴은 보는 것만으로도 즐거움이며, 이별한 님을 기리며 늙어가는 것은 한없는 애처로움이다. 이처럼 웃음과 눈물 속에 사는 것이 미혹된 중생의 삶이다. 일체가 한낱 꿈에 불과함을 깨닫지 못하고, 중생은 눈앞의 사랑에 속박되어 웃음과 눈물을 짓는다. 무심의 광명의 세계는 미혹의 세계, 꿈의 세계에서 벗어난 세계이다. 그러나 무심의 광명의 세계는 또 어디에 있는가? 꿈 바깥에 현실의 세계가 존재하는가? 그러나 일체만법(一切萬法)이 꿈이라면 그러한 세계는 존재하지 않는다. 무심의 광명의 세계도 또한 꿈이다.

일체만법이 꿈이라면 차라리 사랑의 꿈이 낫지 않은가? 연인에 대한 사랑, 민족에 대한 사랑, 중생에 대한 사랑. 그것은 만해가 원하고 시대가 요구하는 것이었다. 그 시대의 모든 것이 또한 한낱 꿈에 불과하더라도 만해는 세상 속에서 자신의 길을 찾고자 하였다.

달을보며

달은밝고 당신이 하도긔루엇슴니다
자던옷을 고처입고 뜰에나와 퍼지르고안저서 달을한참보앗슴니다

달은 차々々 당신의얼골이 되더니 넓은이마 둥근코 아름다은수염이 녁々히보입니다
간해에는 당신의얼골이 달로보이더니 오날밤에는 달이 당신의얼골이됨니다

당신의얼골이 달이기에 나의얼골도 달이되얏슴니다
나의얼골은 금음달이된줄을 당신이아십닛가
아々 당신의얼골이 달이기에 나의얼골도 달이되얏슴니다

달을 보며

달은 밝고 당신이 하도 기루었습니다.
자던 옷을 고쳐 입고 뜰에 나와 퍼지르고 앉아서 달을 한참 보았습니다.

달은 차차차 당신의 얼굴이 되더니 넓은 이마 둥근 코 아름다운 수염이 역력히 보입니다.
간해에는 당신이 달로 보이더니 오늘 밤에는 달이 당신의 얼굴이 됩니다.

당신의 얼굴이 달이기에 나의 얼굴도 달이 되었습니다.
나의 얼굴은 그믐달이 된 줄을 당신이 아십니까.
아아, 당신의 얼굴이 달이기에 나의 얼굴도 달이 되었습니다.

그리움이 있는 사람에게 밤은 휴식의 시간이 아니라 번뇌의 시간이다. 몸이 한가할수록 마음속의 그리움은 더욱 세차게 일렁이는 까닭이다. 달이 밝은 밤에 사방이 조용한 가운데 깨어 있으면 그리움은 더해진다.

애써 그리움을 달래며 잠자리에 들려 하지만 쉬이 잠들 수가 없다. 그리운 사람에 대한 생각을 멈추려고 눈을 감으면 어둠 속에서 빛나는 달처럼 그 사람의 얼굴이 더욱 선명하게 머릿속에 떠오른다. 이럴 때는 누워서 뒤척이기보다는 차라리 깨어 있을 수밖에 없다.

'자던 옷을 고쳐 입고 뜰에 나와 퍼지르고 앉아서 달을 한참 보았습니다.' 이것은 그리움에 잠들 수 없는 자의 밤 풍경이다. '퍼지르고 앉아서'는 잠을 포기한 심정을 드러내고 있다.

'차차차 당신의 얼굴이 되더니'는 오래도록 달을 보며 그리운 사람에 대한 생각을 골똘히 하는 모습을 그리고 있다. 밝은 달로 인하여 뜰에 나왔지만 잠 못 드는 원인은 달 때문이 아니라 그리운 사람에 대한 생각 때문이다. 까닭에 달이 그리운 사람의 얼굴로 교차될 때까지 하염없이 달을 보고 있는 것이다.

그리운 사람과 이별할 때는 비록 그 이별이 기약 없는 것일지라도 우리는 만날 것을 희망한다. '달'은 희망을 상징한다. '간해에는 당신의 얼굴이 달로 보이더니'는 당신을 만날 것에 대한 밝은 희망이다.

희망은 사람을 지치게 한다. 하염없는 기다림 속에 수척해가는 모습을 만월(滿月)이 그믐달이 되는 것을 통해 비유하고 있다.

因果律

당신은 옛盟誓를깨치고 가심니다

당신의盟誓는 얼마나참되얏슴닛가 그盟誓를깨치고가는 리별은 미들수가 업슴니다

참盟誓를깨치고가는 리별은 옛盟誓로 도러올줄을 암니다 그것은 嚴肅한因果律임니다

나는 당신과써날때에 입마춘입설이 마르기전에 당신이도러와서 다시입마추기를 기다림니다

그러나 당신의가시는것은 옛盟誓를깨치랴는故意가 아닌줄을 나는암니다

비겨 당신이 지금의리별을 永遠히 깨치지안는다하야도 당신의 最後의接觸을바든 나의입설을 다른男子의입설에 대일수는 업슴니다

인과율(因果律)

당신은 옛 맹세를 깨치고 가십니다.

당신의 맹세는 얼마나 참되었습니까. 그 맹세를 깨치고 가는 이별은 믿을 수가 없습니다.

참 맹세를 깨치고 가는 이별은 옛 맹세로 돌아올 줄을 압니다. 그것은 엄숙한 인과율(因果律)입니다.

나는 당신과 떠날 때에 입 맞춘 입술이 마르기 전에 당신이 돌아와서 다시 입 맞추기를 기다립니다.

그러나 당신의 가시는 것은 옛 맹세를 깨치려는 고의가 아닌 줄을 나는 압니다.

비겨 당신이 지금의 이별을 영원히 깨치지 않는다 하여도, 당신의 최후의 접촉을 받은 나의 입술을 다른 남자의 입술에 대일 수는 없습니다.

지장보살(地藏菩薩)은 일체 중생을 다 구제하기 전에는 결코 열반에 들지 않으리라고 맹세했다. 그 지장보살은 지금 어디에 있는가? 그는 맹세를 저버리고 지상의 중생을 남겨둔 채 열반에 들었단 말인가? 지장보살의 서원(誓願)은 결코 깨질 수 없는 서원이다. 그러나 현실세계의 맹세는 수시로 깨지기 마련이다. 현실은 모순의 세계인 까닭이다. 현실의 모순 속에 당신의 옛 맹세도 좌절을 겪는다.

그러나 당신의 맹세가 깨어지는 것을 믿기는 어려운 일이다. 당신의 맹세는 '황금의 꽃같이 굳고 빛나던' 참된 맹세였기에 그 맹세를 깨치고 가는 이별을 믿을 수가 없다.

참 맹세는 깨질 수 없는 맹세이다. 까닭에 나는 당신의 맹세가 깨졌다는 사실 자체를 근본에서 부정한다. '엄숙한 인과율(因果律)'은 근본의 원리이며, 이 근본의 원리에 대한 확인을 통하여 이별의 현실을 극복하고 있다. 인과율이 옳다면 참 맹세는 부서질 수 없는 맹세이고, 까닭에 원래 그대로의 옛 맹세가 되어 돌아와야 하는 것이다.

입맞춤은 신뢰와 사랑의 상징이다. 입맞춤은 관능적 만남인 동시에 성스러운 사랑의 표시이다. 연인들은 키스를 통해 사랑을 즐기고 확인한다. 기독교인들은 십자가에 키스하며 신에 대한 헌신을 맹세한다. 《님의 침묵》에는 관능의 세계와 성스러운 진리의 세계, 역사와 현실의 세계가 융합되어 있다. 키스한 입술이 마르기 전에 다시 이어지는 키스에 대한 기대는 매혹적인 관능이기도 하고, 절실한 희망이기도 하다.

애초부터 당신의 맹세의 참됨은 당신의 맹세에 있지 않았다. 당신의 맹세의 참됨은 나의 희망에 있었다. 당신과의 만남에 대한 나의 희망이 절실한 까닭에 당신의 맹세는 참된 것이었고, '옛 맹세로 돌아올 줄을' 믿는 것이다. 당신이 떠났다는 사실은 어쩔 수 없지만, 떠난 까닭은 나의 희망과 배치될 수 없다. 당신이 떠난 것은 당신의 '고의'(故意)일 수 없는 것이다.

설령 당신이 영원히 돌아오지 않는데도 당신은 나의 유일한 희망이기에 당신은 포기될 수 없다.

잠ㅅ고대

「사랑이라는것은 다무엇이냐 진정한사람에게는 눈물도업고 우슴도업는것이다

사랑의뒤움박을 발낄로차서 깨트려버리고 눈물과우슴을 띄끌속에 合葬을하여라

理智와感情을 두드려깨처서 가루를만드러버려라

그러고 虛無의絕頂에 올너가서 어지럽게춤추고 미치게노래하여라

그러고 愛人과惡魔를 똑가티 술을먹여라

그러고 天癡가되던지 미치광이가되던지 산송장이되던지 하야버려라

그래 너는 죽어도 사랑이라는것은 버릴수가업단말이냐

그러거든 사랑의꽃문이에 도룡태를다러라

그래서 네멋대로 끌고도러다니다가 쉬고십흐거든 쉬고 자고십흐거든 자고 살고십흐거든 살고 죽고십흐거든 죽어라

사랑의발바닥에 말목을처노코 붓들고서々 엉々우는것은 우수은일이다

이세상에는 이마빽에다 「님」이라고 색이고다니는 사람은 하나도업다

戀愛는 絕對自由요 貞操는 流動이요 結婚式場은 林間이다」

나는 잠ㅅ결에 큰소리로 이러케 부르지젓다

아々 惑星가티빗나는 님의微笑는 黑闇의光線에서 채 사러지지아니하얏슴니다

잠의나라에서 몸부림치든 사랑의눈물은 어늬덧 벼개를적셧슴니다

容恕하서요 님이어 아모리 잠이지은허물이라도 님이 罰을주신다면 그罰을 잠을주기는 실슴니다

잠꼬대

"사랑이라는 것은 다 무엇이냐. 진정한 사람에게는 눈물도 없고 웃음도 없는 것이다.

사랑의 뒤웅박을 발길로 차서 깨트려버리고 눈물과 웃음을 티끌 속에 합장(合葬)을 하여라.

이지(理智)와 감정을 두드려 깨쳐서 가루로 만들어버려라.

그리고 허무의 절정에 올라가서 어지럽게 춤추고 미치게 노래하여라.

그리고 애인과 악마를 똑같이 술을 먹여라.

그리고 천치가 되든지 미치광이가 되든지 산송장이 되든지 하여 버려라.

그래 너는 죽어도 사랑이라는 것은 버릴 수가 없단 말이냐.

그렇거든 사랑의 꽁무니에 도롱태를 달아라.

그래서 네 멋대로 끌고 돌아다니다가 쉬고 싶거든 쉬고, 자고 싶거든 자고, 살고 싶거든 살고, 죽고 싶거든 죽어라.

사랑의 발바닥에 말목을 쳐놓고 붙들고 서서 엉엉 우는 것은 우스운 일이다.

이 세상에는 이마빡에다 '님'이라고 새기고 다니는 사람은 하나도 없다.

연애는 절대자유요, 정조는 유동(流動)이요, 결혼식장은 임간

(林間)이다."

나는 잠결에 큰 소리로 이렇게 부르짖었다.

아아 혹성같이 빛나는 님의 미소는 흑암(黑闇)의 광선(光線)에서 채 사라지지 아니하였습니다.

잠의 나라에서 몸부림치던 사랑의 눈물은 어느덧 베개를 적셨습니다.

용서하여요 님이여, 아무리 잠이 지은 허물이라도 님이 벌을 주신다면 그 벌을 잠을 주기는 싫습니다.

우리는 사랑을 갈망하지만 사랑은 우리를 속박한다. '사랑이라는 것은 다 무엇이냐' 하는 것은 왜 사랑을 벗어던지고 '진정한 사람'이 되지 못하는 것인가 하는 절규일 것이다. '웃음과 눈물'은 사랑의 속박에서 오는 것인데 '진정한 사람'은 사랑의 속박을 벗어던진 사람이기에 '눈물도 없고 웃음도 없는 것이다'. 〈꿈이라면〉에서는 다음과 같이 노래하고 있다.

사랑의 속박이 꿈이라면
출세의 해탈도 꿈입니다.
웃음과 눈물이 꿈이라면
무심(無心)의 광명도 꿈입니다.

사랑은 사랑에 대한 이율배반적 충동을 불러일으키곤 한다. 사랑에 대한 갈망이 심해지면 심해질수록 사랑의 속박은 더해가고, 속박으로부터의 탈출에의 충동 또한 증대한다. '사랑의 뒤웅박을 발길로 차서 깨뜨려 버리고' 하는 것은 그러한 탈출에의 충동이다. 충동적인 발상이기에 뒤웅박을 발길로 차듯 깨뜨리고 싶지만, 사랑의 끈끈한 속박은 뒤웅박처럼 깨뜨려질 수 있는 것이 아니다. 사랑의 '눈물과 한숨'을 티끌처럼 무의미한 것으로 여기고 싶지만 사랑의 눈물과 한숨은 한없는 무게로 다가온다.

사랑에는 이지(理智)와 감정이 충돌한다. 리비도는 이성의 원리에 따라 움직이는 초자아(超自我)를 부정하려 하고, 초자아는 리비도를 자신의 통제 하에 두려한다. 까닭에 리비도와 초자아는 갈등하고 충돌한다. 사랑의 번뇌는 이러한 피할 수 없는 갈등과 충돌의 결과이다. 차라리 '이지(理智)와 감정을 두드려 깨쳐서 가루를 만들어' 버린다면 번뇌가 사라질 것인가?

사랑은 허무와 맞닿아 있다. 여왕벌과 교미를 마친 수벌의 사랑만이 허무한 것은 아니다. 교미를 마치고 암놈의 먹이가 되는 수거미의 사랑만이 허무한 것이 아니다. 모든 사랑은 허무와 맞닿아 있다. 그럼에도 불구하고 사랑에 몰두한 인간은 사랑이 삶의 전부인 것처럼 여긴다. 까닭에 사랑의 절정은 허무의 절정이며, 혼돈과 광기의 공간이다.

애인과 악마는 다른 존재가 아니다. 애인이 곧 악마이다. 애인은 나에게 가장 가혹한 고통을 주는 이이기 때문이다. 애인은 나에게 번뇌를 주고, 눈물을 주고, 불면의 밤을 주는 이이다. 그리고 술은 혼돈과 광기의 공간을 창출하는 애인과 악마에게 어울리는 음료이다.

'연애는 절대자유요, 정조는 유동(流動)이요, 결혼식장은 임간(林間)'일 수가 없다. 연애는 원래 속박이다. 연애하는 이는 스스로를 연애의 상대에게 속박시킨다. 정조는 변함없는 사랑이다. 결혼식장은 많은 사람들 앞에서 사랑을 서약하는 곳이다. 연애와 절대자유, 정조(貞操)와 유동(流動), 결혼식장과 임간(林間)은 서로 어긋나는 단어들이다. 절대자유를 누리면서 연애를 할 수는 없으며, 이 사람 저 사람과 사귀면서 정조를 지킬 수는 없으며, 숲속에서 결혼식을 올릴 수는 없다.

현실은 '연애는 절대자유요, 정조는 유동(流動)이요, 결혼식장은 임간

(林間)'일 수 없으며, 꿈결에서 가능한 소리이며, 현실의 모순에서 벗어나려는 절규이다. 포기할 수 없는 사랑, 그러면서도 기약 없는 사랑은 연인에게 감내하기 힘든 번민과 고통을 주며, 절규하게 한다.

桂月香에게

桂月香이어 그대는 아릿다웁고 무서운 最後의微笑를 거두지 아니한채로 大地의寢臺에 잠드럿슴니다
나는 그대의多情을 슲어하고 그대의無情을 사랑합니다

大同江에 낙시질하는사람은 그대의노래를듯고 牡丹峯에 밤노리하는사람은 그대의얼골을봄니다
아해들은 그대의산이름을 외우고 詩人은 그대의죽은그림자를 노래합니다

사람은 반듯시 다하지못한恨을 끼치고 가게되는것이다
그대는 남은恨이 잇는가업는가 잇다면 그恨은무엇인가
그대는 하고십흔말을 하지안슴니다

그대의 붉은恨은 絢爛한저녁놀이되야서 하늘길을 가로막고 荒凉한 써러지는날을 도리키고자합니다
그대의 푸른근심은 드리고드린 버들실이 되야서 쏫다운무리를 뒤에두고 運命의길을써나는 저문봄을 잡어매랴합니다

나는 黃金의소반에 아츰볏을바치고 梅花가지에 새봄을걸어서 그대의 잠자는겻헤 가만히 노아드리것습니다

자 그러면 속하면 하루ㅅ밤 더듸면 한겨을 사랑하는桂月香이어

계월향(桂月香)에게

계월향이여, 그대는 아리따웁고 무서운 최후의 미소를 거두지 아니한 채로 대지의 침대에 잠들었습니다.

나는 그대의 다정을 슬퍼하고, 그대의 무정을 사랑합니다.

대동강에 낚시질하는 사람은 그대의 노래를 듣고 모란봉에 밤놀이하는 사람은 그대의 얼굴을 봅니다.

아이들은 그대의 산 이름을 외우고, 시인은 그대의 죽은 그림자를 노래합니다.

사람은 반드시 다하지 못한 한을 끼치고 가게 되는 것이다.

그대는 남은 한이 있는가 없는가, 있다면 그 한은 무엇인가.

그대는 하고 싶은 말을 하지 않습니다.

그대의 붉은 한(恨)은 현란한 저녁놀이 되어서 하늘길을 가로막고 황량한 떨어지는 날을 돌이키고자 합니다.

그대의 푸른 근심은 드리고 드린 버들실이 되어서 꽃다운 무리를 뒤에 두고 운명의 길을 떠나는 저문 봄을 잡아매려 합니다.

나는 황금의 소반에 아침별을 바치고 매화가지에 새봄을 걸어서 그대의 잠자는 곁에 가만히 놓아드리겠습니다.

자 그러면 속하면 하룻밤, 더디면 한겨울, 사랑하는 계월향이여.

만해가 논개와 계월향을 모두 노래한 것은 우연이 아니다. 논개와 계월향은 모두 《님의 침묵》의 주제의 중심축을 이루는 요소들을 두루 가지고 있다. 논개와 계월향에게는 에로스가 있고, 죽음의 이별이 있고, 역사가 있다. 앞서 노래한 논개와 마찬가지로 계월향은 적장(敵將)을 죽이는 데 자신의 생명을 바쳤다. 적장을 죽이기 위해 자신의 생명을 바치는 여인의 미소는 정녕 '아리땁고 무서운 미소'이다.

기생임에도 불구하고 연인과의 정리를 잊지 못하여 적장의 품에 있게 된 것을 슬퍼하는 것은 그녀의 다정(多情)이며, 그로 인하여 결국 자신의 생명을 잃었으니 다정을 슬퍼하는 것이다. 끝내 자신의 죽음에 이르는 적장을 살해하는 계획을 실행에 옮겼으니 그것은 무정함이며, 사랑하지 않을 수 없는 무정함이다. 다정(多情)과 무정(無情), 있음(有)과 없음(空)이 서로 전화(轉化)하는 불교적 사유방식에 기초한 논법이다.

아이들의 의식에는 삶과 죽음의 경계가 없다. 아이들은 자신들의 의식 속에 있는 모든 것은 현실에 존재하는 것이라 믿는다. 그들이 계월향을 노래한다면 그들에게서 계월향은 살아있는 사람이다. 그러나 시인이 계월향을 노래하는 것은 그녀가 죽은 때문이다. 적장을 죽인 그녀가 목숨을 잃지 않았다면 그녀를 노래하지 않았을 것이다. 시인의 의식은 순수한 아이들의 의식이 아닌 까닭에 살아 있는 계월향을 만나지 못하고, 죽은 계월향을 만난다. '그림자'는 그것이 그녀의 참모습일 수 없음을 말하고 있다.

젊은 죽음에게 한(恨)이 없을 수 없다. 말없이 무덤 속에 누워있지만 한은 끝없이 펼쳐진다.

붉은 저녁놀은 열정적인 젊은 죽음의 주인공이 가지는 한(恨)을 닮았다. 저녁놀은 현란하지만 결국에는 태양의 죽음을 알리는 것이며, 그 붉은빛은 죽음 속에서도 식을 수 없는 정열을 드러낸다. 떨어지는 날을 돌이키고자 함은 죽음이 되어버린 생명을 돌이키고자 함이다.

'푸른 근심'은 붉은 저녁놀과 색조의 대비를 이루면서 근심이 깊음과 여전히 지속됨을 표현해 주고 있다. 운명은 결정되었지만 여전히 푸른 근심은 운명을 따라 떠나는 이를 붙들고자 한다. 버들실이 떠나는 저문 봄을 잡아매듯이, 젊은 계월향의 근심은 운명을 돌이키고자 했을 터이다.

황금의 소반(小盤)은 아침볕을 상징하고 매화는 봄을 상징한다. 아침볕과 봄은 잠자는 이를 깨우고자 함이다.

시인은 그렇게 푸른 근심을 남겨 두고 잠자는 계월향을 깨우고자 한다. 아침볕은 하룻밤의 잠을 깨우고 매화는 한겨울의 잠을 깨운다.

滿足

세상에 滿足이잇너냐 人生에게 滿足이잇너냐
잇다면 나에게도 잇스리라

세상에 滿足이 잇기는잇지마는 사람의압헤만잇다
距離는 사람의팔기리와갓고 速力은 사람의거름과 比例가된다
滿足은 잡을내야 잡을수도업고 버릴내야 버릴수도업다

滿足을 엇고보면 어든것은 不滿足이요 滿足은 依然히 압헤 잇다
滿足은 愚者나聖者의 主觀的所有가아니면 弱者의期待뿐이다
滿足은 언제든지 人生과 竪的平行이다
나는 차라리 발꿈치를돌녀서 滿足의묵은자최를 밟을까하노라

아々 나는 滿足을어덧노라
아즈랑이가튼꿈과 金실가튼幻想이 님기신꼿동산에 둘닐때에 아々 나는 滿足을어덧노라

만 족

세상에 만족이 있느냐, 인생에게 만족이 있느냐,
있다면 나에게도 있으리라.

세상에 만족이 있기는 있지마는 사람의 앞에만 있다.
거리는 사람의 팔 길이와 같고, 속력은 사람의 걸음과 비례가 된다.
만족은 잡을래야 잡을 수도 없고, 버릴래야 버릴 수도 없다.

만족을 얻고 보면 얻은 것은 불만족이요 만족은 의연히 앞에 있다.
만족은 우자(愚者)나 성자의 주관적 소유가 아니면 약자의 기대뿐이다.
만족은 언제든지 인생과 수적평행(竪的平行)이다.
나는 차라리 발꿈치를 돌려서 만족의 묵은 자취를 밟을까 하노라.

아아, 나는 만족을 얻었노라.
아지랑이 같은 꿈과 금(金)실 같은 환상이 님 계신 꽃동산에 둘릴 때에 아아, 나는 만족을 얻었노라.

세상과 인생에는 만족이 없다. 까닭에 불교의 기본적 인생관은 인생을 괴로움으로 보는 것이며, 이 괴로움의 또 다른 이름이 불만족이다.

세상에 만족이 있다면 그것은 누군가가 가진 만족이 아니고, 누군가가 갈망(渴望)하는 만족이다. '사람의 앞에만 있다'는 것은 만족이 그러한 갈망의 대상임을 말하고 있다. 갈망의 대상은 언제나 손에 잡힐 듯하면서도 잡히지 않는 거리에 있다. 갈망의 대상은 쫓아가면 쫓아가는 만큼 도망친다. 그러면서도 빨리 도망치는 법도 없다. 갈망의 거리는 사람의 팔 길이와 같고 속도는 사람의 걸음과 비례한다.

까닭에 '만족은 잡을래야 잡을 수도 없고 버릴래야 버릴 수도 없다.'

때론 우리는 무엇인가를 성취했다는 만족감을 느낄 때가 있다. 그러나 그 만족감은 지속되지 못한다. 만족감은 이내 불만족으로 바뀌고 만족은 다시 바로 앞에 '팔 길이'만큼의 거리에 있다.

만족은 소유되지 않는다. 다만 우자(愚者)나 성자(聖者)의 주관적 소유만이 가능하다. 우자는 자기가 가진 것이 세상에 있는 가장 좋은 것인 줄로 알기에 만족하며, 성자는 세상이 원래 불만족스런 것인 줄 아는 까닭에 불만족 속에서 만족한다. 그리고 약자는 항상 기대 속에 사는 법이다.

만족은 언제나 인생과 마주치는 방면에서 오지만 마주치지는 않는다. 인생과 수직을 이루면서도 마주치지 않는 까닭에 수적 평행(竪的平行)을 이루는 것이다.

만족이 이처럼 인생과 마주칠 듯하면서도 마주치지 않고 언제나 눈앞에서 달아나고 있다면, 우리는 지나간 만족의 자취 속에서 만족을 찾을 수 있지 않을까? 우리가 만족을 얻지 못하는 까닭은 갈망한 대상을 얻는 그 순간 새로운 갈망이 생겨나기 때문이다. 우리가 새로운 갈망을 추구하는 그 순간 만족은 저만치 앞서 있고 또 우리는 그것을 향해 달려간다. 만족과 우리 자신과의 이러한 술래잡기는 인생길을 따라 끝없이 이어진다. 그러나 만약 우리가 새로운 만족의 대상을 향해 뛰어가지 말고 과거의 만족의 대상을 향해 발길을 되돌린다면, 우리는 만족을 얻을 수 있지 않을까? 원하던 하나를 얻고 둘을 얻기 위해 나아가던 발길을 돌려 얻은 하나 속에서 만족을 구한다면 우리는 만족을 얻을 수 있지 않을까?

그러나 우리는 발걸음을 돌릴 수 없으며, 현실의 세계에서 만족을 얻을 수 없다. 만족이란 결국 꿈과 환상 속에서만 가능한 것이다.

反比例

당신의소리는 「沈默」인가요
당신이 노래를부르지 아니하는때에 당신의노래가락은 역々히 들님니다 그려
당신의 소리는 沈默이여요

당신의얼골은 「黑闇」인가요
내가 눈을감은때에 당신의얼골은 분명히보입니다 그려
당신의얼골은 黑闇이여요

당신의그림자는 「光明」인가요
당신의그림자는 달이너머간뒤에 어두은창에 비침니다 그려
당신의그림자는 光明이여요

반비례

당신의 소리는 '침묵'인가요.
당신이 노래를 부르지 아니하는 때에 당신의 노랫가락은 역력히 들립니다 그려.
당신의 소리는 침묵이어요.

당신의 얼굴은 '흑암'(黑闇)인가요.
내가 눈을 감은 때에 당신의 얼굴은 분명히 보입니다 그려.
당신의 얼굴은 흑암이여요.

당신의 그림자는 '광명'인가요.
당신의 그림자는 달이 넘어간 뒤에 어두운 창에 비칩니다 그려.
당신의 그림자는 광명이어요.

'당신의 소리'는 진리의 소리이다. 그런데 진리의 소리는 말없는 소리, 즉 '침묵'이다. 진리가 침묵인 까닭은 무엇인가? 진리는 언어로써 표현될 수 없기 때문이다. 언어는 우리에게 진리를 전해주지 못한다. 언어는 진리를 전해주는 것이 아니라, 진리의 그림자만을 보여 준다. '당신이 노래를 부르지 아니하는 때'는 바로 그림자의 세계인 언어의 세계를 넘어서 있는 그대로의 진리의 세계에 다가간 때이다.

'당신의 얼굴'은 진리의 모습이다. 그런데 진리의 모습은 눈으로 볼 수 있는 것이 아니다. 진리는 우리의 눈으로 볼 수 있는 반사체가 아니다. 진리는 명암이 있고, 윤곽이 있으며, 색조가 있는 것이 아니다. 명암과 윤곽과 색조는 진리의 모습이 아니라 우리의 감각에 그려진 세계의 모습일 따름이다. 진리는 모습이 없다. 진리는 명암과 윤곽과 색조를 넘어선다. 까닭에 진리는 명암과 윤곽과 색조가 없는 '흑암'(黑闇)인 것이며, '눈을 감을 때', 말하자면 우리가 더 이상 명암과 윤곽과 색조로 세계를 구분하는 감각에 의존하지 않아도 될 때에 진리는 분명히 보이게 된다.

진리는 '흑암'(黑暗)이라면 진리의 그림자는 '광명'이다. 그림자는 주인의 본래 모습을 드러내지는 못한다. 그림자는 주인의 모습을 그 자체로서가 아니라 특정한 형식으로만 드러낸다. 그럼에도 불구하고 그림자는 그 주인의 모습을 닮는다. 까닭에 '진리의 그림자'는 진리를 닮는 까닭에 '광명'이다. 어둠 속에서 우리가 알고자 하는 것을 볼 수 있도록 비추어 주는 광명이다.

눈 물

내가본사람가온대는 눈물을眞珠라고하는사람처럼 미친사람은 업습니다

그사람은 피를紅寶石이라고하는사람보다도 더미친사람입니다

그것은 戀愛에失敗하고 黑闇의岐路에서 헤매는 늙은處女가아니면 神經이 畸形的으로된 詩人의 말입니다

만일 눈물이眞珠라면 나는 님이信物로주신반지를 내노코는 세상의眞珠라는眞珠는 다씌끌속에 무더버리것습니다

나는 눈물로裝飾한玉珮를 보지못하얏습니다

나는 平和의잔치에 눈물의술을 마시는것을 보지못하얏습니다

내가본사람가온대는 눈물을眞珠라고하는사람처럼 어리석은사람은 업습니다

아니여요 님의주신눈물은 眞珠눈물이여요

나는 나의그림자가 나의몸을 써날째까지 님을위하야 眞珠눈물을흘니것습니다

아々 나는 날마다々々々 눈물의仙境에서 한숨의玉笛을 듯습니다

나의눈물은 百千줄기라도 방울々々이 創造입니다

눈물의구슬이어 한숨의봄바람이어 사랑의聖殿을莊嚴하는 無等々의寶物이어

아々 언제나 空間과時間을 눈물로채워서 사랑의世界를 完成할ㅅ가요

눈 물

내가 본 사람 가운데는 눈물을 진주라고 하는 사람처럼 미친 사람은 없습니다.

그 사람은 피를 홍보석(紅寶石)이라고 하는 사람보다도 더 미친 사람입니다.

그것은 연애에 실패하고 흑암(黑闇)의 기로에서 헤매는 늙은 처녀가 아니면 신경이 기형적으로 된 시인의 말입니다.

만일 눈물이 진주라면 나는 님이 신물(信物)로 주신 반지를 내놓고는 세상의 진주라는 진주는 다 티끌 속에 묻어버리겠습니다.

나는 눈물로 장식한 옥패를 보지 못하였습니다.

나는 평화의 잔치에 눈물의 술을 마시는 것을 보지 못하였습니다.

내가 본 사람 가운데는 눈물을 진주라고 하는 사람처럼 어리석은 사람은 없습니다.

아니어요, 님의 주신 눈물은 진주 눈물이어요.

나는 나의 그림자가 나의 몸을 떠날 때까지 님을 위하여 진주 눈물을 흘리겠습니다.

아아, 나는 날마다 날마다 눈물의 선경(仙境)에서 한숨의 옥적(玉笛)을 듣습니다.

나의 눈물은 백 천 줄기라도 방울방울이 창조입니다.

눈물의 구슬이여, 한숨의 봄바람이여, 사랑의 성전을 장엄하는 무등등(無等等)의 보물이여.

아아, 언제나 공간과 시간을 눈물로 채워서 사랑의 세계를 완성할까요.

아름다운 처녀의 사랑으로 인한 눈물은 아름답다. 그것은 진주처럼 아름답다. 연인을 그리며 꽃다운 얼굴을 타고 내리는 눈물방울은 진주보다도 더 아름답다. 그러나 사랑의 아픔으로 인한 눈물이 자신의 것일 때 그것은 감당할 수 없는 어려움이다. 사랑의 아픔을 느끼면서 그러한 자신이 아름답다고 하는 것은 상식의 세계는 아니다.

영광스런 싸움에서 칼로 베인 상처에서 흘러나온 피를 홍보석(紅寶石)이라 한다면, 그것 또한 상처의 고통을 가벼이 보는 것은 아닐까? 영광은 한낱 관념이요 피는 생명이며 진실이 아닐까? 관념으로 생명의 피를 치장한다 하여 상처의 아픔이 가시지는 않는다. 사랑의 상처로 인한 쓰라림은 칼로 베인 상처보다도 더 쓰라리다. 칼로 베인 상처의 아픔은 신경을 타고 전해지는 아픔이지만, 사랑의 상처는 가슴을 바로 짓이기는 아픔이다. 그러므로 사랑의 아픔으로 인한 눈물을 진주라고 하는 것은 영광의 상처에서 나는 피를 홍보석이라 하는 것보다 더 관념적인 생각이라 할 수 있다.

연애의 실패는 젊음을 좌절시키며 의식에 혼돈을 불러일으킨다. 늙은 처녀일수록 연애의 실패로 인한 상처는 더욱 커진다. 인생은 흑암(黑闇)으로 변하고 사고는 극단으로 치달아 극단적인 집착을 낳는다. 연애에 실패해 극단적 사고를 하는 늙은 처녀의 신경은 시인의 비일상적 신경과 닮았다. 시인의 사고는 평범한 사람들의 그것과 다르다. 시인의 비일상적 신경은 늘 한편으로는 예민하게 반응하고, 다른 한편으로는 무감각하게 반응한다. 아름다움을 잡기 위하여 배후의 고통을 무시하고, 정신을 잡기 위하여 육체를 무시한다.

연애에 실패한 나이든 처녀가 생각하듯이, 비일상적 신경을 가진 시인이 생각하듯이 눈물이 진주라면 이별의 아픔을 가진 나는 세상의 진주를 다 묻어버리고 싶다. 그것은 모두 사랑의 아픔으로 되어 있는 까닭에서다. 그것은 끝없이 사랑의 상처를 되새기게 하기 때문이다. 세상의 진주를 다 묻는다 해서 상처의 기억이 영원히 소멸될 수는 없다. 신물(信物)의 반지 속 진주를 버리지 못하는 것은 그 상처를 영원히 지울 수 없음이다.

사랑의 눈물에는 비극적 아름다움이 있다 하더라도 그것으로 자신을 장식하려는 이는 없다. 장식의 아름다움이 아픔을 달랠 수는 없는 까닭이다. 아름다움보다는 편안함을 찾는 것이 일상인의 삶이다.

잔치에는 언제나 술이 있다. 술이 있기에 잔치가 되는 것이다. 잔치는 또 평화가 있어야 가능하다. 고통의 시간 속에서 잔치가 있을 수는 없다. 눈물 속에서 잔치의 기쁨과 환희가 있을 수는 없는 일이다.

눈물을 진주라고 하는 사람은 현실을 거꾸로 보는 사람이며, 어리석은 사람이다. 그 어떤 사람보다도 어리석은 사람이다. 많은 평범한 사람들도 때로 현실을 거꾸로 보지만, 그것이 고통으로 이어질 때는 이내 현실을 거꾸로 보는 착시(錯視)에서 벗어난다. 세속적인 우리들도 때로는 이상주의자가 된다. 이기적인 우리들도 때로는 대의(大義)를 위해 싸운다. 그러나 이상주의적 행동이 고통으로 이어질 때, 대의를 행한 대가를 치르게 될 때 우리는 이내 현실주의자가 되고, 세속주의자가 된다. 이상은 더 이상 아름답지 않고, 대의는 영광스러워 보이지 않는다. 우리들 대부분은 그처럼 어리석지를 못하다.

내가 어리석을 수 있는 까닭은, 내가 어리석을 수밖에 없는 까닭은 님에 대한 사랑에 눈멂에 있다. 님에 대한 사랑으로 방울방울 눈물을 흘려도 나는 그 사랑을 그만둘 수 없다. 방울방울 눈물은 칼에 베인 상처에서 방울방울 떨어지는 홍보석보다도 더한 아름다움이기 때문이다. 아무리 짓이기는 아픔이 있어도 나는 아름다운 그 사랑을 버릴 수가 없다.

모든 아픔을 아름다움이라 여기며 님을 사랑한다 하여 님이 내게로 오는 것은 아니다. 기약된 사랑이라면 애초에 아픔은 없었을 터이다. 내 영혼이 나의 몸을 떠나는 그 순간까지도 사랑의 기약은 없을지도 모를 일이다. 아니 그 순간은 내 영혼이 나의 몸을 떠나는 순간이 아니다. 내 영혼이 내 몸을 떠나야 할 그 순간에도 님을 기다리는 내 영혼은 떠나지 못한다. 나는 다만 나의 그림자를 떠나보낼 따름이다. 그때가 오면 님을 위한 진주의 눈물은 아마도 마를 것이지만, 사랑의 아픔은 계속될 것이다.

나의 세계는 눈물의 세계이다. 그 눈물은 사랑의 눈물이기에 더없이 아름다운 선경의 세계이지만, 기쁨의 세계가 아니라 아픔의 세계이다. 심우도(尋牛圖)의 목동은 선경(仙境) 속에서 소를 타고 아름답고 평화로운 피리를 불지만, 사랑의 슬픔을 간직한 나에게 피리 소리는 한숨의 소리이다.

귀하고 아름다운 것이라고 해서 항상 조금밖에 없는 것이 아니다. 나의 눈물은 아름다운 진주이지만 그칠 줄을 모른다. 백 천 줄기로 흘려내려도 방울방울 진주이며 창조이다.

님에 대한 나의 사랑은 방울방울 흐르는 아픔의 눈물이며, 기약 없는 만남에 대한 한숨을 자아내게 한다. 아픔이고 한숨이지만, 그것은 진주처럼 아름답고 봄바람처럼 향기로워서 사랑의 성전(聖殿)을 장엄하게 하는 비교할 수 없이 아름다운 보물이다. 사랑의 성전을 장식하는 것은 아름다운 마음인데, 눈물과 한숨을 감내하는 그 마음은 진정한 사랑의 마음이 아니던가.

님을 이별한 이에게 만남은 기약이 없다. 한없는 눈물을 한없는 시간 동안 흘려도 기약 없는 사랑의 세계는 채워지지 않는다.

어데라도

아츰에 이러나서 세수하랴고 대야에 물을떠다노으면 당신은 대야안의 간은물ㅅ결이 되야서 나의얼골그림자를 불샹한아기처럼 얼너줍니다

근심을이즐ㅅ가하고 꼿동산에거닐때에 당신은 꼿새이를슬처오는 봄바람이 되야서 시름업는 나의마음에 꼿향긔를 무처주고 감니다

당신을기다리다못하야 잠ㅅ자리에 누엇더니 당신은 고요한어둔빗이되야서 나의잔부끄럼을 살뜰이도 덥허줍니다

어데라도 눈에보이는데마다 당신이게시기에 눈을감고 구름위와 바다밋을 차저보앗슴니다

당신은 微笑가되여서 나의마음에 숨엇다가 나의감은눈에 입마추고 「네가 나를보너냐」고 嘲弄함니다

어디라도

아침에 일어나서 세수하려고 대야에 물을 떠다 놓으면 당신은 대야 안의 가는 물결이 되어서 나의 얼굴 그림자를 불쌍한 아기처럼 얼러줍니다.

근심을 잊을까 하고 뒷동산에 거닐 때에 당신은 꽃 사이를 스쳐오는 봄바람이 되어서 시름없는 나의 마음에 꽃향기를 묻혀주고 갑니다.

당신을 기다리다 못하여 잠자리에 누웠더니 당신은 고요한 어둔 빛이 되어서 나의 잔부끄러움을 살뜰히도 덮어줍니다.

어디라도 눈에 보이는 데마다 당신이 계시기에 눈을 감고 구름 위와 바다 밑을 찾아보았습니다.

당신은 미소가 되어서 나의 마음에 숨었다가 나의 감은 눈에 입 맞추고 '네가 나를 보느냐'고 조롱합니다.

이별하지 않은 연인은 눈앞에 있을 때에만 보이지만, 이별한 연인은 어디서나 나타난다. 연인과 이별할 때 눈으로 이별하고 마음으로 간직하는 까닭이다. 마음은 눈을 감고 있을 때에도 눈을 뜨고 있을 때에도 움직이는 까닭에 마음속의 님도 또한 수시로 나타난다. 밤새 님 생각에 잠을 설쳤을 터이지만 눈을 뜨자마자 님은 또 다시 내 앞에 나타난다. 대야에 떠 놓은 물속에서 비친 내 초췌한 얼굴 그림자를 보는 그 순간 나는 또한 님의 얼굴을 보게 된다.

이별한 님은 단지 육신의 님이 아니라 우주의 님이다. 마음이 곧 우주가 되는 까닭이다. 한 마음이 일천(一天)세계가 되고 일천세계가 한 마음이 되는 까닭에, 님을 이별하는 그 순간 우리는 마음속의 님을 통하여 마음이 일천세계 우주가 되는 것을 경험하게 된다. 님은 해와 별이 되고, 바람이 된다. 시름에 겨운 내가 꽃동산을 거닐 때 바람이 된 님은 꽃향기를 전한다.

님은 밝은 세계에서만 보이는 것이 아니다. 고요한 어둠 속에서도 님은 나와 함께 있다. 님은 어둠 속에서 님에 대한 생각에서 일어나는 공연한 부끄럼을 가려준다.

님은 마음이 되고 마음은 우주가 되기에 님은 어디에나 있다. 까닭에 나는 어디서나 님을 볼 수가 있다. 님은 마음이기에 눈을 떠야 보이는 것은 아니다. 님은 오히려 눈을 감았을 때 더욱 찾기가 쉽다. 눈을 감으면 육안으로 볼 수 없는 구름 위와 바다 밑의 님조차 만날 수가 있다.

눈앞에서 사라진 엄마를 찾는 아기처럼 이곳저곳 님을 찾아 헤매는 나를 님이 본다면, 마음속에 있는 님은 바로 뒤에서 아기를 바라보는 엄마처럼 미소를 지을 것이다.

써날째의님의얼골

꼿은 써러지는향긔가 아름답습니다
해는 지는빗이 곱습니다
노래는 목마친가락이 묘함니다
님은 써날째의얼골이 더욱어엽븜니다

써나신뒤에 나의 幻想의눈에비치는 님의얼골은 눈물이업는눈으로는 바로볼수가업슬만치 어엽블것입니다
님의 써날째의 어엽분얼골을 나의눈에 색이것슴니다
님의얼골은 나를울니기에는 너머도 야속한듯하지마는 님을사랑하기위하야는 나의마음을 질거웁게할수가 업슴니다
만일 그어엽분얼골이 永遠히 나의눈을써난다면 그째의슯음은 우는것보다도 압흐것슴니다

떠날 때의 님의 얼굴

꽃은 떨어지는 향기가 아름답습니다.
해는 지는 빛이 곱습니다.
노래는 목 마친 가락이 묘합니다.
님은 떠날 때의 얼굴이 더욱 어여쁩니다.

떠나신 뒤에 나와 환상의 눈에 비치는 님의 얼굴은 눈물이 없는 눈으로는 바로 볼 수가 없을 만치 어여쁠 것입니다.

님의 떠날 때의 어여쁜 얼굴을 나의 눈에 새기겠습니다.

님의 얼굴은 나를 울리기에는 너무도 야속한 듯하지마는 님을 사랑하기 위하여는 나의 마음을 즐거웁게 할 수가 없습니다.

만일 그 어여쁜 얼굴이 영원히 나의 눈을 떠난다면 그때의 슬픔은 우는 것보다도 아프겠습니다.

떨어지는 꽃, 지는 해, 목 마친 가락은 모두가 떠나는 님처럼 이별하는 순간에 있는 것들이다. 아름다운 것들은 이별의 순간에 더욱 아름답다. 거기에는 아쉬움과 안타까움이 있기 때문이다. 떨어지는 꽃향기는 허공을 맴 돌고 석양은 온 세상을 붉게 물들일 때, 떠나간 님의 어여쁜 얼굴을 떠올리며 부르는 사랑의 노래는 끝내 목이 마친다.

最初의님

맨츰에맛난 님과님은 누구이며 어늬때인가요
맨츰에리별한 님과님은 누구이며 어느때인가요
맨츰에맛난 님과님이 맨츰으로 리별하얏슴닛가 다른님과님이 맨츰으로 리별하얏슴닛가

나는 맨츰에맛난 님과님이 맨츰으로 리별한줄로 암니다
만나고 리별이업는것은 님이아니라 나임니다
리별하고 맛나지안는것은 님이아니라 길가는사람임니다
우리들은 님에대하야 맛날때에 리별을념녀하고 리별할때에 맛남을 긔약함니다
그것은 맨츰에맛난 님과님이 다시리별한 遺傳性의痕跡임니다

그럼으로 맛나지안는것도 님이아니오 리별이업는것도 님이아님니다
님은 맛날때에 우슴을주고 떠날때에 눈물을줌니다
만날때의우슴보다 떠날때의눈물이 조코 떠날때의눈물보다 다시맛나는우슴이 좃슴니다
아々 님이어 우리의 다시맛나는우슴은 어늬때에 잇슴닛가

최초의 님

맨 첨에 만난 님과 님은 누구이며 어느 때인가요.

맨 첨에 이별한 님과 님은 누구이며 어느 때인가요.

맨 첨에 만난 님과 님이 맨 첨으로 이별하였습니까. 다른 님과 님이 맨 첨으로 이별하였습니까.

나는 맨 첨에 만난 님과 님이 맨 첨으로 이별한 줄로 압니다.

만나고 이별이 없는 것은 님이 아니라 나입니다.

이별하고 만나지 않는 것은 님이 아니라 길 가는 사람입니다.

우리들은 님에 대하여 만날 때에 이별을 염려하고 이별할 때에 만남을 기약합니다.

그것은 맨 첨에 만난 님과 님이 다시 이별한 유전성(遺傳性)의 흔적입니다.

그러므로 만나지 않는 것도 님이 아니요, 이별이 없는 것도 님이 아닙니다.

님은 만날 때에 웃음을 주고 떠날 때에 눈물을 줍니다.

만날 때의 웃음보다 떠날 때의 눈물이 좋고, 떠날 때의 눈물보다 다시 만나는 웃음이 좋습니다.

아아 님이여, 우리의 다시 만나는 웃음은 어느 때에 있습니까.

이별은 언제부터 있었는가? 이별은 존재와 함께 시작된다. '맨 첨에 만난 님과 님은 누구이며 어느 때인가요'는 이별에 대한 물음일 뿐 아니라 존재에 대한 물음이다. 맨 처음에 만난 님과 님이 맨 처음으로 이별하지 않았다면 이별은 존재와 함께 시작되는 것은 아니라 할 수 있을 것이다.

맨 처음 만난 님과 님이 맨 처음으로 이별한 줄로 내가 안다면 그런 나는 깨우친 나일 것이다.

이별은 존재 속에 내재해 있기에 만남은 언제나 이별로 이어진다. 님은 존재 자체이므로 님에게 이별이 없을 수 없다. 존재와 함께 하는 이별을 부인하려는 나의 바람과 어리석음 속에서만 이별은 부정된다.

이별이 존재 속에 내재해 있듯이 만남 또한 존재 속에 내재해 있다. 까닭에 우리는 언제나 만날 수 있다. 내가 님을 갈망하는 그 순간에 님은 이미 나와 만나고 있다. 님은 존재이고 존재는 곧 마음이기 때문이다. 님은 꽃 사이를 스쳐오는 봄바람이 되어 만나기도 하고, 고요한 어둔 빛이 되어 만나기도 하고, 구름 위와 바다 밑에 있기도 하다. 이별하고 만나지 않는 것은 무심히 길 가는 사람뿐이다. 길 가는 사람은 나의 마음속에 있지 않기 때문이다.

생주이멸(生住異滅)의 원리 속에 모든 존재의 이별이 예기되어 있고, 윤회의 원리 속에 만남 또한 예기되어 있다. 그러한 만남과 이별은 맨 처음에 만난 님과 님에게서부터, 존재의 시작에서부터 유전자처럼 존재에서 존재로 계속된다.

님과의 만남과 이별은 피할 수 없는 존재의 법칙이다. 만남 없이 님이 있을 수 없고, 이별 없이 님이 있을 수 없다. 만남 없이 이별이 있을 수 없고, 이별 없이 만남이 있을 수 없다. 그럼에도 불구하고 일체를 무차별하게 보지 못하는 중생심의 우리는 만남을 기뻐하고 이별할 때 눈물을 흘린다.

두견새

두견새는 실컷운다
울다가 못다울면
피를흘녀 운다

리별한恨이냐 너쌘이랴마는
울내야 울지도못하는 나는
두견새못된恨을 쏘다시 엇지하리

야속한 두견새는
도러갈곳도업는 나를 보고도
「不如歸々々々」

두견새

두견새는 실컷 운다.
울다가 못다 울면
피를 흘려 운다.

이별한 한(恨)이야 너뿐이랴마는
울려야 울지도 못하는 나는
두견새 못된 한을 또 다시 어찌하리.

야속한 두견새는
돌아갈 곳도 없는 나를 보고도
'불여귀 불여귀'(不如歸 不如歸)

눈물은 슬픔의 표현이지만 울음은 감정의 해방이다. 울음을 통하여 우리는 슬픔의 응어리를 녹일 수 있으며, 울 수 있는 자는 울음과 함께 억눌린 괴로움으로부터 벗어날 수 있다. 울 수도 없는 이는 차라리 울 수라도 있는 이가 부럽다.

돌아갈 곳 없는 이는 고향, 조국, 혹은 순수한 무명을 잃은 자이리라. 고향을 잃은 이는 돌아갈 집이 없고, 나라 잃은 망명객은 신하에게 쫓겨난 촉(蜀)나라 임금 두우(杜宇)처럼 돌아갈 조국이 없고, 순수한 무명을 잃은 이는 님과 이별한 것조차 모르는 순진무구한 상태로 돌아갈 수 없다.

나의꿈

당신이 맑은새벽에 나무그늘새이에서 산보할때에 나의꿈은 적은별이되야서 당신의머리위에 지키고잇것습니다

당신이 여름날에 더위를못이기여 낫잠을자거든 나의꿈은 맑은바람이되야서 당신의 周圍에 써돌것습니다

당신이 고요한가을밤에 그윽히안저서 글을볼때에 나의꿈은 귀싸람이가 되야서 책상밋헤서 「귀똘々々」울것습니다

나의 꿈

당신이 맑은 새벽에 나무 그늘 사이에서 산보할 때에 나의 꿈은 작은 별이 되어서 당신의 머리 위에 지키고 있겠습니다.

당신이 여름날에 더위를 못 이기어 낮잠을 자거든 나의 꿈은 맑은 바람이 되어서 당신의 주위에 떠돌겠습니다.

당신이 고요한 가을밤에 그윽이 앉아서 글을 볼 때에 나의 꿈은 귀뚜라미가 되어서 책상 밑에서 '귀뚤귀뚤' 울겠습니다.

사랑의 궁극적 목표는 하나가 되는 것이지만, 사랑의 첫발은 경이로움에 의한 지속적인 관심이다. 사랑하는 이의 주위를 맴돌며 떠나지 않는 것, 그것은 사랑에 대한 최소한의 희구(希求)이다.

우는때

꼿핀아츰 달밝은저녁 비오는밤 그때가 가장님긔루은때라고 남들은 말합니다
나도 가튼고요한때로는 그때에 만히우럿습니다

그러나 나는 여러사람이모혀서 말하고노는때에 더울게됩니다
님잇는 여러사람들은 나를위로하야 조흔말을합니다마는 나는 그들의 위로하는말을 조소로듯습니다
그때에는 우름을삼켜서 눈물을 속으로 창자를향하야 흘님니다

우는 때

꽃 핀 아침, 달 밝은 저녁, 비 오는 밤, 그때가 가장 님 기루운 때라고 남들은 말합니다.

나도 같은 고요한 때로는 그때에 많이 울었습니다.

그러나 나는 여러 사람이 모여서 말하고 노는 때에 더 울게 됩니다.

님 있는 여러 사람들은 나를 위로하여 좋은 말을 합니다마는 나는 그들의 위로하는 말을 조소로 듣습니다.

그때에는 울음을 삼켜서 눈물을 속으로 창자를 향하여 흘립니다.

꽃 핀 아침, 달 밝은 저녁, 비오는 밤은 홀로 있는 때이다. 사방은 적막하고 누군가가 생각날 때이다. 이별한 님이 있다면 당연히 그가 생각나리라.

그러나 이별의 슬픔은 홀로 있는 때보다도 다른 이의 홍겨운 어울림을 볼 때에 더욱 커진다. 슬픔과 홍겨움이 대조되는 까닭이다.

타골의詩(GARDENISTO)를읽고

벗이어 나의벗이어 愛人의무덤위의 픠여잇는 꼿처럼 나를울니는 벗이어

적은새의자최도업는 沙漠의밤에 문득맛난님처럼 나를깃부게하는 벗이어

그대는 옛무덤을깨치고 하늘까지사못치는 白骨의香氣입니다

그대는 花環을만들냐고 써러진꼿을줏다가 다른가지에걸녀서 주슨꼿을헤치고 부르는 絶望인希望의노래입니다

벗이어 깨여진사랑에우는 벗이어

눈물이 능히 써러진꼿을 옛가지에 도로픠게할수는 업습니다

눈물을 써러진꼿에 색리지말고 꼿나무밋회씌끌에 색리서요

벗이어 나의벗이어

죽엄의香氣가 아모리조타하야도 白骨의입설에 입맛출수는 업습니다

그의무덤을 黃金의노래로 그물치지마서요 무덤위에 피무든旗대를 세우서요

그러나 죽은大地가 詩人의노래를거처서 움직이는것을 봄바람은 말함니다

벗이어 부끄럽습니다 나는 그대의노래를 드를때에 엇더케 부끄럽고 썰니는지 모르것습니다

그것은 내가 나의님을써나서 홀로 그노래를 듯는까닭임니다

타고르의 시 〈Gardenisto〉를 읽고

벗이여 나의 벗이여, 애인의 무덤 위에 피어 있는 꽃처럼 나를 울리는 벗이여,

작은 새의 자취도 없는 사막의 밤에 문득 만난 님처럼 나를 기쁘게 하는 벗이여,

그대는 옛 무덤을 깨치고 하늘까지 사무치는 백골의 향기입니다.

그대는 화환(花環)을 만들려고 꽃을 줍다가 다른 가지에 걸려서 주운 꽃을 헤치고 부르는 절망인 희망의 노래입니다.

벗이여 깨어진 사랑에 우는 벗이여,

눈물이 능히 떨어진 꽃을 옛 가지에 도로 피게 할 수는 없습니다.

눈물을 떨어진 꽃에 뿌리지 말고 꽃나무 밑의 티끌에 뿌리셔요.

벗이여 나의 벗이여,

죽음의 향기가 아무리 좋다 하여도 백골의 입술에 입 맞출 수는 없습니다.

그의 무덤을 황금의 노래로 그물 치지 마셔요. 무덤 위에 피 묻은 깃대를 세우셔요.

그러나 죽은 대지가 시인의 노래를 거쳐서 움직이는 것을 봄바람은 말합니다.

벗이여 부끄럽습니다. 나는 그대의 노래를 들을 때에 어떻게 부끄럽고 떨리는지 모르겠습니다.

그것은 내가 님을 떠나서 홀로 그 노래를 듣는 까닭입니다.

애인의 무덤 위에 핀 꽃은 아름다움이 아니라 슬픔이다. 돌아올 수 없는 아름다움에 대한 상기의 슬픔.

만해는 어째서 타고르가 그러한 슬픔을 간직한 벗이라고 보는 것일까? 타고르와 만해는 많은 것을 공유하고 있다. 둘은 모두 사상가이자 시인이며, 제국주의로부터 조국의 독립을 추구한 동시대의 민족운동가이다. 그들의 사상은 많은 공유점을 가지고 있었으며, 그들의 시 또한 유사한 시적 분위기를 지니고 있다. 까닭에 만해는 타고르를 '벗'이라고 부르는 것일 게다. 하지만 타고르가 만해를 울리는 까닭은 무엇인가?

모두가 버리고 떠나가는 절망의 시대, 절망의 공간에서 만해는 희망을 이야기하는 타고르를 만난다. 그런 타고르는 분명 만해를 기쁘게 하는 벗이기도 하다.

타고르의 시들, 그 중에서도 〈Gardenisto〉의 시들은 목가적이면서도 장엄한 아름다움을 지녔다. 거기에는 육신의 삶에서 오는 번뇌와 격정, 고통이 없다. 까닭에 만해는 '백골(白骨)의 향기'라 한 것이 아닐까? 번뇌와 격정, 고통이 육신과 함께 탈각된 '백골의 향기'.

목가적이고 장엄한 아름다움은 '화환'(花環)에 비견될 수 있을 것이다. 그러나 현실의 모순을 외면하고 목가적이고 장엄한 아름다움만을 추구한다는 것은 절망인 희망의 노래이다. 결국에는 현실의 장애물에 걸려서 무너질 희망이기 때문이다.

만해는 목가적이고 장엄한 아름다운 노래 속에 감추어진 타고르의 눈물을 발견한다. 그것은 그가 타고르를 '벗'이라 부르는 이유이기도 하다. 그들은 깨어진 사랑에 대한 동병상련(同病相憐)의 관계에 있는 것이다. 그러나 그들은 깨어진 사랑에 대한 치유의 방법을 달리한다. 타고르가 그 아픔을 감추려 한다면 만해는 드러내고 통곡하고자 한다.

만해는 타고르보다 더 현실로 나아가고자 한다. 둘은 모두 초월의 세계와 현실의 세계를 연결 짓고 있지만 타고르에 비해 만해는 현실에 대한 지향의식이 강하다. 그것은 인도 문명과 동아시아 문명의 차이이기도 하고, 타고르와 만해의 차이이기도 하다. 까닭에 만해는 향기로운 '백골의 입술'에 입 맞추는 대신 '피 묻은 깃대'를 세우고자 한다. 봄바람에 펄럭이는 깃발은 이렇게 현실을 지향하고 삶을 지향할 때 죽은 대지가 살아날 수 있다는 것을 알려 준다.

그러나 현실을 지향하는 것만으로 현실을 극복할 수 있는 것은 아니다. 초월을 지향한 타고르나, 현실을 지향한 만해나 님과 분리되어 있기는 마찬가지이다. 까닭에 만해는 벗을 비판하는 자신이 부끄러운 것을 어쩔 수 없는 것이다.

繡의秘密

나는 당신의옷을 다지어노앗습니다
심의도지코 도포도지코 자리옷도지엇습니다
지치아니한것은 적은주머니에 수놋는것뿐입니다

그주머니는 나의손때가 만히무덧습니다
짓다가노아두고 짓다가노아두고한 까닭입니다
다른사람들은 나의바느질솜씨가 업는줄로 알지마는 그러한비밀은 나밧게는 아는사람이 업습니다
나는 마음이 압흐고쓰린때에 주머니에 수를노흐랴면 나의마음은 수놋는 금실을따러서 바늘구녕으로 드러가고 주머니속에서 맑은노래가 나와서 나의마음이됩니다
그러고 아즉 이세상에는 그주머니에널만한 무슨보물이 업습니다
이적은주머니는 지키시려셔 지치못하는것이 아니라 지코십허서 다지치안는것입니다

수(繡)의 비밀

나는 당신의 옷을 다 지어놓았습니다.

심의(深衣)도 짓고 도포도 짓고 자리옷도 지었습니다.

짓지 아니한 것은 작은 주머니에 수놓는 것뿐입니다.

그 주머니는 나의 손때가 많이 묻었습니다.

짓다가 놓아두고 짓다가 놓아두고 한 까닭입니다.

다른 사람들은 나의 바느질 솜씨가 없는 줄로 알지마는 그러한 비밀은 나밖에는 아는 사람이 없습니다.

나는 마음이 아프고 쓰린 때에 주머니에 수를 놓으려면 나의 마음은 수놓는 금실을 따라서 바늘구멍으로 들어가고, 주머니 속에서 맑은 노래가 나와서 나의 마음이 됩니다.

그리고 아직 이 세상에는 그 주머니에 넣을 만한 무슨 보물이 없습니다.

이 작은 주머니는 짓기 싫어서 짓지 못하는 것이 아니라 짓고 싶어서 다 짓지 않는 것입니다.

어릴 적 친구였던 두 남녀는 10년 후에 다시 만나기로 기약하였다. 그들은 10월의 첫 일요일 정오에 시청 앞에서 만나기로 하였다. 그때의 약속을 생각하며 처녀는 시청을 향하였다. 시청이 가까워질수록, 정오가 가까워질수록, 그녀의 심장은 점점 더 세차게 두근거린다. 미리 도착한 그녀는 시청 앞의 시계를 본다. 친구는 오지 않았는데 시계는 점점 정오에 가까워진다. 시간이 가까워질수록 그녀는 차라리 시간이 더디게 흘렀으면 싶어진다. 그의 마음 또한 그녀의 마음과 같다면 그는 굳이 정오에 맞추어 올 리가 없다. 정오는 약속된 시간이지만 이미 약속의 때가 지난 시간이다. 시간을 되돌릴 수 있으면 얼마나 좋을까. 그래서 다시 한 번 희망과 기대를 가질 수 있으면 얼마나 좋을까.

오지 않은 님, 기약 없는 님을 위해 평상복과, 외출복, 자리옷까지 지었다. 이제 남은 것은 작은 주머니에 수를 놓는 일. 그 수(繡)가 완성되면 남은 것은 님을 기다리는 일 뿐이다. 아니 그 수가 완성되면 님은 와 있어야 한다.

짐짓 님이 오지 않음을 아는 까닭에 나는 수를 완성하지 못한다. 수 놓는 일을 완성했는데도 님이 오지 않는다면 나는 절망에 빠지고 말 것이다. 까닭에 나는 수를 완성하지 못한다. 수가 완성되지 못한 때까지는 아직도 님이 올 여지가 있기 때문이다.

다 지어진 님의 옷을 누군가가 본다면 '너가 지은 옷을 입을 너의 님은 어디에 있느냐' 할 것이다. 까닭에 짐짓 바느질 솜씨가 서툴러서 수를 완성하지 못한 척하는 것이다.

수를 놓는 것은 희망이다. 이별의 모든 아픔과 쓰라림을 달래는 희망이다. 님이 있다는 희망이며, 님이 오리라는 희망의 행위이다.

사랑의불

山川草木에 붓는불은 燧人氏가 내섯습니다

靑春의音樂에舞蹈하는 나의가슴을 태우는불은 가는님이 내섯습니다

矗石樓를안고돌며 푸른물ㅅ결의 그윽한픔에 論介의靑春을 잠재우는 南江의흐르는물아

牡丹峰의키쓰를밧고 桂月香의無情을咀呪하면서 綾羅島를감도러흐르는 失戀者인大同江아

그대들의 權威로도 애태우는불은 끄지못할줄을 번연히아지마는 입버릇으로 불너보앗다

만일 그대네가 쓰리고압흔슯음으로 조리다가 爆發되는 가슴가온대의불을 끌수가잇다면 그대들이 님그루은사람을위하야 노래를부를때에 잇다감잇다감 목이메어 소리를이르지못함은 무슨까닭인가

남들이 볼수업는 그[1]대네의가슴속에도 애태우는불쏫이 거꾸로타드러가는것을 나는본다

오오 님의情熱의눈물과 나의感激의눈물이 마조다서 合流가되는ᄯᅢ에 그눈물의 첫방울로 나의가슴의불을ᄭᅳ고 그다음방울을 그대네의가슴에 ᄲᅢ려주리라

1) 원본에는 '그' 자가 빠져 있음.

사랑의 불

산천초목에 붙는 불은 수인씨(燧人氏)가 내셨습니다.

청춘의 음악에 무도(舞蹈)하는 나의 가슴을 태우는 불은 가는 님이 내셨습니다.

촉석루를 안고 돌며 푸른 물결의 그윽한 품에 논개의 청춘을 잠재우는 남강의 흐르는 물아,

모란봉의 키스를 받고 계월향(桂月香)의 무정을 저주하면서 능라도를 감돌아 흐르는 실연자인 대동강아,

그대들의 권위로도 애태우는 불은 끄지 못할 줄을 번연히 알지마는 입버릇으로 불러보았다.

만일 그대네가 쓰리고 아픈 슬픔으로 졸이다가 폭발되는 가슴 가운데의 불을 끌 수가 있다면, 그대들이 님 기루운 사람들을 위하여 노래를 부를 때에 이따금 이따금 목이 메어 소리를 이르지 못함은 무슨 까닭인가.

남들이 볼 수 없는 그대네의 가슴속에도 애태우는 불꽃이 거꾸로 타들어가는 것을 나는 본다.

오오 님의 정열의 눈물과 나의 감격의 눈물이 마주 닿아서 합류(合流)가 되는 때에 그 눈물의 첫 방울로 나의 가슴의 불을 끄고, 그 다음 방울을 그대네의 가슴에 뿌려주리라.

앞서서 논개와 계월향을 따로 노래하고, 이제 다시 둘을 함께 노래하고 있다. 만해가 이 둘을 거듭 노래하는 것은 어쩌면 당연하다. 만해에게서 사랑은 곧 이성에 대한 사랑이자, 역사에 대한 사랑이며, 동시에 열반에의 지향인데, 이 둘의 죽음 속에서 그 융합을 보는 때문이다.

음악과 춤과 어우러진 청춘의 열정적 사랑을 말하는 순간에도 그는 논개와 계월향을 떠올린다. 그들은 자신들이 사랑하는 남자를 위해 죽었고, 자신들이 살아 온 나라를 위해 죽었다. 그들은 실연과 이별에서 오는 좌절감에서 죽음을 선택한 것이 아니라, 사랑에 대한 완전한 성취를 위해서 목숨을 버렸다. 그것은 이미 세속적 사랑을 초월하는 행위이다.

남강은 논개의 죽음을 껴안은 강이며, 대동강은 계월향의 죽음을 지켜보았다. 두 강은 가장 정열적인 조선의 여인들의 가슴속 뜨거운 불을 차가운 물로 잠재우고 있다. 이루지 못한 사랑에 애태우는 시인은 가슴속의 뜨거운 불길을 끌 수가 없어 두 여인의 정열을 잠재운 두 강을 되뇌어 본 것이다.

무정한 강물마저 이루지 못한 사랑에 무정할 수는 없다. 무정과 유정의 구분은 겉보기일 따름이다. 시인은 무정하게 보이는 이면에 애태우는 불꽃을 본다.

「사랑」을사랑하야요

당신의얼골은 봄하늘의 고요한별이여요
그러나 찌저진구름새이로 돗어오는 반달가튼 얼골이 업는것이아닙니다
만일 어엽분얼골만을 사랑한다면 웨 나의벼개ㅅ모에 달을수노치안코 별을수노아요

당신의마음은 티업는 숫玉이여요 그러나 곱기도 밝기도 굿기도 보석가튼 마음이 업는것이아닙니다
만일 아름다은마음만을 사랑한다면 웨 나의반지를 보석으로아니하고 옥으로만드러요

당신의詩는 봄비에 새로눈트는 金결가튼 버들이여요
그러나 기름가튼 검은바다에 픠여오르는白合꼿가튼 詩가 업는것이 아닙니다
만일 조흔文章만을 사랑한다면 웨 내가 꼿을노래하지안코 버들을讚美하여요

왼세상사람이 나를사랑하지아니할때에 당신만이 나를사랑하얏습니다
나는 당신을사랑하야요 나는 당신의「사랑」을 사랑하야요

'사랑'을 사랑하여요

당신의 얼굴은 봄 하늘의 고요한 별이어요.

그러나 찢어진 구름 사이로 돋아오는 반달 같은 얼굴이 없는 것이 아닙니다.

만일 어여쁜 얼굴만을 사랑한다면 왜 나의 베갯모에 달을 수놓지 않고 별을 수놓아요.

당신의 마음은 티 없는 숫옥(玉)이어요. 그러나 곱기도 밝기도 굳기도 보석 같은 마음이 없는 것이 아닙니다.

만일 아름다운 마음만을 사랑한다면 왜 나의 반지를 보석으로 아니하고 옥으로 만들어요.

당신의 시는 봄비에 새로 눈트는 금(金)결 같은 버들이어요.

그러나 기름 같은 검은 바다에 피어오르는 백합꽃 같은 시가 없는 것이 아닙니다.

만일 좋은 문장만을 사랑한다면 왜 내가 꽃을 노래하지 않고 버들을 찬미하여요.

온 세상 사람이 나를 사랑하지 아니할 때에 당신만이 나를 사랑하였습니다.

나는 당신을 사랑하여요. 나는 당신의 '사랑'을 사랑하여요.

진정한 사랑은 상대의 전부를 사랑하는 것이다. 도드라지게 고운 순간의 얼굴만을 사랑하는 것이 아니라, 저 멀리서 조용히 지나가는 뒷모습까지도 사랑하는 것이다. 진정으로 사랑하는 사람은 도드라지게 고운 얼굴보다 조용한 뒷모습을 더 기억하게 된다.

진정한 사랑은 당신에게 드러난 마음만을 사랑하는 것이 아니다. 진정한 사랑은 애교와 환한 미소, 당신에 대한 사랑의 서약 속에 담겨진 마음만을 사랑하는 것이 아니다. 진정한 사랑은 아무런 말 없이, 그저 조용히 웃는 미소 뒤에 감추어진 마음을 더 사랑하는 것이다.

진정한 사랑은 화려하면서도 화려하지 않으며, 돋보이지 않는다. 그러면서도 진정한 사랑은 봄비 맞은 버들처럼 싱그럽고 맑게 빛난다.

버리지아니하면

나는 잠ㅅ자리에누어서 자다가깨고 깨다가잘때에 외로은등잔불은 恪勤한波守軍처럼 왼밤을 지킵니다

당신이 나를버리지아니하면 나는 一生의등잔불이되야서 당신의百年을 지키것습니다

나는 책상압헤안저서 여러가지글을볼때에 내가要求만하면 글은 조흔이야기도하고 맑은노래도부르고 嚴肅한教訓도즙니다

당신이 나를버리지아니하면 나는 服從의百科全書가되야서 당신의要求를 酬應하것습니다

나는 거울을대하야 당신의키쓰를 기다리는 입설을 볼때에 속임업는거울은 내가우스면 거울도웃고 내가찡그리면 거울도찡그립니다

당신이 나를버리지아니하면 나는 마음의거울이되야서 속임업시 당신의 苦樂을 가치하것습니다

버리지 아니하면

나는 잠자리에 누워서 자다가 깨고 깨다가 잘 때에 외로운 등잔불은 각근(恪勤)한 파수꾼처럼 온 밤을 지킵니다.
당신이 나를 버리지 아니하면 나는 일생의 등잔불이 되어서 당신의 백 년을 지키겠습니다.

나는 책상 앞에 앉아서 여러 가지 글을 볼 때에 내가 요구만 하면 글은 좋은 이야기도 하고 맑은 노래도 부르고 엄숙한 교훈도 줍니다.
당신이 나를 버리지 아니하면 나는 복종의 백과전서가 되어서 당신의 요구를 수응(酬應)하겠습니다.

나는 거울을 대하여 당신의 키스를 기다리는 입술을 볼 때에 속임 없는 거울은 내가 웃으면 거울도 웃고 내가 찡그리면 거울도 찡그립니다.
당신이 나를 버리지 아니하면 나는 마음의 거울이 되어서 당신의 고락을 같이 하겠습니다.

사랑하는 상대가 있기에 사랑이 있다. 사랑을 위해서 먼저 할 일은 사랑하는 상대를 잃지 않는 일이다. 각근(恪勤)한 파수꾼처럼 사랑하는 사람을 지키는 일이다.

사랑하는 사람이 옆에 있다면 그 사람을 위해서 봉사하는 것이 사랑이다. 사랑은 내가 당신을 필요로 할 때 이루어지지 않는다. 사랑은 내가 그 사람의 필요가 될 때 이루어진다. 사랑은 지배와 소유가 아니라, 봉사와 헌신인 것이다. 백과전서가 온갖 말들을 지니고 있듯이 필요한 모든 것을 가지고 사랑하는 사람의 요구에 응할 때에 사랑은 이루어진다. 그 사람이 요구하는 것이 단지 하나이든 수만 개이든 그 사람의 요구에 응해주는 것이 사랑이다.

사랑의 궁극은 하나 되는 것이다. 그 사람이 웃으면 나도 웃고, 그 사람이 찡그리면 나도 찡그리는 것이다. 사랑하는 사람의 마음의 거울이 되어 그 사람과 하나가 되는 것이다.

당신가신때

당신이가실때에 나는 다른시골에 병드러누어서 리별의키쓰도 못하얏습니다

그때는 가을바람이 츰으로나서 단풍이 한가지에 두서너닙이 붉엇습니다

나는 永遠의時間에서 당신가신때를 끈어내것습니다 그러면 時間은 두도막이 남니다

時間의한끗은 당신이가지고 한끗은 내가가젓다가 당신의손과 나의손과 마조잡을때에 가만히 이어노컷습니다

그러면 붓대를잡고 남의不幸한일만을 쓰랴고 기다리는사람들도 당신의가신때는 쓰지못할것임니다

나는 永遠의時間에서 당신가신때를 끈어내것습니다

당신 가신 때

당신이 가실 때에 나는 다른 시골에 병들어 누워서 이별의 키스도 못하였습니다.

그때는 가을바람이 첨으로 나서 단풍이 한 가지에 두서너 잎이 붉었습니다.

나는 영원의 시간에서 당신 가신 때를 끊어내겠습니다. 그러면 시간은 두 도막이 납니다.

시간의 한 끝은 당신이 가지고 한 끝은 내가 가졌다가 당신의 손과 나의 손과 마주 잡을 때에 가만히 이어놓겠습니다.

그러면 붓대를 잡고 남의 불행한 일만을 쓰려고 기다리는 사람들도 당신의 가신 때는 쓰지 못할 것입니다.

나는 영원의 시간에서 당신 가신 때를 끊어내겠습니다.

때로 이별은 이별도 없이 찾아온다. 그러면 이별조차 하지 못하였기에 이별은 더욱 받아들이기 어려운 일이 된다. 다른 시골에 병들어 누웠으니 나는 당신을 붙들며 애원할 수도 없었으며, 이별의 키스로 마음을 달랠 수도 없었다.

아름다운 가을 단풍은 이별하며 보내는 이의 마음 색깔이다. 붉게 붉게 타들어가다가 끝내는 말라버리는 이별한 이의 마음 색깔이다.

이별의 시간은 지속하고 싶지 않은 시간이며, 남겨놓고 싶지 않은 시간이다. 그 시간은 당신과 내가 함께 지워버려야 할 시간이다.

그 시간을 지워버린다면, 그래서 이별이 당신과 나 사이의 비밀로만 남는다면, 남들에 의해 우리의 이별이 알려지고 그것에 의해 이별의 슬픔이 배가되는 일은 없을 것이다.

妖術

가을洪水가 적은시내의 싸인落葉을 휩쓰러가듯이 당신은 나의 歡樂의마음을 빼아서갓슴니다 나에게 남은마음은 苦痛뿐입니다

그러나 나는 당신을원망할수는 업슴니다 당신이 가기전에는 나의苦痛의 마음을 빼아서간 까닭입니다

만일 당신이 歡樂의마음과 苦痛의마음을 同時에빼아서간다하면 나에게는 아모마음도 업것슴니다

나는 하늘의별이되야서 구름의面紗로 낫을가리고 숨어잇것슴니다

나는 바다의眞珠가되얏다가 당신의구쓰에 단추가되것슴니다

당신이 만일 별과眞珠를따서 게다가 마음을너서 다시 당신의 님을만든다면 그때에는 歡樂의마음을 너주서요

부득이 苦痛의마음도 너야하것거든 당신의苦痛을빼어다가 너주서요

그러고 마음을빼아서가는 妖術은 나에게는 가리처주지마서요

그러면 지금의리별이 사랑의最後는 아닙니다

요 술

가을 홍수가 작은 시내의 쌓인 낙엽을 휩쓸어 가듯이 당신은 나의 환락의 마음을 빼앗아 갔습니다. 나에게 남은 마음은 고통뿐입니다.

그러나 나는 당신을 원망할 수는 없습니다. 당신이 가기 전에는 나의 고통의 마음을 빼앗아 간 까닭입니다.

만일 당신이 환락의 마음과 고통의 마음을 동시에 빼앗아 간다 하면 나에게는 아무 마음도 없겠습니다.

나는 하늘의 별이 되어서 구름의 면사로 낯을 가리고 숨어있겠습니다.

나는 바다의 진주가 되었다가 당신의 구두에 단추가 되겠습니다.

당신이 만일 별과 진주를 따서 게다가 마음을 넣어서 다시 당신의 님을 만든다면 그때에는 환락의 마음을 넣어주셔요.

부득이 고통의 마음도 넣어야 하겠거든 당신의 고통을 빼어다가 넣어주셔요.

그리고 마음을 빼앗아 가는 요술은 나에게는 가르쳐 주지 마셔요.

그러면 지금의 이별이 사랑의 최후는 아닙니다.

앙상한 가지만을 남긴 채 시냇가에 떨어진 낙엽은 쓸쓸함을 자아낸다. 그 낙엽마저 휩쓸려간 시내는 더욱 쓸쓸하다. 여름철의 푸르른 추억을 간직하고 있던 낙엽이 휩쓸려갈 때, 연인의 가슴속에 마지막 남아 있는 지난 세월의 즐거운 추억이 휩쓸려간다. 그리고 남는 것은 이별의 고통뿐이다.

당신이 이별과 함께 내 마음속의 모든 즐거움을 가져가도 당신을 탓할 수는 없다. 그 즐거움을 가져와서 내 마음속의 고통을 없앤 이 또한 당신인 까닭에서다.

당신은 고통도 가져가고 환락의 마음도 가져갔다. 당신이 이 둘을 가졌다면 내 마음속에는 아무 마음도 없어야 하리라. 그러나 그것은 언어의 수사에서만 가능한 것임을 안다. 까닭에 '나에게는 아무 마음도 없습니다' 하지 않고 '나에게는 아무 마음도 없겠습니다' 라며 되물음을 하고 있는 것이다.

이별한 이의 마음과 이별당한 이의 마음은 다르다. 이별은 당신이 한 것이지 내가 한 것이 아니다. 까닭에 나는 아름다운 존재로 이별한 당신 곁에 있고자 한다. 아름답지만 당신이 알아보지 못하는 눈에 띄지 않는 작은 존재로 당신 곁에 있고자 한다. 그러면 당신이 그러한 나마저 이별하지는 못할 것이다. 구름 속의 하늘의 별과 바다의 진주는 당신이 이별할 수 없는 아름답고도 작은 존재이다.

공상의 세계에서나마 사랑은 상처받고 싶지 않다. 공상의 세계에서나마 당신의 사랑만을 받고, 환희의 마음을 받고 싶다.

고통 없는 환희가 불가능한 것이라면, 고통이 불가피한 것이라면, 차라리 당신의 고통을 빼어 넣어 달라는 것은 자신의 아픔에 대한 역설적 표현이다. 마음을 빼앗아가는 요술을 가르쳐 주지 말라는 것 역시 같은 의미이다. 내가 감당할 수 없는 이별의 고통을 당신에게 전가할 수는 없다.

내가 당신을 이별하지 않는 한 이별은 최후는 아닌 것이다.

당신의마음

나는 당신의 눈섭이검ㅅ고 귀가갸름한것도 보앗습니다
그러나 당신의마음을 보지못하얏습니다
당신이 사과를짜서 나를주라고 크고붉은사과를 짜로쌀째에 당신의 마음이 그사과속으로 드러가는것을 분명히보앗습니다

나는 당신의 둥근배와 잔나비가튼허리와를 보앗습니다
그러나 당신의마음을 보지못하얏습니다
당신이 나의사진과 엇든녀자의사진을 가티들고볼째에 당신의 마음이 두사진의새이에서 초록빗이되는것을 분명히보앗습니다

나는 당신의 발톱이희고 발꿈치가둥근것도 보앗습니다
그러나 당신의마음을 보지못하얏습니다
당신이 떠나시랴고 나의큰보석반지를 주머니에너실째에 당신의마음이 보석반지넘어로 얼골을가리고 숨는것을 분명히보앗습니다

당신의 마음

나는 당신의 눈썹이 검고 귀가 갸름한 것도 보았습니다.

그러나 당신의 마음을 보지 못하였습니다.

당신이 사과를 따서 나를 주려고 크고 붉은 사과를 따로 쌀 때에 당신의 마음이 그 사과 속으로 들어가는 것을 분명히 보았습니다.

나는 당신의 둥근 배와 잔나비 같은 허리와를 보았습니다.

그러나 당신의 마음을 보지 못하였습니다.

당신이 나의 사진과 어떤 여자의 사진을 들고 볼 때에 당신의 마음이 두 사진의 사이에서 초록빛이 되는 것을 분명히 보았습니다.

나는 당신의 발톱이 희고 발꿈치가 둥근 것도 보았습니다.

그러나 당신의 마음을 보지 못하였습니다.

당신이 떠나시려고 나의 큰 보석반지를 주머니에 넣으실 때에 당신의 마음이 보석반지 너머로 얼굴을 가리고 숨는 것을 분명히 보았습니다.

사랑하는 이의 모습은 언제나 아름답다. 얼굴도 몸도 손발도 아름답다. 시는 연인의 모습이 얼마나 아름답게 보이는가를 연인의 얼굴에서부터 시작하고 있다. 짙은 눈썹과 갸름한 귀는 연인의 곱고 귀한 모습이다.

연인은 언제나 연인의 마음을 알고 싶어 한다. 눈으로 볼 수 없는 그 마음을 알고 싶어 한다. 자신의 눈에 비친 짙은 눈썹과 갸름한 귀만으로 알 수 없는 그 마음을 알고자 한다.

연인은 사랑에서부터 시작한다. 이별하는 연인도 시작은 뜨거운 사랑에서 시작한다. 따로 싼 '크고 붉은 사과'는 뜨거운 사랑을 시작하는 연인의 정열적인 마음이다. 적어도 연인에게 비친 연인의 마음은 그러하다. 까닭에 당신의 마음이 그 사과 속으로 들어가는 것을 '분명히' 보았다 하는 것이다.

당신에 대한 나의 시선은 당신의 배와 허리로 옮아간다. 시선의 옮아감은 또한 시간의 경과이며, 관계의 변화이다.

처음에 그러하듯 연인은 드러나지 않는 연인의 마음을 거듭거듭 확인하고자 한다. 사랑이 더해 갈수록 사랑을 확인하려는 욕구 또한 짙어간다. 사랑에는 언제나 이별에 대한 두려움이 있기 때문이다.

당신에 대한 나의 시선은 당신의 배와 허리로 옮아갔지만, '크고 붉은 사과' 속의 당신의 뜨거운 마음은 어느새 차가운 '초록빛'으로 변하여 다른 여인을 향하고 있다. 당신의 변화하는 마음 또한 내게는 '분명히' 각인(刻印)된다.

당신에 대한 나의 시선이 발끝까지 옮아가며, 나는 당신의 모든 아름다운 모습을 보았다.

당신의 모습을 머리에서 발끝까지 보아도 나는 당신의 마음을 보지 못한다.

끝내 당신은 나를 떠나가고 만다. 사랑의 징표인 큰 보석반지를 손에서 뺄 때에 당신의 마음은 나를 떠난 것이다.

여름밤이기러요

당신이기실째에는 겨울밤이쩌르더니 당신이가신뒤에는 여름밤이기러요

책녁의內容이 그릇되얏나 하얏더니 개똥불이흐르고 버레가웁니다

긴밤은 어데서오고 어데로가는줄을 분명히아럿습니다

긴밤은 근심바다의첫물ㅅ결에서 나와서 슯은音樂이되고 아득한沙漠이되더니 필경 絶望의城넘어로가서 惡魔의우슴속으로 드러감니다

그러나 당신이오시면 나는 사랑의칼을가지고 긴밤을베혀서 一千도막을 내것습니다

당신이기실째는 겨울밤이쩌르더니 당신이가신뒤는 여름밤이기러요

여름밤이 길어요

당신이 계실 때에는 겨울밤이 짧더니 당신이 가신 뒤에는 여름밤이 길어요.

책력의 내용이 그릇되었나 하였더니 개똥불이 흐르고 벌레가 웁니다.

긴 밤은 어디서 오고 어디로 가는 줄을 분명히 알았습니다.

긴 밤은 근심 바다의 첫 물결에서 나와서 슬픈 음악이 되고 아득한 사막이 되더니 필경 절망의 성(城) 너머로 가서 악마의 웃음 속으로 들어갑니다.

그러나 당신이 오시면 나는 사랑의 칼을 가지고 긴 밤을 베어서 일천 도막을 내겠습니다.

당신이 계실 때는 겨울밤이 짧더니 당신이 가신 뒤는 여름밤이 길어요.

사랑하는 사람과 함께하는 밤은 짧게 느껴지기 마련이다. 긴 겨울밤조차도 사랑을 나누기에는 짧다. 반면에 사랑하는 이를 떠나보내고 홀로 있는 사람에게 밤은 한없이 길게 느껴지기 마련이다. 여름밤조차도 길게 느껴진다. 여름밤이 길게 느껴져 달력을 보지만 여전히 여름임이 분명하다. 개똥벌레의 불빛과 풀벌레가 우는 소리는 달력이 말하는 여름임을 알게 한다.

긴 밤은 어디서 오고 어디로 가는가. 긴 밤은 홀로 기다리는 이의 마음에서 오고 절망으로 간다.

근심바다는 외로운 마음이며, 첫 물결은 외로움의 일렁임이다. 긴 밤은 마음속에서 외로움이 일면서부터 시작된다. 일렁이는 마음의 파고의 높낮이는 악보가 되어 외로움은 슬픈 음악이 된다. 외로움조차 지치면 공허한 적막감에 싸인 아득한 사막이 되며, 절망의 세계가 된다. 누군가의 웃음소리가 들린다면 나를 조롱하는 웃음소리로 들릴 것이다. 까닭에 악마의 웃음이라 한 것일까?

冥想

아득한 冥想의적은배는 갓이업시출넝거리는 달빗의물ㅅ결에 漂流되야 멀고먼 별나라를 넘고또넘어서 이름도모르는나라에 이르럿습니다

이나라에는 어린아기의微笑와 봄아츰과 바다소리가 숨하야 사람이 되얏습니다

이나라사람은 玉璽의귀한줄도모르고 黃金을밟고다니고 美人의靑春을사랑할줄도 모름니다

이나라사람은 우슴을조아하고 푸른하늘을조아함니다

冥想의배를 이나라의宮殿에 매엿더니 이나라사람들은 나의손을잡고 가티살자고함니다

그러나 나는 님이오시면 그의가슴에 天國을꾸미랴고 도러왓습니다

달빗의물ㅅ결은 흰구슬을 머리에이고 춤추는 어린풀의장단을 마추어 우쭐거림니다

명 상

아득한 명상의 작은 배는 가이없이 출렁거리는 달빛의 물결에 표류되어 멀고 먼 별나라를 넘고 또 넘어서 이름도 모르는 나라에 이르렀습니다.

이 나라에는 어린 아기의 미소와 봄 아침과 바닷소리가 합하여 사람이 되었습니다.

이 나라 사람은 옥새(玉璽)의 귀한 줄도 모르고 황금을 밟고 다니고 미인의 청춘을 사랑할 줄도 모릅니다.

이 나라 사람은 웃음을 좋아하고 푸른 하늘을 좋아합니다.

명상의 배를 이 나라의 궁전에 매었더니 이 나라 사람들은 나의 손을 잡고 같이 살자고 합니다.

그러나 나는 님이 오시면 그의 가슴에 천국을 꾸미려고 돌아왔습니다.

달빛의 물결은 흰 구슬을 머리에 이고 춤추는 어린 풀의 장단을 맞추어 우쭐거립니다.

명상(瞑想)의 세계는 상상의 세계와 다르다. 상상의 세계는 개인적 욕구의 세계이며 아무런 법칙도 없는 세계인 데 비해 명상은 법칙에 의해 움직이는 실제의 공간이다. 상상의 세계는 상상하는 이의 주관에 의해 그려지지만, 명상의 세계에서는 실제의 세계가 드러난다. 시는 동화의 세계를 그리고 있지만, 명상의 이러한 기본적 성격을 반영하고 있다. 마치 피터 팬의 친구들을 실은 배가 달과 별이 반짝이는 밤하늘을 아득히 항해하는 것처럼 묘사하면서도 '표류되어' 이르렀다는 표현은 실제의 세계에 이끌려 들어감을 말하고 있다.

어린 아기의 미소 속의 천진함과 봄 아침의 부드럽고도 따뜻함과 바닷소리의 무심함으로 만든 사람이라면, 그런 사람은 아무런 번뇌도 없는 사람이다. 열반의 세계는 곧 동화의 세계이다.

열반의 세계는 욕망을 떠난 세계이다. 세속적 권력과 부귀에 대한 욕망이 없으며, 이성에 대한 욕정도 없다. 그 세계의 사람들은 까닭에 옥새도 모르고, 황금도 모르고, 미인도 모른다. 까닭에 그들의 마음은 상락아정(常樂我淨), 어린아이의 마음처럼 항상 즐겁고 푸른 하늘처럼 깨끗할 따름이다.

지장보살(地藏菩薩)은 일체중생이 다 깨칠 때까지 부처가 되어 열반에 들지 않고 속세에 머물면서 중생을 구제하겠노라고 맹세하였다. 일체중생이 다 구제되기 전에 완전한 열반은 없다는 뜻이다. 그것은 또한 진정한 깨달음은 초월적 명상의 세계에 있는 것이 아니라 세속에서의 실천에 있다는 말이기도 하다. 까닭에 나는 열반의 세계를 뒤로하고 중생의 세계로 돌아온다. 그리고 그 돌아오는 길은 희망과 환희의 길이다.

七 夕

「차라리 님이업시 스々로님이되고 살지언정 하늘위의織女星은 되지안컷서요 네 네」 나는 언제인지 님의눈을처다보며 조금아양스런소리로 이러케 말하얏습니다

이말은 牽牛의님을그리우는 織女가 一年에한번식맛나는七夕을 엇지 기다리나하는 同情의咀呪엿습니다

이말에는 나는 모란쏫에취한 나븨처럼 一生을 님의키쓰에 밧부게 지나것다는 교만한盟誓가 숨어잇습니다

아々 알수업는것은 運命이오 지키기어려은것은 盟誓입니다

나의머리가 당신의팔위에 도리질을한지가 七夕을 열번이나 지나고 쏘몃번을 지내엇습니다

그러나 그들은 나를용서하고 불상히여길쌘이오 무슨復讎的咀呪를 아니하얏습니다

그들은 밤마다밤마다 銀河水를새에두고 마조건너다보며 이야기하고 놉니다

그들은 햇죽〳〵웃는 銀河水의江岸에서 물을한줌ㅅ식쥐어서 서로던지고 다시뉘웃처합니다

그들은 물에다 발을잠그고 반비식이누어서 서로안보는체하고 무슨 노래를 부름니다

그들은 갈닙으로 배를만들고 그배에다 무슨글을써서 물에씌우고 입김으로부러서 서로보냄니다 그러고 서로글을보고 理解하지못하는것처럼 잠자코잇슴니다

그들은도러갈때에는 서로보고 웃기만하고 아모말도아니함니다

지금은 七月七夕날밤임니다

그들은 蘭草실로 주름을접은 蓮꽃의위ㅅ옷을 입엇슴니다

그들은 한구슬에 일곱빗나는 桂樹나무열매의 노르개를 찻슴니다

키쓰의술에醉할것을 想像하는 그들의뺨은 먼저 깃븜을못이기는 自己의熱情에醉하야 반이나붉엇슴니다

그들은 烏鵲橋를건너갈때에 거름을멈추고 위ㅅ옷의뒤ㅅ자락을 檢査함니다

그들은 烏鵲橋를건너서 서로抱擁하는동안에 눈물과우슴이 順序를일터니 다시금 恭敬하는얼골을 보임니다

아ㅅ 알수업는것은 運命이오 지키기어려은것은 盟誓임니다

나는 그들의사랑이 表現인것을 보앗슴니다

진정한사랑은 表現할수가 업슴니다

그들은 나의사랑을볼수는 업슴니다

사랑의神聖은 表現에잇지안코 秘密에잇슴니다

그들이 나를 하늘로오라고 손짓을한대도 나는가지안컷슴니다

지금은 七月七夕날밤임니다

칠 석

'차라리 님이 없이 스스로 님이 되고 살지언정 하늘 위의 직녀성은 되지 않겠어요. 네 네.' 나는 언제인지 님의 눈을 쳐다보며 조금 아양스런 소리로 이렇게 말하였습니다.

이 말은 견우의 님을 그리우는 직녀가 일 년에 한 번씩 만나는 칠석을 어찌 기다리나 하는 동정의 저주였습니다.

이 말에는 나는 모란꽃에 취한 나비처럼 일생을 님의 키스에 바쁘게 지나겠다는 교만한 맹세가 숨어 있습니다.

아아, 알 수 없는 것은 운명이요 지키기 어려운 것은 맹세입니다.

나의 머리가 당신의 팔 위에 도리질을 한 지가 칠석을 열 번이나 지나고 또 몇 번을 지내었습니다.

그러나 그들은 나를 용서하고 불쌍히 여길 뿐이요 무슨 복수적(復讐的) 저주를 아니하였습니다.

그들은 밤마다 밤마다 은하수를 사이에 두고 마주 건너다보며 이야기하고 놉니다.

그들은 해쭉해쭉 웃는 은하수의 강안(江岸)에서 물을 한 줌씩 쥐어서 서로 던지고 다시 뉘우쳐 합니다.

그들은 물에다 발을 담그고 반 비슥이 누워서 서로 안 보는 체하고 무슨 노래를 부릅니다.

그들은 갈잎으로 배를 만들고 그 배에다 무슨 글을 써서 물에 띄우고 입김으로 불어서 서로 보냅니다. 그리고 서로 글을 보고 이해하지 못하는 것처럼 잠자코 있습니다.

그들은 돌아갈 때에는 서로 보고 웃기만 하고 아무 말도 아니 합니다.

지금은 칠월 칠석날 밤입니다.

그들은 난초 실로 주름을 접은 연꽃의 윗옷을 입었습니다.

그들은 한 구슬에 일곱 빛나는 계수나무 열매의 노리개를 찼습니다.

키스의 술에 취할 것을 상상하는 그들의 뺨은 먼저 기쁨을 못 이기는 자기의 열정에 취하여 반이나 붉었습니다.

그들은 오작교를 건너갈 때에 걸음을 멈추고 윗옷의 뒷자락을 검사합니다.

그들은 오작교를 건너서 서로 포옹하는 동안에 눈물과 웃음이 순서를 잃더니 다시금 공경하는 얼굴을 보입니다.

아아, 알 수 없는 것은 운명이요 지키기 어려운 것은 맹세입니다.

나는 그들의 사랑이 표현인 것을 보았습니다.

진정한 사랑은 표현할 수가 없습니다.

그들은 나의 사랑을 볼 수는 없습니다.

사랑의 신성(神聖)은 표현에 있지 않고 비밀에 있습니다.

그들이 나를 하늘로 오라고 손짓을 한대도 나는 가지 않겠습니다.

지금은 칠월 칠석날 밤입니다.

사랑은 깨어지기 쉬운 행복이다. 그러나 사랑을 나누는 그 순간 사랑이 깨어질 것을 염려하는 연인은 없다. 사랑의 행복은 마냥 이어지리라고 믿는다. 숱한 이별들은 나의 사랑과는 무관한 일이라 믿을 따름이다.

사랑의 맹세처럼 부질없는 것도 없다. 행복은 짧고 이별은 기약 없이 긴 것이 사랑의 본성이며, 이별한 사랑은 견우와 직녀의 만남조차 부럽기 마련이다.

사랑은 그리움이다. 그리움을 지닌 이는 이별의 거리가 아무리 멀어도 만남을 이루고자 한다. 그리운 이의 눈에는 더 넓은 하늘을 사이에 두고 떨어져 있는 견우성과 직녀성조차 서로 만나고 있는 것처럼 보인다.

사무치게 그리운 이와의 만남, 하지만 또다시 헤어져야 할 이와의 오작교 위에서의 만남은 의식(儀式)이 된다. 만남의 모든 과정을 아름답게 꾸미고 기억하기 위해서이다. 헤어져 있는 한없이 긴 시간 동안 만남의 짧은 순간을 기억하고 또 기억하며 지내기 위해서이다. 매끈하게 빠진 난초 잎처럼 깔끔한 옷을 입고, 온갖 화려한 보석으로 장식하고, 서로를 만난다. 사무치게 그리운 이와의 만남은 만남 이전에 만남의 흥분에 휩싸이게 한다. 그를 만나기 이전에 벌써 마음속의 그를 만난다. 그와 키스하기 이전에 마음속의 그와 먼저 키스한다. 그것만으로도 이미 얼굴은 붉어지고, 가슴은 두근거린다.

그러나 헤어져야 함을 알기에 만남의 길을 나서는 순간 자신의 뒷모습을 살핀다. 헤어지는 그 순간 아름다운 뒷모습을 보여주고 싶어서이다. 만남 자체는 이미 이별을 예고한 것이기에 만남의 순간은 곧 이별의 순간이며, 만남의 기쁨과 이별의 슬픔이 교차한다. 극단적인 감정의 기복 속에서 평정을 찾을 수 있는 것은 또한 의식의 힘이다. 사랑하는 그 순간 이별의 운명을 누가 생각하며, 운명처럼 찾아 온 이별의 사랑의 맹세를 어찌 지키겠는가? 하루를 만나고 일 년을 헤어지는 것조차 행복한 운명이며, 지켜진 맹세라 할 수 있을 것이다.

단 하루의 만남도 기약이 없는 이에게는 단 하루를 만나는 이들조차 부러움의 대상이다. '그들의 사랑이 표현'인 것은 그들의 사랑이 가식이어서가 아니다. 표현할 수 없는 나의 사랑에 대비되기 때문이다. 만날 수 없는 사랑은 비밀일 수밖에 없다. 기약되거나 표현되지 않은 비밀이기에 신성한 것이다.

生의藝術

몰난결에쉬어지는 한숨은 봄바람이되야서 야윈얼골을비치는 거울에 이슬꼿을핌니다

나의周圍에는 和氣라고는 한숨의봄바람밧게는 아모것도업습니다

하염업시흐르는 눈물은 水晶이되야서 깨끗한슯음의聖境을 비침니다

나는 눈물의水晶이아니면 이세상에 寶物이라고는 하나도업습니다

한숨의봄바람과 눈물의水晶은 써난님을긔루어하는 情의秋收임니다

저리고쓰린 슯음은 힘이되고 熱이되야서 어린羊과가튼 적은 목숨을 사러움지기게함니다

님이주시는 한숨과눈물은 아름다은 生의藝術임니다

생의 예술

모른 결에 쉬어지는 한숨은 봄바람이 되어서 야윈 얼굴을 비추는 거울에 이슬꽃을 핍니다.

나의 주위에는 화기(和氣)라고는 한숨의 봄바람밖에는 아무것도 없습니다.

하염없이 흐르는 눈물은 수정이 되어서 깨끗한 슬픔의 성경(聖境)을 비춥니다.

나는 눈물의 수정이 아니면 이 세상에 보물이라고는 하나도 없습니다.

한숨의 봄바람과 눈물의 수정은 떠난 님을 기루어하는 정(情)의 추수(秋收)입니다.

저리고 쓰린 슬픔은 힘이 되고 열(熱)이 되어서 어린 양 같은 작은 목숨을 살아 움직이게 합니다.

님이 주시는 한숨과 눈물은 아름다운 생의 예술입니다.

슬픔과 외로움의 한숨도 온기(溫氣)를 지니고 있다. 까닭에 그것을 봄바람이라 부를 수 있는 것은 삶의 역설이 아니던가. 기다림에 지쳐 야윈 얼굴로 거울을 바라보며 짓는 한숨으로 거울에 맺힌 물기를 '이슬꽃'이라 하는 것은 외로운 삶에 대한 자조적(自嘲的) 위안(慰安)이 아니던가.

한없는 외로움의 한숨이 봄바람이 되고, 슬픔의 눈물이 수정(水晶)이 되는 것은 외로운 삶에 대한 자조적 위안이자 생의 예술적 승화라 할 수 있을 것이다.

슬픔이 삶의 힘이 될 수는 없다. 그러나 슬픔 또한 삶에 대한 확인이 될 수는 있을 것이다.

꽃싸옴

당신은 두견화를 심으실때에 「꽃이픠거든 꽃사옴하자」고 나에게 말하얏슴니다

꽃은픠여서 시드러가는대 당신은 옛맹서를이즈시고 아니오십닛가

나는 한손에 붉은꽃수염을가지고 한손에 흰꽃수염을가지고 꽃싸옴을하야서 이기는것은 당신이라하고 지는것은 내가됨니다

그러나 정말로 당신을맛나서 꽃싸옴을하게되면 나는 붉은꽃수염을 가지고 당신은 흰꽃수염을 가지게함니다

그러면 당신은 나에게 번々히지십니다

그것은 내가 이기기를 조아하는것이아니라 당신이 나에게 지기를 깃버하는 까닭입니다

번々히이긴나는 당신에게 우승의상을달나고 조르것슴니다

그러면 당신은 빙긋이우스며 나의쌤에 입맛추것슴니다

꽃은픠여서 시드러가는대 당신은 옛맹서를이지시고 아니오십닛가

꽃싸움

당신은 두견화를 심으실 때에 '꽃이 피거든 꽃싸움하자'고 나에게 말하였습니다.

꽃은 피어서 시들어가는데 당신은 옛 맹세를 잊으시고 아니 오십니까.

나는 한 손에 붉은 꽃수염을 가지고 한 손에 흰 꽃수염을 가지고 꽃싸움을 하여서 이기는 것은 당신이라 하고 지는 것은 내가 됩니다.

그러나 정말로 당신을 만나서 꽃싸움을 하게 되면 나는 붉은 꽃수염을 가지고 당신은 흰 꽃수염을 가지게 합니다.

그러면 당신은 나에게 번번이 지십니다.

그것은 내가 이기기를 좋아하는 것이 아니라 당신이 나에게 지기를 기뻐하는 까닭입니다.

번번이 이긴 나는 당신에게 우승의 상을 달라고 조르겠습니다.

그러면 당신은 빙긋이 웃으며 나의 뺨에 입 맞추겠습니다.

꽃은 피어서 시들어가는데 당신은 옛 맹세를 잊으시고 아니 오십니까.

진달래는 일찍 피고 일찍 진다. 여리디여린 꽃잎은 봄이 채 오기 전에 피어서는 봄비와 함께 지고 만다. 새 잎이 나기 전에 앙상한 가지에 피어서는 봄을 만끽하기 전에 지고 만다. 까닭에 진달래는 사랑의 기쁨을 향유할 수 없는 이별하는 연인의 운명을 닮은 것이다.

거문고탈째

달아레에서 거문고를타기는 근심을이즐ㅅ가 함이러니 츰곡조가씃나기전에 눈물이압흘가려서 밤은 바다가되고 거문고줄은 무지개가됨니다

거문고소리가 놉핫다가 가늘고 가늘다가 놉흘째에 당신은 거문고줄에서 그늬를쮭니다

마즈막소리가 바람을싸러서 느루나무그늘로 사러질째에 당신은 나를힘업시보면서 아득한눈을감습니다

아々 당신은 사러지는 거문고소리를 싸러서 아득한눈을감습니다

거문고 탈 때

달 아래에서 거문고를 타기는 근심을 잊을까 함이려니, 춤 곡조가 끝나기 전에 눈물이 앞을 가려서 밤은 바다가 되고 거문고 줄은 무지개가 됩니다.

거문고 소리가 높았다가 가늘고 가늘다가 높을 때에 당신은 거문고 줄에서 그네를 뜁니다.

마지막 소리가 바람을 따라서 느티나무 그늘로 사라질 때에, 당신은 나를 힘없이 보면서 아득한 눈을 감습니다.

아아, 당신은 사라지는 거문고 소리를 따라서 아득한 눈을 감습니다.

작은 근심은 흥겨운 노래로 달랠 수 있으나, 큰 근심은 그럴 수가 없다. 기름불이 작은 물에 꺼지지 않고 도리어 치성(熾盛)한 불꽃을 이루듯이, 큰 근심은 흥겨운 노래에 파묻히지 못하고 도리어 일깨워진다. 슬픔을 달래기 위해 거문고를 연주해 보지만 가슴속의 슬픔은 끝내 눈물이 되어 나오고, 눈물에 거문고 줄이 아롱거려 연주는 중단된다.

근심을 잊기 위한 곡조는 근심을 멀리하는 것이 아니라 도리어 근심을 불러내어 근심과 함께한다. 곡조가 근심이 되고 근심이 곡조가 된다.

근심을 불러일으킨 곡조가 스러지면 근심 또한 스러져야 할 터이나, 또 하나의 애잔한 이별을 남겨두고 스러진다.

오서요

오서요 당신은 오실때가되얏서요 어서오서요
당신은 당신의오실때가 언제인지 아십닛가 당신의오실때는 나의기다리는때입니다

당신은 나의꼿밧헤로오서요 나의꼿밧헤는 꼿들이픠여잇슴니다
만일 당신을조처오는사람이 잇스면 당신은 꼿속으로드러가서 숨으십시오
나는 나븨가되야서 당신숨은꼿위에가서 안것슴니다
그러면 조처오는사람이 당신을차질수는 업슴니다
오서요 당신은 오실때가되얏슴니다 어서오서요

당신은 나의품에로오서요 나의품에는 보드러은가슴이 잇슴니다
만일 당신을조처오는사람이 잇스면 당신은 머리를숙여서 나의가슴에 대입시오
나의가슴은 당신이만질때에는 물가티보드러웁지마는 당신의 危險을위하야는 黃金의칼도되고 鋼鐵의방패도됨니다
나의가슴은 말ㅅ굽에밟힌落花가 될지언정 당신의머리가 나의 가슴에서 써러질수는 업슴니다
그러면 조처오는사람이 당신에게 손을대일수는 업슴니다
오서요 당신은 오실때가되얏슴니다 어서오서요

당신은 나의죽엄속으로오서요 죽엄은 당신을위하야의準備가 언제든지 되야잇슴니다

만일 당신을조처오는사람이 잇스면 당신은 나의죽엄의뒤에 서십시오

죽엄은 虛無와萬能이 하나임니다

죽엄의사랑은 無限인同時에 無窮임니다

죽엄의압헤는 軍艦과砲臺가 띄끌이됨니다

죽엄의압헤는 强者와弱者가 벗이됨니다

그러면 조처오는사람이 당신을잡을수는 업슴니다

오서요 당신은 오실때가되얏슴니다 어서오서요

오셔요

오셔요, 당신은 오실 때가 되었어요. 어서 오셔요.

당신은 당신의 오실 때가 언제인지 아십니까. 당신의 오실 때는 나의 기다리는 때입니다.

당신은 나의 꽃밭으로 오셔요. 나의 꽃밭에는 꽃들이 피어 있습니다.

만일 당신을 쫓아오는 사람이 있으면 당신은 꽃 속으로 들어가서 숨으십시오.

나는 나비가 되어서 당신 숨은 꽃 위에 가서 앉겠습니다.

그러면 쫓아오는 사람이 당신을 찾을 수는 없습니다.

오셔요, 당신은 오실 때가 되었습니다. 어서 오셔요.

당신은 나의 품으로 오셔요. 나의 품에는 보드라운 가슴이 있습니다.

만일 당신을 쫓아오는 사람이 있으면 당신은 머리를 숙여서 나의 가슴에 대십시오.

나의 가슴은 당신이 만질 때에는 물같이 보드랍지마는 당신의 위험을 위하여는 황금의 칼도 되고 강철의 방패도 됩니다.

나의 가슴은 말굽에 밟힌 낙화가 될지언정 당신의 머리가 나의 가슴에서 떨어질 수는 없습니다.

그러면 쫓아오는 사람이 당신에게 손을 댈 수는 없습니다.
오셔요, 당신은 오실 때가 되었습니다. 어서 오셔요.

당신은 나의 죽음 속으로 오셔요. 죽음은 당신을 위하여 준비가 언제든지 되어 있습니다.
만일 당신을 쫓아오는 사람이 있으면 당신은 나의 죽음의 뒤에 서십시오.
죽음은 허무와 만능(萬能)이 하나입니다.
죽음의 사랑은 무한인 동시에 무궁입니다.
죽음의 앞에는 군함과 포대가 티끌이 됩니다.
죽음의 앞에는 강자와 약자가 벗이 됩니다.
그러면 쫓아오는 사람이 당신을 잡을 수는 없습니다.
오셔요, 당신은 오실 때가 되었습니다. 어서 오셔요.

기다리는 사람에게는 기다리는 사람이 와야 할 때가 따로 있는 것이 아니다. 이별의 그 순간부터 와야 할 시간은 계속되고 있다.

이별이 있기에 만남이 있지만, 이별이 만나야 할 이유는 아니다. 이별했다는 것만으로 만남을 주장할 수는 없다. 만남은 이별과는 별도로 만남의 까닭이 있어야 한다. 아름다움은 이별한 님을 돌아오게 하는 가장 좋은 유혹일 터이다. 아름다운 유혹이 필요하다면 꽃밭처럼 좋은 유혹도 없다. 그러나 유혹이 다만 유혹으로만 해석된다면 거기에는 평범성과 관능만 있게 된다. 유혹의 꽃밭이 도망자의 은신처가 되면서 시는 관능을 넘어서 역사성을 갖게 된다. '당신을 좇아오는 사람'은 시의 반전(反轉)이다. 평범한 관능(官能)의 미학(美學)을 역사의 미학으로 발전시킨다.

관능과 역사의 합일은 만해 시의, 《님의 침묵》의 위대한 성취이다. 만해에게서는 관능적 욕망도 역사적 희망도 모두가 같은 인간에게서 일어나는 일이다. '나의 가슴은 당신이 만질 때에는 물 같이 보드랍지마는, 당신의 위험을 위하여는 황금의 칼도 되고, 강철의 방패도 됩니다.'

관능적 욕망이 역사적 희망이 되는 까닭은 존재는 이것도 아니고 저것도 아니면서 이것과 저것을 다 포괄하기 때문이다. 진(眞)이 곧 속(俗)이고 속(俗)이 곧 진(眞)이다.

《님의 침묵》에서는 관능과 역사, 그리고 나아가 종교적 진리가 합일을 이룬다. 주검은 모든 것을 종교의 세계로 연결시키는 매개물이다. 주검 앞에서 모든 세속적 권위는 힘을 잃고, 온갖 차별성은 사라지게 된다. 모든 희망이 사라지기에 희망이 허무가 되고, 온갖 절망이 사라지기에 절망이 평화가 된다. 주검과 함께 사랑은 육신의 만남이 아니라 영혼 속에 간직되는 진리로 남아 무한의 영겁으로 이어진다. 산 자에게 군함과 포대는 공포이지만, 주검에게는 한갓 흙덩이에 불과하다. 강자도 없고 약자도 없다. 주검과 함께 모든 것은 자유로운 염원의 문제가 된다. 까닭에 당신이 오기를 염원한다면 당신을 가로막을 것은 어디에도 없다.

快樂

님이어 당신은 나를 당신기신때처럼 잘잇는줄로 아십닛가
그러면 당신은 나를아신다고할수가 업습니다

당신이 나를두고 멀니가신뒤로는 나는 깃븜이라고는 달도업는 가을하늘에 외기력이의 발자최만치도 업습니다

거울을볼때에 절로오든우슴도 오지안습니다
쏫나무를심으고 물주고붓도드든일도 아니함니다
고요한달그림자가 소리업시거러와서 엷은창에 소군거리는 소리도듯기실습니다
감을고 더운 여름하늘에 소낙비가지나간뒤에 산모롱이의 적은숩에서나는 서늘한맛도 달지안습니다
동무도업고 노르개도업습니다

나는 당신가신뒤에 이세상에서 엇기어려은 快樂이 잇습니다
그것은 다른것이아니라 잇다금 실컷우는것입니다

쾌 락

님이여 당신은 나를 당신 계신 때처럼 잘 있는 줄로 아십니까.

그러면 당신은 나를 아신다고 할 수가 없습니다.

당신이 나를 두고 멀리 가신 뒤로는 나는 기쁨이라고는 달도 없는 가을 하늘에 외기러기의 발자취만큼도 없습니다.

거울을 볼 때에 절로 오던 웃음도 오지 않습니다.

꽃나무를 심고 물주고 북돋우던 일도 아니합니다.

고요한 달그림자가 소리 없이 걸어와서 엷은 창에 소곤거리는 소리도 듣기 싫습니다.

가물고 더운 여름 하늘에 소낙비가 지나간 뒤에 산모롱이의 작은 숲에서 나는 서늘한 맛도 달지 않습니다.

동무도 없고 노리개도 없습니다.

나는 당신이 가신 뒤에 이 세상에서 얻기 어려운 쾌락이 있습니다.

그것은 다른 것이 아니라 이따금 실컷 우는 것입니다.

사랑하는 사람에게서 사랑의 대상은 세상의 모든 것이다. 그 사람과 함께 있으면 모든 것이 아름답고 모든 것이 즐겁다. 그 사람과 이별하면 모든 것이 의미를 잃는다. 웃음은 사라지고 의욕도 사라진다. 즐겁고 좋은 것들조차 성가시거나 무미한 것들로 변한다.

모든 즐거움이 사라지고 아픔만이 남았을 때 아픔을 해소하는 울음만이 쾌락 아닌 쾌락이다.

苦待

당신은 나로하야금 날마다날마다 당신을기다리게합니다
해가저무러 산그림자가 촌집을덥흘때에 나는 期約업는期待를 가지고 마을숩밧게가서 기다리고잇슴니다
소를몰고오는 아해들의 플입피리는 제소리에 목마침니다
먼나무로도러가는 새들은 저녁연긔에 헤엄침니다
숩들은 바람과의遊戱를 그치고 잠々히섯슴니다 그것은 나에게同情하는 表象임니다
시내를싸러구븨친 모래ㅅ길이 어둠의픔에안겨서 잠들때에 나는 고요하고아득한 하늘에 간한숨의 사러진자최를 남기고 게으른거름으로 도러옴니다

당신은 나로하여금 날마다날마다 당신을기다리게함니다
어둠의입이 黃昏의엷은빗을 삼킬때에 나는 시름업시 문밧게 서々 당신을 기다림니다
다시오는 별들은 고흔눈으로 반가은表情을 빗내면서 머리를 조아 다투어 인사함니다
플새이의 버레들은 이상한노래로 白晝의 모든生命의戰爭을 쉬게하는 平和의밤을 供養함니다
네모진적은못의 蓮닙위에 발자최소리를내는 시럽슨바람이 나를嘲弄할때에 나는 아득한생각이 날카로은怨望으로 化함니다

당신은 나로하야금 날마다날마다 당신을기다리게합니다

一定한步調로거러가는 私情업는時間이 모든希望을 채칙질하야 밤과한께 모러갈때에 나는 쓸々한잠자리에 누어서 당신을기다림니다

가슴가온대의低氣壓은 人生의海岸에 暴風雨를지어서 三千世界는 流失되얏슴니다

벗을일코 견듸지못하는 가엽슨잔나비는 情의森林에서 저의숨에 窒息되얏슴니다

宇宙와人生의根本問題를 解決하는 大哲學은 눈물의三昧에 入定되얏슴니다

나의「기다림」은 나를찻다가 못찻고 저의自身까지 이러버렷슴니다

고대(苦待)

당신은 나로 하여금 날마다 날마다 당신을 기다리게 합니다.

해가 저물어 산 그림자가 촌집을 덮을 때에 나는 기약 없는 기대를 가지고 마을 숲 밖에 가서 기다리고 있습니다.

소를 몰고 오는 아이들의 풀잎피리는 제 소리에 목 마칩니다.

먼 나무로 돌아가는 새들은 저녁연기에 헤엄칩니다.

숲들은 바람과의 유희(遊戱)를 그치고 잠잠히 섰습니다. 그것은 나에게 동정하는 표상(表象)입니다.

시내를 따라 굽이친 모랫길이 어듬의 품에 안겨서 사라진 자취를 남기고 게으른 걸음으로 돌아옵니다.

당신은 나로 하여금 날마다 날마다 당신을 기다리게 합니다.

어듬의 입이 황혼의 엷은 빛을 삼킬 때에 나는 시름없이 문밖에 서서 당신을 기다립니다.

다시 오는 별들은 고운 눈으로 반가운 표정을 빛내면서 머리를 조아 다투어 인사합니다.

풀 사이의 벌레들은 이상한 노래로 백주(白晝)의 모든 생명의 전쟁을 쉬게 하는 평화의 밤을 공양(供養)합니다.

네모진 작은 못의 연잎 위에 발자취 소리를 내는 실없는 바람이 나를 조롱할 때에 나는 아득한 생각이 날카로운 원망으로 화(化)합니다.

당신은 나로 하여금 날마다 날마다 당신을 기다리게 합니다.

일정한 보조로 걸어가는 사정(私情) 없는 시간이 모든 희망을 채찍질하여 밤과 함께 몰아갈 때에 나는 쓸쓸한 잠자리에 누워서 당신을 기다립니다.

가슴 가운데의 저기압은 인생의 해안에 폭풍우를 지어서 삼천세계는 유실되었습니다.

벗을 잃고 견디지 못하는 가엾은 잔나비는 정(情)의 삼림에서 저의 숨에 질식되었습니다.

우주와 인생의 근본문제를 해결하는 대철학은 눈물의 삼매에 입정(入定)되었습니다.

나의 '기다림'은 나를 찾다가 못 찾고 저의 자신까지 잃어버렸습니다.

딱히 누군가를 기다리는 것만 기다림이 아니다. 기다림은 때로 정해지지 않은 대상에 대한 기다림일 수도 있다. 딱히 무엇인가가 아닌 무엇을 기다리는 기다림일 수도 있다. 우리는 누구인지, 무엇인지 알지도 못하는 존재를 기다린다. 날마다 날마다 알 수 없는 그 무엇을 기다린다.

기다림은 기약 없는 일이다. 만남이 예정되어 있는 기다림은 기다림이 아니다. 만남이 예정되어 있는 이는 해질녘 마을 어귀를 서성일 까닭이 없다.

해질녘은 모두가 보금자리를 찾아드는 평화의 시간이다. 아이들도, 새들도, 숲도, 시냇가의 모래톱도 모두가 보금자리를 찾아드는 시간이다. 하지만 모두가 어둠 속으로 사라지는 해질녘은 기다림이 있는 이에게는 외로움의 시간이다. 기다리는 사람은 올 까닭이 없고, 한낮의 법석댐은 정적 속으로 사라져 텅 빈 공간에 홀로 남는다.

기다림처럼 끝없이 미련을 남기는 일도 없다. 기약의 시간이 지난 만남의 기다림도, 기약되지 않은 만남의 기다림도 끝없는 미련을 남긴다. 기대했던 만남의 시간이 지나면 지날수록, 만남의 가능성이 옅으면 옅을수록 기다림의 미련은 깊어만 간다. 까닭에 기다리는 사람은 해가 저물고 황혼이 드리워도 집 안에 들지 못한다.

기다림에 지친 이에게는 밤하늘의 고운 별빛도, 풀벌레의 아름다운 울음소리도 정겨움이 되지 못하고 위안이 되지 못한다.

연못 위 연잎을 스치는 부드러운 바람소리는 기다리는 사람의 기다림에 지쳐 멍한 의식에 발자취 소리로 들린다. 문득 깨어나서 바람 소리에 조롱당한 것임을 알았을 때는 자연히 원망의 마음이 생겨난다.

시간은 기다리는 사람의 마음을 헤아리지 않는다. 시간에는 사정(私情)이 없다. 시간은 '척도를 초월한 삼엄한 궤율'이다. 사정 없는 준엄한 시간은 하나의 희망도 남겨두지 않고 데려간다.

시간과 함께 만남에의 모든 희망이 사라질 때, 사라지는 것은 희망만이 아니다. 절망의 먹구름은 한없는 눈물이 되고, 그 눈물과 함께 존재의 모든 의미가 사라지고, 삼천세계가 사라진다.

울음에 지친 숲속의 잔나비가 목이 메듯, 시간과 함께 만남의 희망이 사라진 상태에서 절절한 외로움은 한숨마저 막아버린다. 거대한 관념의 세계는 현실의 아픔 속에 공허한 목소리를 멈춘다. 기다림에 지친 나는 기다리고 있다는 사실조차 잊어버린다. 까닭에 나의 '기다림'이 도리어 나를 찾으나, 한없이 지쳐버린 나의 의식을 일깨우지 못하고, 나와 유리된 공간 속에서 길을 잃는다.

사랑의ᄭᅳᆺ판

네 네 가요 지금곳가요

에그 등ㅅ불을켜랴다가 초를 거ᄭᅮ로ᄭᅩ젓슴니다 그려 저를 엇저나 저사람들이 숭보것네

님이어 나는 이러케밧븜니다 님은 나를 게으르다고 ᄭᅮ짓슴니다 에그 저것좀보아 「밧분것이 게으른것이다」하시네

내가 님의ᄭᅮ지럼을듯기로 무엇이실컷슴닛가 다만 님의거문고줄이 緩急을이를ᄭᅡ 접허함니다

님이어 하늘도업는바다를 거처서 느름나무그늘을 지어버리는 것은 달빗이아니라 새는빗입니다

홰를탄 닭은 날개를움직입니다

마구에매인 말은 굽을침니다

네 네 가요 이제곳가요

사랑의 끝판

네 네 가요, 지금 곧 가요.

에그, 등불을 켜려다가 초를 거꾸로 꽂았습니다 그려. 저를 어쩌나, 저 사람들이 흉보겠네.

님이여, 나는 이렇게 바쁩니다. 님은 나를 게으르다고 꾸짖습니다. 에그 저것 좀 보아, '바쁜 것이 게으른 것이다' 하시네.

내가 님의 꾸지람을 듣기로 무엇이 싫겠습니까. 다만 님의 거문고 줄이 완급을 잃을까 저어합니다.

님이여, 하늘도 없는 바다를 거쳐서 느릅나무 그늘을 지워버리는 것은 달빛이 아니라 새는 빛입니다.

홰를 탄 닭은 날개를 움직입니다.

마구에 매인 말은 굽을 칩니다.

네 네 가요, 이제 곧 가요.

혁명가(革命家)에게는 희망이 있다. 그 희망은 오히려 절망의 바닥에서 솟아난다. 혁명은 절망적 상황의 극적인 반전이기 때문이다. 혁명을 꿈꾸는 시인은 이별의 극한에서 갑작스런 만남을 이야기한다. 87편의 이별의 노래를 부른 시인은 느닷없는 만남의 노래로 이별의 노래를 마치고 있다.

시인의 말이 아니더라도 고대하던 만남은 원래 예기치 않게 찾아오는 것인지도 모른다. 만남은 시간이 걸리는 일이 아니지 않는가? 기다림은 한없는 시간의 경과 속에 있지만 만남은 한순간에 이루어진다. 기쁨에 들뜬 마음이 이리저리 허둥대는 까닭은 예기치 않은 순간에 만남이 이루어지는 까닭이다.

아침을 여는 해는 하늘에서 비치지 않는다. 아침을 여는 해는 하늘이 사라진 아득한 저편 바다를 거쳐서 마침내 하늘과 바다가 맞닿은 곳에서 솟아난다. 만남이 이루어진 날의 아침 해는 절망과 한숨의 그늘을 지우고 활기찬 약동(躍動)의 시간을 예고한다. 기나긴 이별의 시간, 끝없는 한숨의 세월을 이길 수 있는 것은 이처럼 느닷없이 찾아오는 만남에 대한 희망일 것이다.

讀者에게

讀者여 나는 詩人으로 여러분의압헤 보이는것을 부끄러함니다

여러분이 나의詩를읽을때에 나를슯어하고 스스로슯어할줄을 암니다

나는 나의詩를 讀者의子孫에게까지 읽히고십흔 마음은 업슴니다

그때에는 나의詩를읽는것이 느진봄의꼿숩풀에 안저서 마른菊花를비벼서 코에대히는것과 가틀는지 모르것슴니다

밤은얼마나되얏는지 모르것슴니다
雪嶽山의 무거은그림자는 엷어감니다
새벽종을 기다리면서 붓을던짐니다

〈乙丑八月二十九日밤 끗〉

독자에게

독자여, 나는 시인으로 여러분의 앞에 보이는 것을 부끄러워합니다.

여러분이 나의 시를 읽을 때에 나를 슬퍼하고 스스로 슬퍼할 줄을 압니다.

나는 나의 시를 독자의 자손에게까지 읽히고 싶은 마음은 없습니다.

그때에는 나의 시를 읽는 것이 늦은 봄의 꽃 수풀에 앉아서 마른 국화를 비벼서 코에 대는 것과 같을는지 모르겠습니다.

밤은 얼마나 되었는지 모르겠습니다.
설악산의 무거운 그림자는 엷어갑니다.
새벽종을 기다리면서 붓을 던집니다.

〈1925년 8월 29일[1] 밤 끝〉

1) 양력 10월 16일로 추정된다.

저자의 후기에 해당하는 이 마지막 시는 표면적으로는 시인으로서의 겸양과 시집을 탈고하는 감회가 주 내용을 이루고 있다. 즉 시집을 세상에 선보이는 데 대한 수줍음, 이 시집이 지속적으로 읽힐 만한 고전이 될 수 없음을 토로하는 겸허함, 마지막 밤을 새우며 탈고하고 새벽을 맞이하는 시인의 감회가 그것들이다.

그러나 "여러분이 나의 시를 읽을 때에, 나를 슬퍼하고 스스로 슬퍼할 줄을 압니다"라는 말에는 시집을 탈고하는 데 대한 개인적 술회 이상의 의미가 들어 있다. 시에서 님과의 이별로 상징화되어 있는 잃어버린 조국에 대한 슬픔을 말하고 있는 것이다.

이러한 맥락에서 보면 시인으로서 사람들에게 자신을 드러내는 부끄러움 역시 단지 자신의 시에 대한 겸양의 태도만이 아니라, 민족 독립을 위한 적극적 활동을 접어두고 산속에서 은거하며 시를 쓰는 것에 대한 부끄러움일 수도 있다. 또 자신의 시가 길이 후세에 읽히기를 바라지 않는 마음과 후세에는 시의 향기가 마른 국화처럼 메마를지도 모른다는 것 역시 새로운 시대적 상황, 즉 그의 시가 더 이상 슬픔을 자아내지 않는 시대에 대한 기대일 수도 있다. 밤이 오래되었다는 말과 '설악산의 무거운 그림자'는 오랜 기간 동안 일제에 짓눌린 민족의 현실을 말하고, 그 그림자가 엷어간다는 것과 새벽종을 기다린다는 것은 민족의 밝은 미래에 대한 기대를 암시하고 있다. 이렇게 시인은 자신의 시가 극복되는 미래를 기대하면서 근대문학 최고의 시집을 마무리하고 있다, 하지만 그의 간절한 소망처럼 오늘날 그의 시가 극복되었는지는 확신할 수 없을 것 같다. 일제의 '무거운 그림자'는 걷혔어도 만해의 시는 아직도 '새벽종'처럼, '날카로운 첫 키스의 추억'이 절실한 이 죽은 시인의 사회에 각성의 경종을 울리고 있다.